Sprechen wie Gott in Frankreich?

Das braucht es vielleicht nicht, um mitzubekommen, was an diesem Land so Besonderes ist. Bestimmt aber kommt ohne gute Sprachkenntnisse nicht aus, wer mehr sein möchte als ein Beobachter am Rande. «MultiLingua Französisch» ist ein kompakter Sprachkurs, der ganz von vorne anfängt und nahe an der Umgangssprache bleibt. Viele Informationen zu Tradition und Mentalitäten schärfen den Blick für den französischen Alltag.

Als tönenden Begleiter zu «Französisch von Anfang an» gibt es unter dem gleichen Titel eine Toncassette, die mit hörspielhaften Dialogen und Übungen das Ohr für die Sprache schärft und im Sprechen übt (rororo sprachen 60478).

Petra Preßmar ist Romanistin, sie unterrichtet Französisch und Spanisch im Saarland.

Armelle Damblemont ist Germanistin und Romanistin, Lehrbuchautorin und in der Erwachsenenbildung tätig.

Zu diesem Sprachkurs ist beim Systhema Verlag, München, eine CD-ROM unter dem Titel «MultiLingua Classic: Français Un» (23194) erschienen.

rororo sprachen
Herausgegeben von Ludwig Moos
2. Auflage Juni 2001
Überarbeitete Neuausgabe von «Français Un»
Veröffentlicht im
Rowohlt Taschenbuch Verlag GmbH,
Reinbek bei Hamburg, April 1998
Copyright © 1992, 1998 by
Rowohlt Taschenbuch Verlag GmbH,
Reinbek bei Hamburg
Umschlaggestaltung
Walter Werner
(Foto: TCL/Bavaria)
Layout und Grafik
Alexander Urban/
Guido Volkinsfeld
Zeichnungen
Christian Mentzel
Satz
Times und Futura PostScript
PageMaker 6.0
Gesamtherstellung
Clausen & Bosse, Leck
Printed in Germany
ISBN 3 499 60477 9

Armelle Damblemont
Petra Preßmar

Französisch
von Anfang an

Rowohlt

INHALT

Préface Bevor es losgeht 6
Usage Gebrauchsanweisung 10

Thème 1 **Voyager** 14
Thème 2 **Se débrouiller** 40
 TEST 1 66

Thème 3 **Boire et manger** 72
Thème 4 **Inviter** 98
 TEST 2 122

Thème 5 **Faire les courses** 128
Thème 6 **Sortir** 160
 TEST 3 192

Thème 7 **S'habiller** 198
Thème 8 **Raconter** 230
 TEST 4 258

Glossaire Deutsch – Französisch 264
 Français – Allemand 274

Solutions Lösung der Übungsaufgaben 284
 Test 1–4 308
Index Grammatik 1–8 311

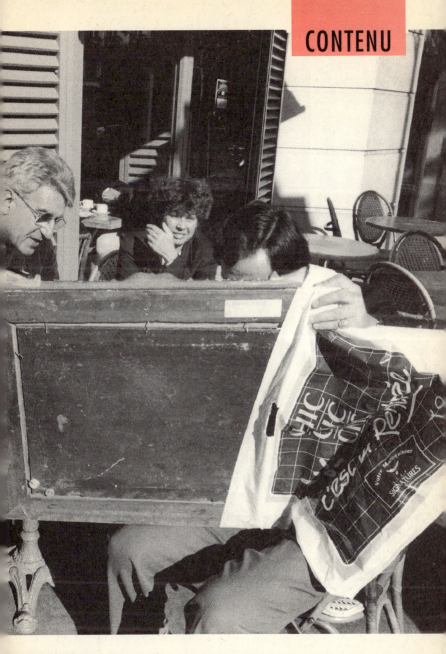

CONTENU

PRÉFACE

BEVOR ES LOSGEHT

«Frankreich ist eine Reise wert», das ist leicht gesagt. Wenn die ersten Franzosen, die uns begegnen, rasant auf uns einreden, kommt eine gewisse Verzweiflung auf. Der Reiseführer, unweigerlicher Begleiter, hilft in solchen und anderen Momenten der Verzweiflung auch nicht weiter. Könnte man in der Bäckerei einfach sagen: «Hallo, Moment mal, ich bin, glaube ich, vor Ihnen dran!", die

Speisekarte zumindest in groben Zügen alleine entziffern oder vielleicht sogar einen kleinen Schwatz mit dem Kellner oder dem Hotelportier halten, dann sähe die fremde Welt oft schon ganz anders aus. Wirkliches Entdecken und Erleben scheitert an den Kenntnissen dieser Sprache, die so schön in unseren Ohren klingt, uns jedoch so unaussprechlich erscheint.

Man muß schon recht «perfekt» sprechen können, um Frankreich über das landläufige

Bild vom Franzosen mit der Baskenmütze hinaus kennenzulernen. Sich leidlich mitzuteilen, das bekommen viele hin, und mehr oder minder fließend zu reden, das ist auch fast für jeden möglich. Doch die Auseinandersetzung mit einer fremden Sprache und einem fremden Land, mit anderen, uns manchmal ungewöhnlich anmutenden Gewohnheiten braucht Zeit und Geduld. Ist Frankreich auch einer unserer nächsten europäischen Nachbarn, so bleibt es trotzdem eine neue Welt, die sich langsam, je mehr wir die Geheimnisse ihrer Sprache erschließen, vor uns auftut.

je veux manger
ich möchte etwas essen
s'il vous plaît
bitte
pas si vite
nicht so schnell
saucisse de Francfort Frankfurter Würstchen
avec
mit
frites
Pommes frites

PRÉFACE

Es gibt keine Regel, wie lange es dauern muß, bis man die fremde Sprache einigermaßen spricht und versteht. Der eine hat sich in ein paar Monaten im Land selbst freigesprochen, und der andere geht allwöchentlich für zwei Stunden in einen Abendkurs und schafft nach dreieinhalb Jahren die Zertifikatsprüfung. Aber egal auf welche Art, die gleichen Wörter und grammatikalischen Strukturen müssen beide lernen, sei es büffelnd und paukend im stillen Kämmerlein oder wie spielend im Café, am Strand oder vielleicht über die Cassette im Autoradio. Nicht

jeder braucht grammatikalische Regeln. Und Grammatik ist heute längst kein Selbstzweck mehr beim Sprachenlernen. Das theoretisch formulierte Regelsystem steht viel zu leicht einer spontanen Kommunikation im Wege, bleibt es doch gleich, ob es **le** métro oder **la** métro heißt, Hauptsache, wir finden den richtigen Weg. Nicht zweifeln und überlegen, ob alles, was wir zum besten geben möchten, auch richtig ist, sondern sich freuen, wenn es mehr oder weniger korrekt einfach aus einem heraussprudelt. Mut, Fehler zu machen, Wörter und Strukturen einfach auszuprobieren, das gehört zum Sprechen und befähigt uns zum Spielen mit der neuen Sprache.

Und – eine fremde Sprache lernen wir nicht alleine zu Hause und ausschließlich aus Büchern, eine lebendige Sprache braucht den Kontakt mit lebenden Menschen. «Frankreich ist eine Reise wert» steht in übertragenem Sinne für die Entdeckung des anderen Landes, für den Abbau von Berührungsängsten mit ortsansässigen Muttersprachlern. Das Eintauchen in eine andere Kultur, die eigene Sprache mal für eine Weile vergessen, das motiviert auf dem beschwerlichen Weg zur Könnerschaft!

je ne comprends pas ich verstehe nicht
pardon Entschuldigung
mais aber

USAGE

GEBRAUCHS-ANWEISUNG
MODE D'EMPLOI

Ein Lehrbuch kann keinen längeren Aufenthalt in einem anderen Land und den Umgang mit den dort lebenden Menschen ersetzen. Deswegen sind die Dialoge auf dem Tonträger vor allem für Selbstlerner unverzichtbar. Wer **Französisch von Anfang an** gründlich durchgearbeitet hat, der wird sich in Frankreich, im frankophonen Afrika und in Kanada selbständig bewegen und im Alltag klarkommen können. Und er wird für sich eine Menge sprachlicher und kultureller Geheimnisse entdecken, die zu ergründen den Aufenthalt so spannend machen kann.

Diese Gebrauchsanweisung ist ein Vorschlag, wie ein Selbstlerner ohne Lehrer mit Buch und Audio-CD beziehungsweise -Cassette vorgehen kann. Natürlich gibt es auch andere Möglichkeiten, vor allem für diejenigen, die in einer Gruppe mit Lehrer lernen.

Französisch von Anfang an ist so aufgebaut: Acht Lektionen *(Thèmes 1–8)*. Jedes Thema besteht aus Dialogen *(Dialogues)*, Grammatik und Übungen *(Théorie und Pratique)* und einem Text *(Lecture)*. Nach jeweils zwei Themen folgt zur Wiederholung und Überprüfung der erworbenen Kenntnisse ein *Test*. Lösungen *(Solutions)* zu den Übungen und

Tests stehen im Anhang. Für Zweifelsfragen finden Sie unter *Glossaire* ein deutsch-französisches, französisch-deutsches Glossar mit dem Verweis auf die Lektion, in der das jeweilige Wort zum ersten Mal erscheint. Die Wörter, die im Teil *Lecture* zum ersten Mal vorkommen, sind mit einem *L* hinter der Lektionszahl gekennzeichnet. Steht ein ◊ hinter einem Wort, so bedeutet dies «umgangssprachlich».

Vorschlag für die Arbeit mit dem Buch:
1. Sie hören zuerst die Dialoge von dem Tonträger und achten vor allem darauf, worum es geht, was überhaupt passiert.
2. Sie nehmen sich die Texte im Buch vor und bearbeiten sie mit Hilfe des Vokabulars *(Vocabulaire* und *Expressions)*.
3. Sie hören die Dialoge noch einmal und verstehen sicher fast alles.
4. Sie lernen die Wörter und Ausdrücke und schauen im Teil *Théorie*, was an Grammatik in der Lektion vorkommt.
5. Sie hören die Dialoge ein weiteres Mal und achten auf Aussprache und Satzmelodie.
6. Sie lesen noch einmal den Teil *Théorie* und machen die Übungen, die jeweils dazugehören *(Pratique)*.
7. Sind die Übungen alle gemacht und mit Hilfe des Schlüssels korrigiert, können Sie die Dialoge noch einmal hören oder lesen.

Wer dieses Buch durchgekaut und noch nicht genug hat, dem sei der Folgeband *Français Deux* (rororo 9311) empfohlen.

8. Sie hören vom Tonträger die Ausspracheübung *(Prononciation)*, lesen gleichzeitig die Wörter und Sätze im Buch und sprechen sie nach.
9. Wenn Sie in einer Gruppe lernen, haben Sie jetzt die Möglichkeit, in sogenannten Partnerübungen *(Minidialogues)* zusammen zu üben.
10. Sie lesen den Teil *Lecture*: Wenn Sie die Lektion gut durchgearbeitet haben, werden Sie diese Texte ohne Probleme verstehen. Neu vorkommende Wörter sind am Seitenrand übersetzt. Beantworten Sie dann die Fragen *Compris*, und schauen Sie eventuell die Lösungen *(Solutions)* nach.
11. Nach jeweils zwei *Thèmes* können Sie das neu Gelernte mit dem *Test* überprüfen und anhand der *Solutions* korrigieren.
12. Holen Sie sich das Fernsehen direkt aus Frankreich via Satellitenschüssel ins Wohnzimmer. Kaufen Sie sich bald ein kleines Wörterbuch und ab und zu eine französische Zeitung. Selbst wenn Sie am Anfang nur die Überschriften verstehen, so nehmen Sie sich doch nach und nach kleine Artikel vor. Sie werden merken, wie Sie von Mal zu Mal mehr verstehen. Hören Sie französische Sender im Radio (ohne Probleme auf Langwelle), und suchen Sie Kontakt zu Muttersprachlern.

Die Piktogramme im Übungsteil

Zur besseren Übersicht sind die praktischen Übungen durch Symbole gekennzeichnet.

... heißt: Sie sollen die Übung in einem gesonderten Heft ausführen. Das Schreiben will geübt sein, in einem Taschenbuch ist dafür zuwenig Platz.

... heißt: reden, sprechen, murmeln, plappern, die Sprechwerkzeuge trainieren. Und es heißt: Sie müssen die Übung nicht unbedingt schriftlich fixieren.

... hier sollte der Denker von Rodin statt eines Piktogramms stehen, aber er paßt leider nicht ins Buch. Also, nachdenken ist hier angesagt, überlegen, die grauen Gehirnzellen anstrengen.

... heißt: Sie hören den Text oder die Übung vom Tonträger (Audio-CD oder Toncassette). Falls Sie mit der Audio-CD arbeiten, können Sie die angegebene Tracknummer ansteuern.

THÈME 1

DIALOGUES

VOYAGER

Dans le train

Bonjour.
Bonjour, Madame.
La place est libre?
Heu … oui, elle est libre.
Vous pouvez monter la valise, s'il vous plaît?
Elle est lourde.
Bien sûr. Et le sac aussi?
Oui, volontiers. Il est lourd aussi.
En effet! Ouf! … Voilà.
Merci.
De rien … Vous fumez?
Non, merci.
Heu … je peux?
Oui, mais dans le couloir, s'il vous plaît.

Vous allez où?

Excusez-moi, on arrive déjà à Lyon?
Oui, c'est Lyon. Vous descendez ici?
Non, non.
Vous allez où?
Je vais à Nice. Et vous?
Moi, je vais à Menton.
Ah, vous habitez à Menton?
Non, j'habite près de Menton.

Et ... Où ça, près de Menton?
J'habite à Sospel ... Vous connaissez?
Oh oui, je connais très bien. C'est une petite ville très chouette.

On arrive

Et voilà, on arrive à Nice!
Un instant: je descends la valise et le sac.
Oui, c'est gentil.
(Nice, ici Nice)
Merci et au revoir. Bon voyage!
Merci, et vous, bon séjour à Nice!

Au bureau d'information
Bonjour, Monsieur.
Bonjour.
Je cherche un hôtel au centre ville, pas trop cher.
Il y a deux hôtels pas très loin d'ici: un derrière la cathédrale et un autre à côté de la gare.
Je peux avoir les adresses, s'il vous plaît?
Bien sûr. Un instant. Voilà. Vous êtes en voiture?
Non, à pied et j'ai deux valises lourdes.
Alors prenez un taxi. Il y a une station juste en face, de l'autre côté de la rue.
C'est parfait. Je vous remercie.

A l'hôtel
Pardon, Madame, *vous avez encore une chambre libre?*
Pour une personne?
Oui.
Pour une nuit?
Non, trois nuits.

Avec ou sans douche?

Si possible avec douche et WC.

Alors … une personne avec … non, j'ai avec salle de bains et WC.

C'est combien?

Deux cent cinquante francs, petit déjeuner compris.

C'est d'accord.

Alors voilà la clé. Chambre numéro vingt-quatre au sixième étage.

Où est l'ascenseur?

L'hôtel est sans ascenseur, Madame.

Hein? … au sixième sans ascenseur … et avec deux valises lourdes! … Ah non, merci. Au revoir!…

Hé! … Madame! … la clé! …

Bonjour, Messieurs Dames!

Eine gewisse feine Höflichkeit ist sprichwörtlich für die Franzosen. Sie zeigt sich in den Formeln der Begrüßung. Am besten, Sie hängen im Laufe eines Gesprächs an das Ende jedes zweiten oder dritten Satzes einfach ein *Madame* bzw. *Monsieur*. Treten Sie in einen Raum, in dem sich Damen und Herren befinden, macht es sich besonders gut, diese mit einem freundlichen «*Bonjour, Messieurs Dames*» [mesjödamm] zu begrüßen. Bedanken Sie sich dann auch noch mit dem klangvollen «*Je vous remercie, Madame/Monsieur*» anstelle des lapidaren *merci*, dann haben Sie auf der ganzen Linie gesiegt!

VOYAGER

ÉCOUTEZ

1.
Oui ou non?

Hören Sie den Dialog, und schauen Sie sich die Zeichnungen an. Stimmen die Szenen, die Sie sehen, mit dem Dialog, den Sie hören, überein?

Dans le train

a ☐ oui ☐ non   b ☐ oui ☐ non   c ☐ oui ☐ non
d ☐ oui ☐ non   e ☐ oui ☐ non   f ☐ oui ☐ non

2.

Hören Sie den Dialog, und schauen Sie sich den Plan an. Der Zeichner hat alles durcheinandergebracht. Finden Sie die 3 Fehler?

Au bureau d'information

3.
Richtig oder falsch?

A l'hôtel

a Die Frau möchte ein Zimmer für 3 Personen.
b Sie möchte 3 Nächte bleiben.
c Sie möchte ein Zimmer mit Bad.
d Das Zimmer kostet 250 Francs ohne Frühstück.
e Sie bekommt ein Zimmer im 6. Stock.
f Sie bleibt aber nicht in diesem Hotel.

VOYAGER
REISEN

VOCABULAIRE

Dans le train
Im Zug

dans
in
le train
der Zug
bonjour
guten Tag
Madame
Frau (Anrede)
la place
der Platz
être
sein
libre
frei
oui
ja
pouvoir
können, dürfen
monter
hinaufheben
la valise
der Koffer
lourd, e
schwer
bien sûr
sicherlich, natürlich
et
und
le sac
die Tasche

aussi
auch
volontiers
gern
en effet
in der Tat
voilà
hier ist
merci
danke
fumer
rauchen
non
nein
mais
aber
le couloir
der Gang

Vous allez où?
Wohin fahren
(gehen) Sie?

aller
gehen, fahren
où
wo, wohin
excuser
entschuldigen
arriver
ankommen
déjà
schon

à Paris
in Paris
descendre
aussteigen
ici
hier
moi
ich (betont)
habiter
wohnen
près de
nahe, in der Nähe von
ça
es, das
connaître
kennen
très bien
sehr gut
petit, -e
klein
la ville
die Stadt
très
sehr
chouette
toll

On arrive
Wir kommen an

l'instant (m)
der Augenblick

VOYAGER dix-neuf **19**

descendre
herunternehmen
gentil, -le
nett
au revoir
auf Wiedersehen
bon, bonne
gut
le voyage
die Reise
le séjour
der Aufenthalt

Au bureau d'information
Im Informationsbüro

le bureau
das Büro
l'information (f)
die Information
Monsieur
Herr
chercher
suchen
l'hôtel (m)
das Hotel
le centre
das Zentrum
pas
nicht
trop
zu sehr
cher, chère
teuer

il y a
es gibt
deux
zwei
loin
weit
derrière
hinter
la cathédrale
die Kathedrale
autre
andere(r,s)
à côté de
neben
la gare
der Bahnhof
avoir
haben
l'adresse (f)
die Adresse
la voiture
der Wagen
en voiture
mit dem Auto
le pied
der Fuß
à pied
zu Fuß
alors
dann
prendre
nehmen
le taxi
das Taxi
la station de taxis
der Taxistand

juste
genau
en face de
gegenüber von
le côté
die Seite
la rue
die Straße
parfait
in Ordnung
remercier
danken

A l'hôtel
Im Hotel

pardon
Entschuldigung
encore
noch
la chambre
das Zimmer
pour
für
la personne
die Person
la nuit
die Nacht
trois
drei
avec
mit
sans
ohne
la douche
die Dusche

si possible
  wenn möglich
la salle de bains
  das Badezimmer
combien
  wieviel
le franc
  der Franc
le petit déjeuner
  das Frühstück
compris
  inbegriffen
d'accord
  einverstanden

la clé
  der Schlüssel
le numéro
  die Nummer
sixième
  sechste(r,s)
l'étage (m)
  das Stockwerk
l'ascenseur (m)
  der Aufzug
hein? ⟨⟩
  was?

Expressions

s'il vous plaît
  bitte (siezend)
de rien
  keine Ursache
excusez-moi
  Entschuldigung!
c'est Lyon
  das ist Lyon
où ça?
  wo denn?
au centre ville
  im Stadtzentrum
pas trop cher
  nicht zu teuer
il y a
  es gibt
vous êtes en voiture?
  sind Sie mit dem Auto da?
vous êtes à pied?
  sind Sie zu Fuß?
si possible
  wenn möglich
c'est combien?
  wie teuer ist das?
vous aimez voyager?
  reisen Sie gern?

VOYAGER

THÉORIE

L'article défini
Der bestimmte Artikel

Einzahl		Mehrzahl
männlich	**weiblich**	**männl. und weibl.**
le sac	**la** valise	**les** sacs **les** valises
l'hôtel	**l'**adresse	**les** hôtels **les** adresses

Beachten Sie: vor Vokal und stimmlosem h: le und la = l'

> **Stimmloses h** heißt einfach, daß Sie für die Aussprache bei einem *h* am Wortanfang am besten immer so tun, als wäre es nicht da: *hôtel* sprich *ôtel*, *horoscope* sprich *oroscope*!

L'article indéfini
Der unbestimmte Artikel

Einzahl		Mehrzahl
männlich	**weiblich**	**männl. und weibl.**
un taxi	**une** chambre	**des** taxis **des** chambres

DER, DIE, DAS, wer, wie, was, wieso, weshalb, warum – wer nicht fragt bleibt dumm!

la valise – *der* Koffer • *la* chambre – *das* Zimmer • *le* voyage – *die* Reise

Es wäre zu schön, wenn sich die Artikel im Deutschen und Französischen entsprechen würden! Dem ist aber nicht so, und Sie müssen bei jedem Substantiv mitlernen, ob es männlich oder weiblich ist. Da es im Französischen jedoch nur zwei und nicht wie im Deutschen drei Artikel gibt, haben Sie immerhin bei jedem Hauptwort eine Trefferchance von 50 %.

Im Französischen muß der unbestimmte Artikel in der Mehrzahl (*des taxis*) unbedingt stehen, im Deutschen gibt es ihn gar nicht:

Vous avez encore *des* chambres libres?
Haben Sie noch freie Zimmer?

Devant l'hôtel il y a *des* taxis?
Vor dem Hotel stehen Taxis.

PRATIQUE

1. *le, la* oder *l'*?

Tragen Sie bitte den richtigen bestimmten Artikel ein

1. *la* valise
2. ...... gare
3. ...... couloir
4. ...... cathédrale
5. ...... train
6. ...... place
7. ...... ville
8. ...... sac
9. ...... hôtel
10. ...... station
11. ...... côté
12. ...... taxi
13. ...... bureau
14. ...... séjour
15. ...... adresse
16. ...... voyage
17. ...... rue
18. ...... personne
19. ...... voiture
20. ...... chambre
21. ...... étage
22. ...... clé
23. ...... nuit
24. ...... petit déjeuner
25. ...... ascenseur
26. ...... douche
27. ...... information

2. *un* oder *une*?

Tragen Sie bitte den richtigen unbestimmten Artikel ein

1. *une* adresse
2. ...... douche
3. ...... train
4. ...... hôtel
5. ...... station
6. ...... sac
7. ...... côté
8. ...... nuit
9. ...... étage
10. ...... rue
11. ...... clé
12. ...... valise
13. ...... information
14. ...... séjour
15. ...... couloir
16. ...... ville
17. ...... voiture
18. ...... personne
19. ...... voyage
20. ...... petit déjeuner
21. ...... place
22. ...... gare
23. ...... taxi
24. ...... cathédrale
25. ...... chambre
26. ...... ascenseur
27. ...... bureau

VOYAGER

THÉORIE

Aussprachetip:
Die Verb-Endungen der Personen *je; tu; il, elle, on; ils, elles* hört man nicht, alle vier Formen hören sich gleich an!

Positiv denken!
Viele, viele französische Verben enden auf *-er*, d.h. «eins gelernt, alle gelernt»!

Verben auf -er

chercher

je	cherche	nous	cherch**ons**
tu	cherche**s**	vous	cherch**ez**
il, elle, on	cherche	ils, elles	cherch**ent**

Verben: Hast du was, bist du was

Die 2 wichtigsten Verben: être (sein) und avoir (haben)

être

je	suis	ich	bin
tu	es	du	bist
il	est	er	ist
elle	est	sie	ist
on	est	man	ist, wir sind
nous	sommes	wir	sind
vous	êtes	ihr	seid, Sie sind
ils, elles	sont	sie	sind

avoir

j´	ai	ich	habe
tu	as	du	hast
il	a	er	hat
elle	a	sie	hat
on	a	man	hat, wir haben
nous	avons	wir	haben
vous	avez	ihr	habt, Sie haben
ils, elles	ont	sie	haben

Achtung! *Nous voyageons*: Bei allen Verben auf *-ger* wird in der *nous*-Form ein *e* eingefügt, um die Ausprache der Grundform *voyager* [g = leichtes sch, wie in Garage] zu erhalten, denn:
g vor o, a , u (frz.) = g wie in **G**ustav (dt.) (le Con**g**o, le **g**arage, la **g**arantie)
g vor e, i (frz.) = g wie in Garage (dt.) (la **gi**rafe, le **ge**ranium, la **gé**nération)

PRATIQUE

3. Konjugieren Sie bitte

chercher un hôtel	je cherche
arriver à Paris	tu cherches
voyager en voiture	il cherche
habiter à Francfort	elle cherche
chercher la rue de la Gare	nous cherchons
être à pied	vous cherchez
aimer Paris	ils cherchent
avoir une chambre libre	
être au centre ville	elles cherchent

4. Setzen Sie bitte die richtige Endung ein

1. Vous fum..ez..? Oui, nous ..fumons......
2. Tu cherch................ un hôtel au centre ville?
3. Non, je cherch................ un hôtel pas trop cher.
4. Nous arriv............ à Marseille?
5. Non, on arriv............ à Lyon.
6. Vous habit............ à Lyon?
7. Non, j'habit............ à Dresde.
8. Vous voyag............ en voiture?
9. Non, nous voyag............ en train.
10. Ils mont............ au sixième étage à pied?
11. François oui, mais Anne mont............ en ascenseur.
12. Monsieur et Madame Dupont vous remerc............ pour le séjour.
13. Nous aussi, nous vous remerc............ !
14. Tu fum............ dans la voiture?
15. Non, mais je fum............ dans le train.
16. Vous cherch............ un restaurant pittoresque?
17. Non, nous cherch............ un restaurant chouette.
18. Vous mont............ les valises, Madame?
19. Non, Monsieur mont............ les valises.
20. Tu habit............ encore à Nice?
21. Non, mais François et Michel habit............ encore à Nice.

VOYAGER

THÉORIE

Verben auf -re

descendre

je	descends	nous	descendons
tu	descends	vous	descendez
il, elle, on	descend	ils, elles	descendent

Unregelmäßige Verben

aller

je	vais	nous	allons
tu	vas	**vous**	**allez**
il, elle, on	va	ils, elles	vont

connaître

je	connais	nous	connaissons
tu	connais	vous	connaissez
il, elle, on	connaît	ils, elles	connaissent

prendre

je	prends	nous	prenons
tu	prends	vous	prenez
il, elle, on	prend	ils, elles	prennent

Achtung: zwei in einem
Vous allez à Paris?
Fahrt **ihr** nach Paris?
Vous allez à Paris, Madame?
Fahren **Sie** nach Paris?
In der Anrede benutzen Sie die gleiche Form, egal ob Sie mehrere Personen duzen oder eine Person siezen!

Was wäre eine Sprache ohne ihre unregelmäßigen Verben!
Legen Sie sich eine Verb-Kartei an, um dieses Problemchen von Anfang an in den Griff zu bekommen:

Karteikarten einer Farbe (z.B. Grün) für eine Zeit (z.B. Gegenwart/Präsens)
1. Karte (Vorderseite): ein Beispiel der regelmäßigen Verben auf -er (S. 24)
1. Karte (Rückseite): alle Verben auf -er, die genauso konjugiert werden
2. Karte (Vorderseite): ein Beispiel der regelmäßigen Verben auf -re (S. 26)
2. Karte (Rückseite): alle Verben auf -re, die genauso konjugiert werden
3. für jedes unregelmäßige Verb eine neue Karteikarte

Nehmen Sie sich die Kartei ab und zu vor, und stecken Sie nur die Karten der Verben nach hinten, die Sie auch konjugieren können. Mit den anderen weiterüben, bis es klappt!

PRATIQUE

5. Antworten Sie auf die Fragen

1. Tu cherches une chambre?
   Oui, ...
2. Vous allez à Paris, Madame?
   Oui, ...
3. Les touristes cherchent un hôtel?
   Oui, ...
4. Vous êtes combien, Messieurs Dames?
   .... quatre personnes.
5. Pierre et Martine ont une chambre au sixième étage?
   Non, ... une chambre au premier étage.
6. Vous connaissez le musée du Louvre, Monsieur?
   Oui, ...
7. Paul et Pauline, vous descendez à la station *Concorde*?
   Oui, ...

6. Bilden Sie Sätze

1. train - tu - le - prendre
   ....
2. nous - près de - Paris - habiter
   ....
3. hôtel - gare - l' - la - derrière - être
   ....
4. vous - Bordeaux - en - aller - à - voiture
   ....
5. je - adresse - avoir - l' - de - hôtel
   ....
6. pour - ils - une - personnes - chercher - hôtel - trois - nuit - un - pour
   ....
7. descendre - Chantilly - je - à - près - être - de - Paris - c'
   ....

VOYAGER

THÉORIE

Für unsere Ohren klingt Französisch manchmal etwas affektiert und etepetete!
Das beste Beispiel hierfür ist die **Betonungsfrage**:

Frage Betonung	**Antwort (Aussage) Betonung**
La place est libre?	Oui, le place est libre.
Vous connaissez le Louvre?	Oui, je connais le Louvre.
Tu vas à Paris?	Oui, je vais à Paris.

So einfach kann man eine Frage stellen. Die Satzstellung ist bei Frage und Aussage identisch, der Unterschied liegt allein in der Satzmelodie: **Am Ende der Frage geht die Stimme nach oben!** Übertreiben Sie! Tun Sie, als würden Sie in gehobenen Kreisen verkehren.

Akzente und andere Zeichen

«accent aigu» = é

Er sitzt nur auf einem e und entspricht einem deutschen e wie Esel, z.B. déjeuner, séjour, clé.

«accent grave» = è, à, ù

Er sitzt auf e, a oder u: auf dem e kommt er einem deutschen ä nahe, z.B. derrière, très, Hélène.
Auf a und u dient er vor allem zur Unterscheidung von Wörtern, die gleich ausgesprochen werden: à (à Paris), a (il y a) – où (wo), ou (oder).

«accent circonflexe» = â, ê, î, ô, û.

Er zeigt an, daß der Vokal, auf dem er sitzt, lang ausgesprochen werden muß, z.B. côté, bien sûr, hôtel, être.

«cédille» = ç

Sie steht bei einem c vor a, o oder u und bedeutet, daß dieses c wie ein stimmloses deutsches s (und nicht wie ein k) ausgesprochen wird: z.B. ça va, François? (= s), aber: cathédrale, cacao (=k)
Vor e und i wird das französische c immer wie s ausgesprochen: z.B. descendre, remercier, ascenseur. Manche Verben verändern die Schreibung beim Konjugieren: z.B. commencer, aber nous commençons.

7. Fragen Sie bitte Ihren Nachbarn

PRATIQUE

1. .... *Vous allez à Lyon* ....?
Oui, je vais à Lyon.
2. ....? Oui, j'ai encore une chambre libre.
3. ......? Oui, je suis déjà ici. 4. ......? Oui, j'aime voyager. 5. ....? Oui, je cherche l'ascenseur.
6. ....? Oui, je monte dans la chambre. 7. ....?
Oui, je vais à la cathédrale. 8. ....? Oui, je connais bien la ville. 9. ....? Oui, je descends à Menton. 10. ....? Oui, j'habite à Paris. 11. ....?
Oui, je prends un taxi.

8. Fragen Sie jetzt Ihren Freund

1. ..... *Tu vas à Lyon* ....? Oui, je vais à Lyon.
2. ....? Oui, j'ai encore une chambre libre.
3. ....? Oui, je suis déjà ici. 4. ....? Oui, j'aime voyager. 5. ....? Oui, je cherche l'ascenseur. 6. ....? Oui, je monte dans la chambre. 7. ....? Oui, je vais à la cathédrale. 8. ....? Oui, je connais bien la ville. 9. ....? Oui, je descends à Menton. 10. ....? Oui, j'habite à Paris. 11. ....? Oui, je prends un taxi.

9. Fragen Sie jetzt Pierre und Nicole

1. .... *Vous allez à Lyon* ....? Oui, nous allons à Lyon.
2. ....? Oui, nous avons une chambre libre. 3. ....? Oui, nous sommes déjà ici. 4. ....? Oui, nous aimons voyager. 5. ....? Oui, nous cherchons l'ascenseur. 6. ....? Oui, nous montons dans la chambre. 7. ....? Oui, nous allons à la cathédrale. 8. ....? Oui, nous connaissons bien la ville. 9. ....? Oui, nous descendons à Menton. 10. ....? Oui, nous habitons à Paris. 11. ....? Oui, nous prenons un taxi.

VOYAGER

THÉORIE

Adjektive

In Deutschland ist **der** Koffer **schwer**, und **die** Tasche ist auch **schwer**! In Frankreich ist es ein wenig komplizierter:

Le sac est **lourd**. **La** valise est **lourde**.

Die Endung des Adjektivs verändert sich je nachdem, ob es sich auf ein männliches oder weibliches Hauptwort in der Einzahl oder Mehrzahl bezieht!

	männlich	*weiblich*
Einzahl	Paul est **petit**.	Pauline est **petite**.
Mehrzahl	Paul et Pierre sont **petits**.	Pauline et Pierrette sont **petites**.

Endet ein Adjektiv schon in der männlichen Form auf -e (libre, chouette) verändert sich in der weiblichen Form ausnahmsweise nix:

Le taxi est **libre**. **La** chambre est **libre**.
Les taxis sont **libres**. **Les** chambres sont **libres**.

Verdrehte Welt!

J'ai deux valises **lourdes**. Ich habe zwei **schwere** Koffer.

Vous avez encore une chambre **libre**? Haben Sie noch ein **freies** Zimmer?

Die Deutschen haben **schwere Koffer**, die Franzosen **Koffer schwer**! Das Adjektiv wird im Französischen fast immer hintangestellt, außer einigen häufig vorkommenden, z.B. *petit*…

Je cherche un **petit** hôtel. Ich suche ein **kleines** Hotel.

PRATIQUE

10. Bitte ordnen Sie die Personen in der linken Spalte den Satzteilen in der rechten Spalte zu

Mehrere Verbindungen sind möglich!

1. Je
2. Françoise
3. Tu
4. Nous
5. Pierre et Nicole
6. Il
7. Vous
8. Elles

a habite à Marseille.
b fumez trop.
c vont à Paris.
d voyage en voiture.
e es dans le train.
f connaissez Menton?
g prennent un taxi.
h avons une chambre avec douche.

11. Welche Endung, bitte?

1. L'. hôtel est cher...... . Les hôtels.... sont chers.... . 2. L...... place...... est libre...... . L...... place...... sont libre...... . 3. L...... chambre...... est très petit...... . Les chambre...... sont très petit...... . 4. L...... salle...... de bains est libre...... . Les salle...... de bains sont libre...... . 5. L...... sac...... est trop lourd...... . Les sac...... sont trop lourd...... . 6. L...... restaurant...... du centre ville est trop cher...... . Les restaurant...... du centre ville sont trop cher...... . 7. L...... Hôtel de la Gare est parfait. Les Hôtel...... de la Gare sont parfait...... . 8. L...... ville...... est chouette. Les ville...... sont chouette...... . 9. L...... chambre...... est au sixième. L...... chambre...... sont au sixième. 10. L...... clé...... est dans l...... ascenseur...... . L...... clé...... sont dans l...... ascenseur...... .

VOYAGER

THÉORIE

Zahlen

0	zéro	14	quatorze	28	vingt-huit
1	un	15	quinze	29	vingt-neuf
2	deux	16	seize	30	trente
3	trois	17	dix-sept	40	quarante
4	quatre	18	dix-huit	50	cinquante
5	cinq	19	dix-neuf	60	soixante
6	six	20	vingt	70	soixante-dix
7	sept	21	vingt et un	80	quatre-vingts
8	huit	22	vingt-deux	90	quatre-vingt-dix
9	neuf	23	vingt-trois	100	cent
10	dix	24	vingt-quatre	200	deux cents
11	onze	25	vingt-cinq	1000	mille
12	douze	26	vingt-six	2000	deux mille
13	treize	27	vingt-sept	3000	trois mille

Achtung! Aus zwei**und**zwanzig macht der Franzose **zwanzig-zwei – vingt-deux**:
Das heißt, erst die Zehner, dann die Einer!
Nur bei 21, 31, 41, 51 und 61 steht das und – «vingt **et** un, trente **et** un».
Bei 101, 201 hingegen steht kein und – **cent un, deux cent un.**

Mögen Sie Mathe?
Warum die Franzosen uns das Leben mit den Zahlen zwischen 70 und 99 so schwer machen, steht in den Sternen. Dem Nicht-Muttersprachler bleibt nichts anderes übrig, als vor dem Aufsagen der Zahlen ein bißchen zu rechnen.

71	soixante et onze	(60 + 11)
72	soixante douze	(60 + 12)
79	soixante dix-neuf	(60 + 19)
81	quatre-vingt-un	(4 x 20 + 1)
82	quatre-vingt-deux	(4 x 20 + 2)
91	quatre-vingt-onze	(4 x 20 + 11)
99	quatre-vingt-dix-neuf	(4 x 20 + 19)

Andere französischsprachige Länder, allen voran die
Schweizer, lieben's leichter:

Schweiz	70 – septante	80 – octante
		90 – nonante
Belgien und	70 – septante	80 – quatre-vingt
Luxemburg		90 – nonante

12. Hören Sie sich die Sätze an, und setzen Sie die fehlenden Zahlen ein

1. Le petit déjeuner: .... francs.
2. La chambre pour deux personnes: .... francs.
3. La chambre pour une personne avec petit déjeuner: .... francs.
4. Le taxi pour aller au centre ville: .... francs.
5. Le train pour Nice: .... francs.
6. Le sac de voyage: .... francs.
7. La valise: .... francs.
8. La voiture: .... francs.
9. L'excursion à Sospel: .... francs.
10. Le voyage en train: .... francs.

13. Hören Sie sich die Sätze an, und setzen Sie die Zahlen ein

1. Sospel est à .... kilomètres de Menton. 2. Paris – Nice: ...... km.
3. Francfort – Paris: .... km. 4. Berlin – Paris: .... km.
5. Paris – Nancy: .... km. 6. Munich (München) – Marseille: .... km.
7. Hambourg – Paris: .... km.

14. Ihre Telefonnummer, bitte?

1. 1 - 4 - 6 - 0 - 3 - 8: ....
2. 14 - 60 - 38: ....
3. 3 - 1 - 2 - 2 - 6: ....
4. 31 - 22 - 6: ....
5. 9 - 3 - 3 - 4 - 1: ....
6. 9 - 33 - 41: ....
7. 7 - 1 - 6 - 1 - 9 - 1: ....
8. 71 - 61 - 91: ....
9. 8 - 5 - 2 - 6 - 9 - 5: ....
10. 85 - 26 - 95: ....
11. 1 - 7 - 0 - 9 - 4 - 2: ....
12. 17 - 09 - 42: ....

VOYAGER

THÉORIE

Ortsangaben – In Ulm und um Ulm und um Ulm herum!

à + Stadt	in/nach	Je vais à Paris. J'habite à Metz.	Ich fahre nach Paris. Ich wohne in Metz.
en + Land	in/nach	Je vais en France. J'habite en France.	Ich fahre nach Frankreich. Ich wohne in Frankreich.
dans	in/innen drin	Le sac est dans la valise. L'hôtel est dans la rue de Rome.	Die Tasche ist im Koffer. Das Hotel ist in der rue de Rome.
derrière	hinter	L'hôtel est derrière la gare.	Das Hotel ist hinter dem Bahnhof.
ici	hier (nahe bei mir)	Nous habitons ici.	Wir wohnen hier.
près de	in der Nähe von	J'habite près de la gare.	Ich wohne in der Nähe des Bahnhofs.
loin de	weit weg von	La gare est loin de l'église.	Der Bahnhof ist weit weg von der Kirche.
en face de	gegenüber von	La voiture est en face de la gare.	Das Auto steht gegenüber vom Bahnhof.
à ... de ...	entfernt von	Tu habites à 10 km de la ville.	Du wohnst 10 km von der Stadt entfernt.
à côté de	neben/an der Seite von	La chambre est à côté de l'ascenseur.	Das Zimmer ist neben dem Aufzug.

Warum heißt es aber «L'hôtel est près **de la** gare», «La gare est près **de** l'hôtel» und «La gare est près **du** centre ville»? Siehe thème 2, Seite 60.

PRATIQUE

Und das Ganze auf französisch!
Un chasseur sachant chasser sans son chien est un bon chasseur.
Ein Jäger, der ohne seinen Hund zu jagen weiß, ist ein guter Jäger.
Si six scies scient six cyprès, six cent six scies scient six cent six cyprès.
Wenn sechs Sägen sechs Zypressen sägen, sägen sechshundertsechs Sägen sechshundertsechs Zypressen.
Tip: Die **s** und **c** am Wortanfang nicht summend wie eine Biene, sondern zischend wie eine Schlange aussprechen!

15. Wortsalat! Bilden Sie aus den Wörtern 7 Sätze

vous - la cathédrale - fume - hotel - la station - Madame Durand - nous - la salle de - cherchez - les touristes - Biarritz - au centre - la douche - est - de taxis - dans - de la ville - descendent - dans - à côté de - est - bains - ville - la gare - près de - à Paris - le couloir - un petit - loin - est - habitons

1. La cathédrale ....
2. Nous ....
3. La station de taxis ....
4. La douche ....
5. Les touristes ....
6. Madame Durand ....
7. Vous ....

16. Bitte übersetzen Sie

1. Der Bahnhof ist hinter der Kirche. **2.** Der Taxistand ist neben dem Dom. **3.** Wohnt er hier? **4.** Nein, er wohnt in Bordeaux. **5.** Liegt Versailles weit von Paris? **6.** Nein, Versailles liegt 22 km von Paris entfernt. **7.** Sie wohnt noch in Frankreich. **8.** Wo ist Caroline? **9.** Sie ist im Bad. **10.** Der Aufzug ist gegenüber. **11.** Hier ist das Hotel du Brabant. **12.** Das Zimmer ist ohne Bad, aber mit Dusche. **13.** Gegenüber vom Bahnhof gibt es fünf Hotels. **14.** 720 Francs für ein Zimmer: das ist zu teuer!

PARLEZ

Prononciation
Hören Sie die Wörter, und sprechen Sie nach!

on – b**on** – n**on** – pard**on** – m**on**ter – c**om**pris – Ly**on** – vol**on**tiers

en – inst**an**t – c**en**tre – desc**en**dre – g**en**til – M**en**ton – asc**en**seur

tr**ain** – b**ain**
je – **ge**ntil – sé**j**our – voya**ge**

AUCHAN -Service Après-Vente
·Depannage - Télé - Hi-Fi - Vidéo - Camescope
·Toutes marques
·Matériel professionnel et grand public
·Intervention le jour même sur simple appel téléphonique avant 12h
120, rue de Général de Gaulle - 57050 Longeville les Metz - 03 87 51 17 27

BLEU MARINE
Hotel *** Restaurant
7J/7 - 24H/24 à 2 mn Gare
Parking - Sauna - Fitness Gratuit - Banquets/Cocktails 50 à 100 Pers.
23 av. Foch - 57011 Metz - 03 87 66 81 11

ROHR EVASION - Organisation Voyages toutes destinations
Croisières - Séjours - Excursions - Autocar - Avion - Location
Nous appeler, c'est déjà partir en vacances!
2, rue de la Paix - 57410 Rohrbach Les Bitche - 03 87 02 79 61

COMFORT INN PRIMEVERE
44 chambres ** - restaurant 7J/7 - salles de réunion/seminaires
parking - cuisine traditionnelle - buffets
route de Thionville - 57140 Woippy - 03 87 30 30 03

GRAND HOTEL DE METZ
2** - 83 Chambres tout confort -Centre Ville - Garage - TV Canal+
3, rue Clerc - 57 000 Metz - 03 87 36 16 33

PARLEZ

17. Schauen Sie sich die Adressen links genau an. Finden Sie die richtigen Telefonnummern, und schreiben Sie die Zahlen in Buchstaben raus!

1. Sie suchen ein Hotel mit Sauna und Fitneß-Studio.

....

2. Und welches Hotel hat eine Garage für Ihren schicken Flitzer?

....

3. Sie möchten Ihre Stereoanlage reparieren lassen.

....

4. Sie möchten über Weihnachten in die Sonne fliegen.

....

5. In welchem Hotel können Sie Räume für eine Tagung reservieren?

....

Und denken Sie daran, wenn Sie aus Deutschland anrufen, setzen Sie 0033 vor die angegebene Telefonnummer und lassen die 0 weg!

Minidialogues

A. Il y a **une station de taxis près d'ici**?
B. Oui, il y a une station de taxis en face de la gare.

1. station de taxis – près d'ici – en face de la gare **2.** chambre – à l'hôtel – avec douche **3.** hôtel – près d'ici – derrière la cathédrale **4.** ascenseur – à l'hôtel – dans le couloir

A. Vous avez **une chambre avec douche**?
B. Non, j'ai **une chambre avec salle de bains**.

1. chambre avec douche – avec salle de bains **2.** adresse à Paris – adresse au centre **3.** une valise Lourde – un petit sac **4.** deux chambres avec WC – WC dans le couloir

VOYAGER

LECTURE

SOSPEL

INFORMATIONS:

2.593 habitants. Située à 22 km de Menton, dans les Alpes de Haute-Provence, Sospel est une charmante petite ville dans une région très pittoresque. C'est un bon centre d'excursions (Alpes et Côte d'Azur).

CURIOSITÉS:

Église St. Michel (17e s.) restaurée en 1888, Chapelle Ste. Marie, Pont (11e s.).

OÙ HABITER À SOSPEL?

Hôtel de Nice (près de l'église), avec restaurant, 35 chambres avec WC et salle de bains: 130/270 F, petit déjeuner: 27 F.

Hôtel de la Gare (en face de la gare), sans restaurant, 10 chambres avec WC et sans salle de bains: 95/130 F, petit déjeuner: 25 F.

Hôtel de Provence (à côté de la gare), avec restaurant, 9 chambres avec WC et douche: 105/240 F, petit déjeuner: 25 F.

Hôtel St. Michel (derrière l'église), sans restaurant, 9 chambres avec douche: 130/435 F, petit déjeuner compris.

---

l'habitant Einwohner
le lieu der Ort
située gelegen
l'église die Kirche
le pont die Brücke
compris (in-)begriffen

Compris?

Im Text haben Sie die Informationen erhalten, die Sie suchten. Was ist richtig?

oui non

1. Sospel ist
a an der Côte d'Azur.
b 22 km von Menton entfernt.
c weit von Menton.

2. In Sospel gibt es
a eine baufällige Kirche.
b eine moderne Kathedrale.
c eine schöne alte Kirche.

3. In Sospel gibt es 2 Hotels
a gegenüber der Kirche.
b mit Restaurant.
c mit allem Komfort (Bad + WC).

4. Die billigste Übernachtung mit Frühstück ist
a im Hôtel de la Gare.
b im Hôtel de Provence.
c im Hôtel St. Michel.

VOYAGER

DIALOGUES

SE DÉBROUILLER

Dans la rue

Pardon, Monsieur, la rue Fromentin, s'il vous plaît?
Désolé, je ne suis pas d'ici.
Bonjour Madame, vous pouvez me dire où est la rue Fromentin?
Aucune idée. Demandez donc à l'agent de police!
Bonne idée, merci.

…

Excusez-moi, … dites, la rue Fromentin, c'est où?
Attendez. Oh, c'est simple: allez tout droit, prenez la première rue à gauche et ensuite la… heu… la troisième à droite.
Et… c'est loin?
Non, c'est à cinq minutes, pas plus.
Ah bon, ça va, merci.

Falls Sie sich an einem Dienstag entschließen sollten, in Frankreich ein Museum zu besuchen, werden Sie in der Regel vor verschlossenen Türen stehen. Dienstags ist nämlich meist Ruhetag.
Zweimal im Jahr wird in Frankreich die *Journée du Patrimoine* veranstaltet: An diesem Tag öffnen alle Kultureinrichtungen ihre Pforten und sind kostenlos zu besuchen. Sogar der Präsidentenpalast, der *Palais de l'Élysée*, in Paris steht an diesem Tag den Besuchern offen.

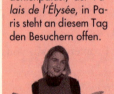

Fermé le mardi

Dis, Michel, pour aller au **Musée d'Art Moderne**, c'est bien tout droit?
Attends,... heu... Oui: va tout droit, et au feu, tourne à gauche et...
A gauche?
Heu... Ah non, pardon, tu tournes à droite, et le musée est sur la gauche.
Merci. Et, dis donc, le musée est ouvert le mardi?
Ah, non, le mardi, il est fermé!
Dommage! Bon, alors c'est pour demain.

Téléphoner

Dites, est-ce qu'il y a un téléphone dans la brasserie?
Non, mais il y a une cabine juste devant.
Oui, mais elle ne marche pas!
Ah? Alors, il y a une cabine à carte au coin de la rue. Vous avez une télécarte?

Ah non, zut! Mais est-ce qu'il y a une poste près d'ici?
Non, mais ce n'est pas la peine. Il y a un bureau de tabac en face.
Et ils ont des télécartes?
Oui, oui.
Vous êtes sûr?
Mais puisque je vous le dis!

Au guichet de métro

Bonjour, quatre tickets de métro, s'il vous plaît.
*Quatre **tickets**, ça fait vingt-quatre francs.*
*Prenez plutôt un **carnet**!*
C'est quoi, un carnet?
Un carnet, c'est un carnet!
Oui, mais c'est combien de tickets?
Dix.
Et ça fait combien?
Trente-sept francs cinquante.
Alors, je prends un carnet.
Voilà.
Merci. Dites, pour aller à la Tour Eiffel, c'est direct?

Das war einmal! Heute kostet ein Metroticket 8 FF, eine Zehnerkarte 48 FF.
Metro fahren in Paris ist wirklich keine Hexerei. Wenn Sie Ihre Fahrkarte gelöst und die Schranken passiert haben, können Sie sich anhand Ihres Metroplans (der auch für Einheimische unverzichtbar ist) problemlos orientieren: Anhand der Liniennummer wählen Sie die richtige Metro, die gut ausgeschilderten Endhaltestellen zeigen Ihnen rasch die Fahrtrichtung. Probieren Sie es aus. So bekommen Sie hautnah ein Stück Pariser Atmosphäre mit.

SE DÉBROUILLER

Ah, non!
Je change, alors?
Ouais!
Et où est-ce que je change, s'il vous plaît?
Regardez là-bas, il y a un plan!
Ah bon, merci, Madame. Au revoir, Madame.
Hmmm ...
Eh ben! ..., elle n'est pas très sympa, la nana!

Taxi! ...
Hep, taxi! ... taaaxii! ...
Attendez, je m'arrête là-bas.
Bonjour.
Bonjour, Monsieur.
Vite, à l'aéroport, s'il vous plaît.
A Roissy?
Non, non, non, à Orly, mais dépêchez-vous!
Dépêchez-vous, dépêchez-vous, vous êtes bien, vous!
Ah, débrouillez-vous, faites vite, sinon je rate l'avion!
D'accord, je me dépêche, mais vous, vous vous calmez, hein!

Train ou avion?

Dis, chéri, on ne prend pas l'avion pour aller à Rome?
*L'avion? ...tu parles, **je ne suis pas Rothschild!** On prend le train!*
Oh, la barbe!
Quoi, la barbe?
Je n'aime pas voyager en train.
Ah?
Oui, je m'ennuie dans le train.
Tu t'ennuies! Pourtant, c'est chouette, les voyages en train!
Moi, je ne trouve pas.
Alors ... tu viens ou tu ne viens pas?
Oh, zut!
Allez, calme-toi, chérie. Sois gentille et viens avec moi!
D'accord: prends le train, moi je prends l'avion.
Ah, les femmes!

> Je ne suis pas Rothschild – etwa: «Ich bin doch nicht Krösus»: Die Rothschilds, eine Familie von Geschäftsleuten und Weingutsbesitzern, sind in Frankreich der Inbegriff des Reichtums.

SE DÉBROUILLER

ÉCOUTEZ

A.

**Hören Sie sich zunächst
den Dialog an. Dann lesen Sie die Fragen.**
Hören Sie dann den Dialog ein zweites Mal, und beantworten Sie die Fragen.

1.
Dans la rue
In welcher Reihenfolge fragt die Touristin?

2.
Fermé le lundi
Pour aller au musée? ... Wie geht es zum Museum?

A

B

B.
Was ist richtig?

Téléphoner
1. Il y a un téléphone dans la brasserie.
2. Il y a une poste près d'ici.
3. Il y a des télécartes au bureau de tabac.

Au guichet de métro
4. 4 tickets = 24 francs
5. 10 tickets = 50 francs.
6. Pour aller à la Tour Eiffel, ce n'est pas direct.

Taxi!
7. Le monsieur va en taxi
   a à la gare.
   b à l'hôtel.
   c à l'aéroport.
   d à l'Opéra.

Train ou avion?
8. Madame n'aime pas voyager
   a en avion;
   b en train;
   c en voiture.

SE DÉBROUILLER

VOCABULAIRE

DANS LA RUE
AUF DER STRASSE

Se débrouiller
Sich zurechtfinden

désolé,e
tut mir leid
dire
sagen
aucun,e
kein,e
l'idée (f)
die Idee
demander à
fragen
donc
also, hier: doch
l'agent de police (m)
der Polizist
attendre
warten
simple
einfach
tout droit
geradeaus
premier,-ère
erste (r,s)
à gauche
links

ensuite
dann
à droite
rechts
la minute
die Minute
plus
mehr

Fermé le lundi
Montags geschlossen

le musée
das Museum
l'art (m)
die Kunst
moderne
modern
le feu
die Ampel
tourner
einbiegen
sur
auf
ouvert
geöffnet
le lundi
der Montag
dommage
schade
demain
morgen

Téléphoner
Telefonieren

le téléphone
das Telefon
la brasserie
das Bierlokal
la cabine (téléphonique)
die Telefonzelle
devant
vor
marcher
klappen, funktionieren
la carte
die Karte
le coin
die Ecke
la télécarte
die Telefonkarte
zut!
Mist!
la poste
die Post
le bureau de tabac
der Tabakladen
sûr,e
sicher
puisque
da, weil

Au guichet de métro
Am Metroschalter

le ticket
die Fahrkarte (Bus, Metro)
faire
machen
plutôt
eher
le carnet
die 10er-Karte
quoi
was
combien (de)
wieviel
direct,e
direkt
changer
umsteigen
le plan
der Plan
sympa(thique)
sympathisch
la nana ◊
das Mädchen, die Tussi

Taxi!
Taxi!

s'arrêter
anhalten
là-bas
dort
vite
schnell
l'aéroport (m)
der Flughafen
se dépêcher
sich beeilen
sinon
sonst
rater
verpassen
l'avion (m)
das Flugzeug
se calmer
sich beruhigen

Train ou avion?
Zug oder Flugzeug?

chéri,e
Liebling
parler
sprechen, reden
aimer
lieben
s'ennuyer
sich langweilen
pourtant
dennoch
trouver
finden
venir
kommen
la femme
die Frau

Expressions

je ne suis pas d'ici
ich bin nicht von hier
vous pouvez me dire?
können Sie mir sagen?
demandez donc
fragen Sie doch
bonne idée!
gute Idee!
c'est à cinq minutes
das sind fünf Minuten von hier
pas plus
mehr nicht
ça va
es geht (in Ordnung)
pour aller au musée?
wie komme ich zum Museum?
ce n'est pas la peine
das ist nicht nötig
puisque je vous le dis!
wenn ich's Ihnen doch sage!
ça fait 20 francs
das macht 20 Francs
vous êtes bien, vous!
Sie sind aber gut!
tu parles! ◊
denkste!
la barbe! ◊
so ein Mist!

SE DÉBROUILLER

THÉORIE

Verben auf -re

attendre – warten

j'	attends	nous	attendons
tu	attends	vous	attendez
il, elle, on	attend	ils	attendent

Verbes irréguliers

faire – machen

je	fais	nous	faisons
tu	fais	vous	faites
il, elle, on	fait	ils	font

venir – kommen

je	viens	nous	venons
tu	viens	vous	venez
il, elle, on	vient	ils	viennent

pouvoir – können

je	peux	nous	pouvons
tu	peux	vous	pouvez
il, elle, on	peut	ils	peuvent

---

on = nous

On prend le train pour aller à Rome? – Fahren **wir** mit dem Zug nach Rom?
On ne prend pas l'avion pour aller à Rome? – Fliegen **wir** nicht nach Rom?
En France **on** boit du vin rouge. – In Frankreich trinkt **man** Rotwein.

On bedeutet grundsätzlich **man**. Viel häufiger hat es aber gerade in der gesprochenen Sprache die Bedeutung **wir**.

PRATIQUE

1. Konjugieren Sie bitte

1. faire les valises
2. attendre le train
3. prendre l'avion
4. venir à pied
5. pouvoir voyager
6. prendre le métro pour aller à New York
7. faire le petit déjeuner pour le Président de la République
8. attendre l'avion avec Steffi Graf
9. venir en taxi avec Gérard Depardieu

2. Setzen Sie die Verben in Klammern in die richtige Form

1. Vous .... à Marseille. (aller)
2. Nous .... à Marseille. (descendre)
3. Christine et Sylvie .... le train. (rater)
4. Vous .... un carnet au guichet. (prendre)
5. Les touristes .... à l'Opéra. (descendre)
6. Nous .... à la Gare de l'Est. (changer)
7. Elle .... zut à l'agent de police. (dire)
8. Nous .... en avion. (voyager)
9. Vous .... venir demain. (pouvoir)
10. Ils .... un voyage en Amérique. (faire)
11. Il .... se débrouiller. (pouvoir)

3. Sagen Sie's umgangssprachlich

1. Nous voyageons en train.
   On voyage en train.
2. Nous prenons l'ascenseur.
3. Nous allons à la Martinique.
4. Nous attendons un taxi.
5. Nous faisons les valises?
6. Nous venons demain.
7. Nous connaissons un bistrot sympa ici.
8. Nous pouvons encore marcher.
9. Nous avons une voiture moderne.
10. Nous sommes déjà à Nice?
11. Nous habitons loin d'ici.

SE DÉBROUILLER

THÉORIE

«Viens vite, Victor!»

Imperativ

Sie fordern jemanden auf, Sie machen ihm etwas Druck und befehlen, oder Sie bleiben freundlich und bitten um etwas: hierzu brauchen Sie den Imperativ. Wie funktioniert das?

demandez à l'agent de police!	fragen Sie den Polizisten!
allez tout droit!	gehen Sie geradeaus!
tourne à gauche!	biege links ab!
sois gentille!	sei lieb!

Imperativ der Verben auf -er

demander — **fragen**

demand**e**!	demand**e** donc à la dame!	frag doch die Dame!
demand**ez**!	demand**ez** donc au guichet!	fragen Sie doch mal am Schalter!

genauso: alle Verben auf -er (außer aller), z.B. chercher, arriver, voyager, habiter, monter, remercier, changer, rater, téléphoner, parler.

Achtung: 2. Person Singular = ohne -s!

Andere Verben

être:	sois	soyez
dire:	dis	dites
venir:	viens	venez
faire:	fais	faites
attendre:	attends	attendez
prendre:	prends	prenez
aller:	va	allez

Achtung!: 2. Person Plural: Siezen + Duzen gleich!

4. Sagen Sie Ihrem Freund, was er tun soll

1. .... vite! (faire)
2. .... les valises! (faire)
3. .... un hôtel pas cher! (trouver)
4. .... le sac! (monter)
5. .... devant la brasserie! (attendre)
6. .... à droite! (tourner)
7. .... l'ascenseur! (prendre)
8. .... à pied! (venir)
9. .... à la gare! (aller)
10. .... gentil! (être)

5. Sagen Sie Ihren Kindern, was sie tun sollen

1. .... vite! (faire)
2. .... à la station de métro! (aller)
3. .... une douche! (prendre)
4. .... gentils! (être)
5. .... à droite! (marcher)
6. .... le petit déjeuner! (faire)
7. .... vite ici! (venir)
8. .... bonjour à la dame! (dire)
9. .... un instant! (attendre)
10. .... en voiture! (monter)
11. .... au coin de la rue! (tourner)
12. .... demain! (téléphoner)

PRATIQUE

6. Sagen Sie den Herrschaften, was sie tun sollen

1. .... vite! (faire)
2. .... à la gare de Lyon! (changer)
3. .... à la poste! (téléphoner)
4. .... le petit déjeuner! (faire)
5. .... demain! (venir)
6. .... au guichet! (demander)
7. .... français! (parler)
8. .... à l'Hôtel du Nord! (descendre)
9. .... au Musée Picasso! (aller)
10. .... la femme! (chercher)
11. .... avec Monsieur Chirac! (parler)
12. .... modernes! (être)

SE DÉBROUILLER

THÉORIE

Reflexive Verben

Je m'arrête là-bas.	Ich halte dort.
Je me dépêche.	Ich beeile mich.
Dépêchez-vous!	Beeilen Sie sich!
Calme-toi!	Beruhige Dich!

se dépêcher – sich beeilen

je **me** dépêche	nous **nous** dépêchons
tu **te** dépêches	vous **vous** dépêchez
il, elle **se** dépêche	ils **se** dépêchent

Imperativ: dépêche-toi! dépêchez-vous!
Genauso: se débrouiller

s'arrêter – anhalten

je **m'**arrête	nous **nous** arrêtons
tu **t'**arrêtes	vous **vous** arrêtez
il, elle **s'**arrête	ils **s'**arrêtent

Imperativ: arrête-toi! arrêtez-vous!
Genauso: s'ennuyer, s'excuser

Lerntip:
Nutzen Sie bei Ihrer nächsten Frankreichreise die ideale Lernsituation vor Ort! Versuchen Sie all das, was Sie schon können, sooft wie möglich aktiv anzuwenden. Erfolgserlebnisse werden sich schnell einstellen und Sie zusätzlich motivieren. Ach so, der Tip: Nehmen Sie ein kleines Notizbuch mit, das Sie immer bei sich tragen, und notieren Sie soweit möglich alle für Sie interessanten neuen Wörter und Besonderheiten, die Ihnen auffallen. Zu Hause können Sie dann in aller Ruhe Ihre Notizen aufarbeiten und sich so immer wieder an Ihren Aufenthalt erinnern.

7. Konjugieren Sie bitte

1. s'arrêter au feu 2. s'ennuyer à l'Opéra 3. se débrouiller dans Paris 4. se dépêcher le lundi pour ne pas rater le métro 5. s'ennuyer dans la cabine téléphonique devant la brasserie.

8. Ergänzen Sie bitte die Sätze

1. Catherine, tu *te* .... dépêches?
2. Chéri, calme-........................!
3. Ici, je .... ennuie.
4. Taxi, arrêtez-................ devant l'église!
5. Zut, débrouillez-.................!
6. Vous .... ennuyez à Paris!
7. Les voitures .... arrêtent au feu.
8. Allez, vite, montez, dépêchez-.................!
9. Désolées, nous .... excusons!
10. Débrouille-.................!

9. *Expressions*
Sagen Sie's auf Französisch

1. Ich gehe zu Fuß zum Bahnhof. 2. Entschuldigung, können Sie mir sagen, wo die Oper ist? 3. Es gibt ein nettes Bistro im Stadtzentrum. 4. Der Taxistand ist links von der Post. 5. Beeilen Sie sich, der Zug kommt an! 6. Wir sind mit dem Auto da. 7. Nehmen Sie doch den Bus zum Flughafen! 8. Nicht nötig! 9. Kannst du die Koffer packen, Liebling? 10. Im Stadtzentrum langweile ich mich! 11. Das Informationsbüro ist neben dem Restaurant «La petite France».

SE DÉBROUILLER

THÉORIE

Fragen

Es gibt zwei Arten, Fragen zu stellen:

Die Intonationsfrage:

Il y a une poste près d'ici? Gibt es ein Postamt in der Nähe?
Je change à l'Opéra? Steige ich an der Oper um?

In der Intonationsfrage stehen die Satzteile genauso wie im Aussagesatz. Nur an der Intonation (= Satzmelodie) läßt sich die Frage erkennen.

Die est-ce que-Frage:

Est-ce qu'il y a une poste près d'ici?
Est-ce que je change à l'Opéra?

Alle Satzteile stehen in der gleichen Reihenfolge wie im Aussagesatz. Das einleitende *est-ce que* weist auf die Frage hin.

Beide Arten mit und ohne „est-ce-que" sind gleichberechtigt:

Tu aimes les voyages en train? Magst du mit dem Zug verreisen?
Est-ce que tu aimes les voyages en train?

Les valises sont lourdes? Sind die Koffer schwer?
Est-ce que les valises sont lourdes?

Il y a un bistro près d'ici? Gibt es eine Kneipe hier in der Nähe?
Est-ce qu'il y a un bistro près d'ici?

Tu vas où? Wohin gehst du?
Où est-ce que tu vas?

Fragen mit reflexiven Verben:

Tu te dépêches? Beeilst du dich?
Est-ce que tu te dépêches?
Michel se débrouille bien à Paris? Findet sich Michel in Paris gut zurecht?
Est-ce que Michel se débrouille bien à Paris?

Auch hier keine Panik: Die Satzstellung bleibt im Vergleich zum Aussagesatz in beiden Fragetypen gleich.

10. Stellen Sie die gleichen Fragen mit «est-ce que»

1. Tu fumes?
   Est-ce que tu fumes?
2. C'est loin pour aller au centre ville?
3. Tu aimes voyager?
4. Le bus s'arrête à la Gare de l'Est?
5. Vous avez encore une chambre pour trois personnes?
6. Tu habites près de Lyon?
7. C'est direct pour aller à l'aéroport?
8. Bordeaux, vous connaissez?
9. Vous allez aussi à Brest?
10. On prend le métro ici?
11. Vous attendez un taxi?

11. Fragen Sie kürzer

1. Est-ce que vous fumez?
   Vous fumez?
2. Est-ce que c'est loin, l'Opéra?
3. Est-ce que vous connaissez la ville?
4. Est-ce qu'ils sont là-bas?
5. Est-ce que nous avons une télécarte?
6. Est-ce que vous pouvez téléphoner à l'hôtel?
7. Est-ce qu'elle est charmante, Caroline?
8. Est-ce que tu peux t'arrêter ici?
9. Est-ce que vous avez encore des valises?
10. Est-ce que vous venez aussi?
11. Est-ce qu'ils peuvent se dépêcher?

SE DÉBROUILLER

PRATIQUE

12. Lesen Sie die Antworten und stellen Sie die Fragen mit «est-ce que» dazu

1. Oui, je connais Paris.
   Est-ce que vous connaissez Paris?
2. Non, je vais en voiture. 3. Oui, je descends à Marseille. 4. Non, Claudine arrive à Orly. 5. Non, le train s'arrête à Avignon. 6. Non, le téléphone ne marche pas. 7. Oui, Jean est très gentil. 8. Oui, j'aime voyager. 9. Non, je ne cherche pas la clé, je cherche la voiture. 10. Non, l'hôtel est sans ascenseur. 11. Oui, le petit déjeuner est compris. 12. Non, désolé, le musée est fermé le lundi.

THÉORIE

Verneinung

L'ascenseur marche.	Der Aufzug funktioniert.
L'ascenseur **ne** marche **pas**.	Der Aufzug funktioniert nicht.
Nathalie est sympa.	Nathalie ist nett.
Nathalie **n'**est **pas** sympa.	Nathalie ist nicht nett.

Verneinung: ne (n') vor und pas nach dem Verb

Verneinung ohne «ne»: Achten Sie darauf: in der gesprochenen Sprache wird das «ne» bzw. «n'» oft weggelassen:

Ce n'est pas la peine.   **C'est** pas la peine.

13. Verneinen Sie!

1. Le musée est ouvert.

   Le musée n'est pas ouvert.

2. Nous prenons l'avion.

3. L'aéroport est loin.

4. La voiture marche bien.

5. L'agent de police est sympa.

6. Le taxi s'arrête.

7. La valise est lourde.

8. Le guichet est ouvert.

9. Daniel fume trop.

10. Gérard et Marianne connaissent Bordeaux.

11. Je rate l'avion.

14. Rätsel

1. Il y a une place ... ici?
2. Le voyage en avion commence à l'... .
3. Au feu, vous ... à droite.
4. Je voyage avec un sac et une petite ... .
5. Pour aller à la gare du Nord, prenez l' ... !
6. ... c'est un aéroport de Paris.
7. Le taxi s'arrête à la ...
8. A la gare de l'Est, nous ...
9. Je suis désolée, je n'ai aucune...

Lösung: Das wünschen Sie Ihrem Freund, der gerade nach Paris fährt:

....

1. ■ ■ □ □ □ □ ■ ■ ■
2. ■ □ □ □ □ □ □ □ ■
3. □ □ □ □ □ □ ■ ■ ■
4. ■ ■ ■ ■ □ □ □ □ □
5. ■ □ □ □ □ □ □ □ □
6. ■ □ □ □ □ □ □ □ ■
7. ■ □ □ □ □ □ □ □ ■
8. ■ □ □ □ □ □ □ □ ■
9. ■ □ □ □ ■ ■ ■ ■ ■

PRATIQUE

15. Beantworten Sie die Fragen nach folgendem Beispiel:

1. Le taxi attend devant l'hôtel? (gare)

   Non, le taxi n'attend pas devant l'hôtel, il attend devant la gare.

2. Catherine prend le bus? (voiture)
3. Les touristes descendent à la station Opéra? (Bastille)
4. On tourne à gauche? (droite)
5. Le musée est près de l'aéroport? (église)
6. Nous changeons à la Gare de l'Est? (Nord)
7. Il monte la valise? (sacs)
8. Elles vont à Nice? (Menton)
9. Pour l'aéroport, c'est direct? (changez à la Bastille)
10. L'hôtel est chouette? (cher)
11. Vous pouvez aller au musée? (cathédrale)

SE DÉBROUILLER

THÉORIE

à + Artikel/de + Artikel

à + Artikel

Pour aller **au** musée?	Zum Museum?
Je vais **au** resto!	Ich gehe ins Restaurant.
Demandez **à l'**agent de police!	Fragen Sie den Polizisten!
Le voyage en avion commence **à l'**aéroport.	Die Flugreise beginnt am Flughafen.
Les touristes descendent **à la** station Opéra.	Die Touristen steigen an der Opéra aus.
Pour aller **à la** Tour Eiffel!	Zum Eiffelturm?

à
à + le = au
à + l' = à l'
à + la = à la

de + Artikel

A côté **du** bureau de tabac il y a un magasin.	Neben dem Zigarettenladen gibt es ein Geschäft.
A gauche **de l'**hotel on peut garer les voitures.	Links neben dem Hotel kann man die Autos abstellen.
A droite **de la** poste il y a un bureau de tabac.	Rechts neben der Post ist ein Zigarettengeschäft.
La station de métro est près **du** musée.	Die Metrostation ist in der Nähe des Museums.

de
de + le = du
de + l' = de l'
de + la = de la

Also: **à** und **de** verschmelzen mit dem Artikel **le** zu **au** und **du**. Achten Sie darauf, daß **à+ le** immer **au** und **de + le** immer **du** heißen.

soixante

Thème 2

16. Fügen Sie à, à la, à l', au ein

1. Je vais ...à l'... hôtel.
2. Je vais .... restaurant.
3. Je vais .... brasserie.
4. Je vais .... étage.
5. Je vais .... gare.
6. Je vais .... église.
7. Je vais .... bureau.
8. Je vais .... cathédrale.
9. Je vais .... centre ville.
10. Je vais .... guichet.
11. Je vais .... aéroport.
12. Je vais .... musée.
13. Je vais .... poste.
14. Je vais .... station de taxis.
15. Je vais .... cabine téléphonique.

18. Was gehört zusammen?

1. Vous trouvez des télécartes
2. Le lundi, nous n'allons pas
3. Vous attendez le train
4. Je prends le métro
5. Le musée est à côté
6. Je ne prends pas le petit déjeuner

a   à la gare.
b   de la cathédrale.
c   au bureau de tabac.
d   à la station Opéra.
e   au musée.
f   à l'hôtel.

PRATIQUE

17. Fügen Sie de, du, de la, de l' ein

1. L'adresse ......du...... restaurant
2. L'adresse .... aéroport
3. Le coin .... rue
4. Le centre .... place
5. La clé .... salle de bains
6. Le plan .... centre ville
7. Le sac .... touriste
8. L'hôtel .... pont
9. La douche .... hôtel
10. Le centre .... cathédrale
11. Le carnet .... tickets
12. La brasserie .... centre
13. La curiosité .... région
14. Le couloir .... avion

SE DÉBROUILLER

PARLEZ

Prononciation

Hören Sie die Wörter vom Tonträger.
Achten Sie auf die verschiedenen «e», und sprechen Sie die Wörter nach.

chéri – désolé – région – télécarte – musée – se dépêcher

être – kilomètre – tu t'arrêtes – tu te dépêches

chambre – voyage – Madame – centre – cathédrale – poste – simple

Lerntip Vokabeln:

Zum Sprachenlernen gehört das Vokabellernen untrennbar dazu. Einige wenige brauchen ein Wort nur einmal zu sehen und prägen es sich fast photographisch ein. Das sind die glücklichen Lerner. Für die unglücklicheren unter uns gibt es aber eine Vielzahl von sehr individuellen Möglichkeiten, sich die verflixten Vokabeln einzuprägen:

Wie wär's denn mit der technisch ein wenig aufwendigeren Möglichkeit der individuellen Lerncassette? Sprechen Sie Ihre Vokabeln auf deutsch auf eine Toncassette, und lassen Sie nach jedem Wort eine Pause von ca. 3–5 Sekunden. Sprechen Sie dann das entsprechende französische Wort auf Ihre Vokabelcassette. Fertig! Nun können Sie die Fahrt im Zug oder das Warten im frühmorgendlichen Berufsverkehr sinnvoll nutzen. Sie hören Ihr Tape ab und sprechen die französischen Wörter in die Lücken und korrigieren sich dann sofort selbst! Vielleicht kennen Sie ja jemanden, der Ihnen die französischen Wörter profimäßig auf Ihre Lerncassette sprechen kann.

Minidialogues

A. Est-ce qu'il y a un **hôtel** dans le coin?
B. Oui, il y a un hôtel tout près d'ici.
A. Ah oui, et où?
B. **En face de la gare.**

1. hôtel – en face de la gare
2. bureau de tabac – à côté de la poste
3. brasserie – centre ville
4. restaurant sympa – derrière l'église
5. cabine téléphonique – à gauche du guichet
6. station de métro – au coin de la rue

A. Vite, à **l'aéroport**!
B. **Roissy** ou à **Orly**?
A. A Roissy.

1. aéroport – **Roissy, Orly**
2. gare – **Gare du Nord, Gare de l'Est**
2. hôtel – Hôtel Excelsior, Hôtel Crystal
4. musée – Musée Rodin, Musée Picasso
5. restaurant – Restaurant de La Gare, Restaurant de la Poste
6. brasserie – Brasserie de Strasbourg, Brasserie de Colmar

A. On **fait une excursion**?
B. Volontiers.
A. En **métro** ou en **train**?
B. En train: je n'aime pas le métro.

1. faire une excursion – métro, train
1. voyager dans Paris – métro, bus
2. aller à l'aéroport – bus, taxi
3. voyager en Provence – bus, voiture
4. faire un voyage en Chine – avion, train

PARLEZ

In Paris, dem zentralen Verkehrsknotenpunkt Frankreichs, gibt es neben den zwei großen Flughäfen Roissy (auch: Charles de Gaulle) nördlich und Orly südlich von Paris sechs große Bahnhöfe: Aus Deutschland kommend, werden Sie entweder an der Gare du Nord oder an der Gare de l'Est ankommen. Dann gibt es im Uhrzeigersinn die Gare de Lyon, Gare d'Austerlitz, Gare Montparnasse, Gare St. Lazare. Jeder Bahnhof ist für bestimmte Fahrtrichtungen zuständig: Wollen Sie beispielsweise per Zug nach Spanien, müssen Sie von der Gare du Nord oder der Gare de l'Est zur Gare d'Austerlitz wechseln und dort Ihre Fahrt fortsetzen. Für diesen Wechsel benutzen Sie entweder die Metro oder aber ein Taxi, was nicht unbedingt schneller geht, mit Sicherheit teurer, aber je nach Anzahl der Gepäckstücke vielleicht besser ist. Zwischen den Flughäfen verkehren regelmäßig Airport-Shuttles.

SE DÉBROUILLER

LECTURE

ÇA COMMENCE BIEN!

Caroline va à Barcelone en avion. Elle habite à Chantilly, alors elle prend le train pour Paris. Dans le train, il n'y a pas une place libre! Oh, le voyage n'est pas long! Caroline arrive à Paris. Mais elle ne connaît pas Paris. Où est la station de métro? A la Gare du Nord, elle demande à un monsieur: il n'a aucune idée; elle demande à une dame: elle n'est pas d'ici; elle demande à un autre monsieur: il n'est pas très sympa. Alors, elle va au bureau d'information. Là, le monsieur est très gentil. Il dit: «Mais oui, Mademoiselle, vous avez une station de métro juste en face.»

commencer anfangen
long lang
la grève der Streik
foutu (umg.) kaputt

Elle descend dans le métro. Zut! **Le métro est en grève!** Que faire? Se dépêcher et prendre un taxi, sinon elle rate l'avion! Vite! A la station de taxis: pas de taxi! Alors elle pense: «Je rate l'avion… Barcelone, foutu! Ou alors… je cherche un hôtel près de la Gare du Nord et je prends l'avion demain!… Bonne idée!» Dans les hôtels pas trop chers près de la Gare du Nord, pas une chambre libre! Oh, la barbe!… Si, ici, un hôtel chic: 450 francs la chambre: c'est cher! Le voyage commence bien!

Le métro est en grève. Diese Hiobsbotschaft erreicht die arbeitende Bevölkerung im Großraum Paris regelmäßig, aber immer aus heiterem Himmel. Und regelmäßig bricht dann das Chaos aus, weil die ohnehin schon überfüllten Straßen die Millionen von Menschen aufnehmen müssen, die normalerweise mit der Metro fahren würden. Den Reisenden bleibt da nur, sich in Geduld zu üben.

Compris?

	oui	non
1. Demain, Caroline va à Barcelone.	■	■
2. Dans le train de Paris, il y a une place libre.	■	■
3. Le voyage de Caroline est long.	■	■
4. Caroline ne connaît pas Paris.	■	■
5. Caroline va au bureau de tabac.	■	
6. Au bureau d'information, le monsieur est très sympa.	■	■
7. A la Gare du Nord, elle a une idée.		
8. Caroline cherche un hôtel près de la Gare du Nord.	■	■
9. Caroline trouve un hôtel près de la Gare de l'Est.	■	■
10. L'hôtel n'est pas trop cher.	■	■

SE DÉBROUILLER

TEST 1

1. Bilden Sie Sätze! Bringen Sie die Wörter in die richtige Reihenfolge

1. est - dans - la - couloir - le - valise
   ....
2. aéroport - le - l' - va - taxi - à
   ....
3. tabac - en - est - face - de - le - bureau
   ....
4. droite - la - sur - est - cathédrale - la
   ....
5. as - de - un - métro - tu - plan
   ....
6. voyager - beaucoup - train - j' - en - aime
   ....
7. la - n' - région - pas - elle - est -de
   ....
8. l'autre - de - la - côté - poste - rue - la - est
   ....
9. bains - chambre - WC - de - sans - j' - une - avec- salle - ai - mais
   ....
10. au - il - ville - habite - centre
    ....
11. êtes - en - Monsieur - voiture - vous
    ....
12. je - à - non - pied - suis
    ....
13. séjour - Paris - bon - à
    ....
14. Marseille - est - petite - près - une - c' - ville - de
    ....
15. ici - musée - d' - est - le - loin
    ....

2. Wie geht's weiter? Finden Sie die richtige Fortsetzung!

1. Un carnet de métro
2. Nadine monte à pied sur la Tour Eiffel, mais
3. Une chambre avec petit déjeuner
4. Vous pouvez descendre
5. La station de taxis est
6. Vous connaissez le Louvre,
7. Nous cherchons une chambre pour deux perponnes au centre ville,
8. Pour aller à la gare
9. Charlotte ne peut pas téléphoner,
10. Les touristes vont à Notre-Dame. Ce n'est pas direct,
11. Je n'aime pas voyager en train,
12. Le musée n'est pas ouvert,

a coûte 320 francs.
b mais pas trop chère s'il vous plaît.
c c'est un musée très chouette.
d elle n'a pas de télécarte.
e Sandrine, elle prend l'ascenseur.
f la valise lourde, s'il vous plaît!
g je m'ennuie dans le train.
h vous prenez la première rue à gauche et ensuite c'est toujours tout droit.
i il est fermé le lundi.
j juste à côté de la gare.
k ils changent à Châtelet.
l ce sont dix tickets.

TEST 1

3. Kreuzen Sie an, was paßt!
Nur eine Möglichkeit ist korrekt

1. Vous pouvez monter le sac, s'il vous plaît?
   a Oui, je monte à Paris.
   b Oui, c'est gentil.
   c Oui, volontiers.

2. Il y a un téléphone dans la gare?
   a Oui, au centre ville.
   b Oui, à côté des guichets.
   c Non, ce n'est pas la peine.

3. La rue Lecourbe? Aucune idée! Demandez donc ...
   a à l'agent!
   b l'agent!
   c pour l'agent!

4. Vous connaissez Madame Desmoulins?
   a Oui, très.
   b Oui, très bien.
   c Oui, très bon.

5. Le lundi, le Musée Picasso est ...
   a fermé.
   b foutu.
   c moderne.

6. Tournez ...
   a à droite!
   b gauche!
   c tout droit!

7. Chambre 4, au ...
   a trois étages.
   b troisième étages.
   c étage trois.

8. Une chambre avec salle de bains, si ...
   a compris.
   b d'accord.
   c possible.

9. Nous vous ...
   a remercie.
   b remerciez.
   c remercions.

10. Viens, Suzanne, et ...
    a dépêche.
    b dépêche-toi.
    c te dépêches.

4. Welches Wort fehlt?

1. L'avion arrive à ...
   - a l'aéroport.
   - b la gare.
   - c la station.

2. Pour téléphoner, prenez ...
   - a un carnet.
   - b une télécarte.
   - c un ticket.

3. Le monsieur monte la valise: elle est ...
   - a juste.
   - b lourde.
   - c simple.

4. C'est une région très ...
   - a dommage.
   - b pittoresque.
   - c vite.

5. Le feu rouge ne ... pas.
   - a ferme
   - b marche
   - c va

6. C'est loin? Alors, nous ... un taxi!
   - a prend
   - b prends
   - c prenons

7. Vous ... une chambre libre?
   - a a
   - b avez
   - c ont

8. Nous ... en avion.
   - a voyagent
   - b voyageons
   - c voyages

9. Le train va partir: elles ... dépêchent!
   - a me
   - b nous
   - c se

10. L'agent de police ... est pas sympa!
    - a —
    - b n'
    - c ne

TEST 1

5. Zu welcher Frage gehört die Antwort?

1. Je vais à Nancy.
   - a Vous allez où?
   - b Vous êtes où?
   - c Vous habitez où?

2. Oui, je connais bien Paris.
   - a Vous aimez Paris?
   - b Vous allez à Paris?
   - c Vous connaissez Paris?

3. Non, vous changez à la Gare du Nord.
   - a Pour aller à Lille, c'est direct?
   - b Pour aller à Lille, c'est libre?
   - c Pour aller à Lille, c'est tout droit?

4. Oui, il est libre.
   - a La place est libre?
   - b Les guichets sont libres?
   - c Le taxi est libre?

5. 170 francs la nuit.
   - a C'est combien?
   - b C'est où?
   - c C'est quoi?

6. Non, je suis à pied.
   - a Vous êtes en voiture?
   - b Vous êtes ici?
   - c Vous êtes sûr?

7. Non, je descends à Bordeaux.

    a Vous descendez à Bordeaux?
    b Vous descendez ici?
    c Vous descendez où?

8. Elle est en face.

    a Ça fait combien?
    b Où est la poste?
    c Pour une personne?

9. Aucune idée.

    a C'est loin d'ici?
    b Vous êtes d'ici?
    c Vous habitez ici?

10. Oui, mais pas ici s'il vous plaît.

    a Je fume?
    b Je peux fumer?
    c Vous fumez ici?

DIALOGUES

BOIRE ET MANGER

Allons au restaurant!

Chéri, ma mère viendra le week-end prochain.
Oh, la barbe!...
Oh, écoute, Gérard, ce n'est pas un drame!
Non, ma petite Alice, mais je sais bien: tu passeras encore le week-end à la cuisine!
Ne t'inquiète pas, je n'ai vraiment pas envie de cuisiner.
Alors, allons au restaurant!
Oui, mais où aller? Tu sais bien: maman n'est pas moderne: elle aime seulement la cuisine traditionnelle!
C'est vrai, elle est un peu difficile!
Alors, tu as une idée?
Euh... tiens, la Crêperie du Port, par exemple.
C'est une excellente idée. Ça plaira sûrement à maman.

Tip au restaurant

Nicht gleich einen Tisch ansteuern, wenn man ins Restaurant geht, sondern warten, bis der Kellner einem einen Platz zuweist, oder eventuell mit ihm verhandeln.

Prenez place

Bonsoir, Monsieur, Mesdames.

Bonsoir. **Une table pour trois personnes**, s'il vous plaît.

Oui,... là-bas peut-être, en terrasse?

Non, ma mère n'aime pas les courants d'air.

Alors plutôt là-bas, dans le coin?

Oui, très bien.

Prenez place... Voici la carte. Je passerai tout à l'heure.

Tip au restaurant

Un verre de vin (ein Glas Wein) bestellt man höchstens als Aperitif. Zum Essen bestellt man *un pichet* (einen Krug), entweder *un petit / un quart* (1/4 l) oder *un demi pichet* (1/2 l), oder natürlich *une bouteille* (eine Flasche) *de rouge, de blanc, de rosé.*

Commander les boissons

Je peux déjà prendre la commande des boissons?

Oui, attendez... heu, ma femme et moi, nous prendrons du cidre; c'est bon avec les crêpes.

Du cidre doux ou brut?

Une bouteille de brut.

Et pour Madame?

Madame préfère du vin rouge. N'est-ce pas, maman?

Exactement! Vous, avec votre cidre!...

Alors une bouteille de cidre et **un pichet de rouge**.

Oui, merci.

Attendre

Dis, Alice, ça fait vingt minutes que nous attendons les boissons. J'ai soif!
Oh, écoute, maman, calme-toi, ça arrivera tout de suite.
Tu crois ça?... Eh bien pas moi! Mais je n'ai pas envie d'attendre jusqu'à demain!
Oh, écoute, arrête!

Et la commande des menus?

J'ai faim! Il est déjà neuf heures moins le quart!
Ah, voilà, tu vois, les boissons arrivent déjà.
Déjà!... Pff!... Tu es bien, toi!

Choisir le menu

Dites donc, ça ne va pas vite, chez vous! Ça fait deux heures que nous attendons!
Excusez-moi, ... mais il y a beaucoup de monde! Qu'est-ce que vous prendrez comme menu?
Qu'est-ce que c'est, une crêpe Popeye?
C'est une crêpe aux épinards.
Ils sont frais, les épinards?

Le menu bedeutet zweierlei:
1. individuell zusammengestellte Vor-, Haupt- und Nachspeisenreihenfolge *à la carte* (aus dem Angebot der Speisekarte)
2. bestimmte Angebote der Restaurants, meist in zwei oder drei Preisklassen, die zwar die Entscheidungsfreiheit des Gastes einschränken, seinen Geldbeutel aber eher schonen. Achtung! Das billigste dieser *menus* gibt es meist nur mittags *(uniquement à midi)*, und Getränke sind oft nicht inbegriffen *(boissons non comprises)*.

BOIRE ET MANGER

Bien sûr, Madame.

Alors une crêpe Popeye pour moi. Et pour Monsieur une crêpe complète avec du jambon, du fromage et un œuf.

D'accord.

Ma fille prendra seulement une salade frisée aux lardons: elle n'a pas très faim, elle est un peu énervée.

Donc: une complète, une Popeye et une salade. Merci.

Et comme dessert?

Vous prendrez un dessert?

Oui, volontiers.

Vous désirez la carte des desserts?

Non, merci, ce n'est pas nécessaire. Pour les glaces, qu'est-ce que vous avez comme **parfums**?

Aujourd'hui, nous avons chocolat, vanille et fraise.

C'est tout? Je déteste la glace à la fraise … Vous avez de la glace à la pistache, au café ou aux noisettes?

Parfum

Parfum hat zwei Bedeutungen: **1.** der Duft **2.** die Geschmacksrichtung (bei Eis, Milch-Shakes …)
Das Wort ist also auch wichtig für *gourmets* (Feinschmecker) und *gourmands* (Vielfraße).

Non, Madame.
Je prendrai une mousse au chocolat, alors. Et vous?
…
Non, merci maman, pour moi pas de dessert. Et toi, Gérard, un dessert?
Non.
Charmante soirée!
En effet! C'est chouette, les soirées avec ta mère!
Ah, écoute, Gérard, tu m'énerves, toi aussi!
Bon, je ne dis plus rien.

Un petit café

Un petit café pour terminer, messieurs dames?
Oui, volontiers. Un café pour moi et un cognac pour mon mari.
Un vrai café ou un décaféiné?
Un déca plutôt. Et toi, maman?… Rien?
C'est tout alors?
Oui, Monsieur… Le garçon aussi, il m'énerve! Il n'aura pas de **pourboire**.

L'addition, s'il vous plaît.

Gérard, maman est fatiguée. Il est déjà dix heures et demie. Tu appelles le garçon?
…
Monsieur, l'addition, s'il vous plaît!
Tout de suite, Monsieur… Alors… 248 francs, s'il vous plaît.
Vous acceptez la carte bleue?
Bien sûr, Monsieur.

Un petit café
Die Tradition des Kaffee und Kuchen gibt es in Frankreich nicht, wohl aber die, ein (gutes) Essen mit einem *petit café* (Espresso) abzuschließen.

Le pourboire (das Trinkgeld)
15 Prozent Trinkgeld sind in den meisten Restaurants im Preis inbegriffen; «*service compris*» steht dann auf der Speisekarte. Man kann noch ein bißchen was dazugeben, muß aber nicht.

BOIRE ET MANGER

ÉCOUTEZ

A.

Was ist richtig?

1. Gérard, Alice et sa mère mangent
   a au restaurant.
   b à la maison.

2. La mère d'Alice est
   a très sympa.
   b un peu difficile.

3. La mère d'Alice
   a n'est pas très moderne.
   b aime la cuisine moderne.

B.

Oui ou non?

Allons au restaurant
1. La mère d'Alice n'aime pas aller au restaurant.
2. Elle n'aime pas cuisiner.
3. Elle n'aime pas la cuisine moderne.

Commander les boissons
4. Gérard commande du cidre pour trois personnes.
5. Il commande du vin rouge pour trois personnes.
6. Il commande du cidre pour deux personnes et du vin rouge pour une personne.

Attendre
7. La mère d'Alice est nerveuse.
8. Elle n'a pas faim.
9. Elle attend les boissons.
10. Elle n'aime pas le restaurant.

Choisir le menu
11. Alice prend une crêpe avec du jambon, du fromage et un œuf.
12. Elle prend une crêpe aux épinards.
13. Elle prend une salade.

Et comme dessert?
14. Alice et Gérard prennent une glace à la fraise.
15. Ils prennent une mousse au chocolat.
16. Ils ne prennent pas de dessert.

Un petit café
17. Pour terminer ils prennent un café.
18. La mère d'Alice prend un cognac

VOCABULAIRE

BOIRE ET MANGER
TRINKEN UND ESSEN

Allons au restaurant
Gehen wir ins Restaurant

maman
Mama
le week-end
das Wochenende
prochain, -e
nächster, -e, -s
écouter
(zu)hören
savoir
wissen
passer
verbringen
la cuisine
die Küche
s'inquiéter
sich Sorgen machen
vraiment
wirklich
l'envie (f)
die Lust
cuisiner
kochen
seulement
nur

traditionnel, -le
traditionell
vrai, -e
wirklich
difficile
schwierig
tiens!
siehe da!
la crêperie
die Crêperie
le port
der Hafen
l'exemple (m)
das Beispiel
excellent, -e
ausgezeichnet
plaire
gefallen

Prenez place
Nehmen Sie Platz

bonsoir
guten Abend
la table
der Tisch
peut-être
vielleicht
la terrasse
die Terrasse

la mère
die Mutter
le courant d'air
der Durchzug
voici
hier ist
tout à l'heure
gleich

Commander les boissons
Die Getränke bestellen

la commande
die Bestellung
la boisson
das Getränk
la femme
die (Ehe)Frau
le cidre
prickelnder Apfelwein
les crêpes
dünne Pfannkuchen
doux, douce
süß
brut
herb
la bouteille
die Flasche

BOIRE ET MANGER

préférer
 lieber mögen, vorziehen
le vin
 der Wein
rouge
 rot
exactement
 exakt, genau
le pichet
 der Krug

Attendre
 Warten

la soif
 der Durst
croire
 glauben
le menu
 das Menü
la faim
 der Hunger
jusqu'à
 bis

Choisir le menu
 Das Menü auswählen

chez
 bei
l'heure (f)
 die Stunde
beaucoup
 viel
le monde
 die Welt, die Leute

comme
 wie
les épinards (mpl)
 der Spinat
frais, fraîche
 frisch
complet, complète
 komplett, mit allem
le jambon
 der Schinken
le fromage
 der Käse
l'œuf (m)
 das Ei
la fille
 die Tochter
la salade
 der Salat
frisé, -e
 kraus
le lardon
 das Dörrfleischstückchen
un peu
 ein wenig
énervé, -e
 genervt

Et comme dessert?
 Und als Nachtisch?

le dessert
 der Nachtisch
désirer
 wünschen
nécessaire
 nötig

la glace
 das Eis
le parfum
 die (Eis-)Sorte
aujourd'hui
 heute
le chocolat
 die Schokolade
la vanille
 die Vanille
détester
 hassen
la pistache
 die Pistazie
le café
 der Kaffee
la noisette
 die Haselnuß
rien
 nichts
pourquoi
 warum
la soirée
 der Abend
le garçon
 der Kellner
le pourboire
 das Trinkgeld

Un petit café?
 Eine Tasse Kaffee?

terminer
 beenden
le mari
 der Ehemann

le (café) déca(féiné)
  der koffeinfreie Kaffee
l'addition, s'il vous plaît
  die Rechnung, bitte
fatigué, -e
  müde
demi, -e
  halb
appeler
  rufen
tout de suite
  sofort
accepter
  annehmen
la carte bleue
  franz. Kreditkarte

Expressions

avoir envie de
  Lust haben auf
où aller?
  wohin sollen wir gehen?
par exemple
  zum Beispiel
en terrasse
  auf der Terrasse
prendre la commande
  die Bestellung aufnehmen
ça fait une heure que nous attendons
  wir warten schon eine Stunde

il y a beaucoup de monde
  es ist voll, es sind viele Leute hier
qu'est-ce que vous prendrez comme menu?
  was werden Sie als Menü nehmen?
qu'est-ce que c'est?
  was ist ... (das)?
elle n'a pas très faim
  sie hat nicht viel Hunger
ce n'est pas un drame
  das ist doch nicht so schlimm

La grande bouffe

Auch wenn es ihnen nachgesagt wird, so verbringen die Franzosen nicht tagtäglich viele Stunden bei Tisch. Am Wochenende hingegen mit Freunden oder en famille *verstehen sie es, so richtig aufzutischen.* La grande bouffe *(das große Fressen) beginnt traditionell mit dem* apéritif, *das heißt einem* vin doux *(porto, martini, …), einem* pastis *oder* pernod, *einem* kir *(Weißwein mit Johannisbeerlikör) oder* kir royal *(mit Champagner anstelle des Weins). Dazu reicht man einige* amuse-gueules *(Gaumenschmeichler, das heißt Häppchen) oder* quelque chose à grignoter *(etwas zum Knabbern). In gemütlicher Runde kann der* apéro *schon ein gutes Stündchen dauern. Dann folgen klassisch* l'entrée *(die Vorspeise),* le plat principal *(die Hauptspeise), eventuell unterteilt in* un plat de poisson *(Fisch) und* un plat de viande *(Fleisch),* le plateau de fromage *(die Käseplatte),* le dessert *(der Nachtisch),* le café *und der wohlverdiente* digestif *(das Verdauungsschnäpschen). Ist es inzwischen schon nach 16 Uhr, so liegen wir immer noch gut in der Zeit …*

BOIRE ET MANGER

THÉORIE

Le futur

Die Zukunft

In der Umgangssprache benutzt man eher das *futur proche*, das zusammengesetzte Futur (thème 4, S. 108)

Ma mère **viendra** le week-end prochain.
Meine Mutter **wird** nächstes Wochenende **kommen**.

Tu **passeras** le week-end à la cuisine.
Du **wirst** das Wochenende in der Küche **verbringen**.

Je **passerai** tout à l'heure.
Ich **komme** gleich **vorbei**.

Die wichtigsten Konjugationen

1. Hilfsverben:	être (sein)		avoir (haben)	
je serai	nous serons		j'aurai	nous aurons
tu seras	vous serez		tu auras	vous aurez
il sera	ils seront		il aura	ils auront

2. Verben auf -er: passer (vorbeigehen)	
je passer**ai**	nous passer**ons**
tu passer**as**	vous passer**ez**
il passer**a**	ils passer**ont**

3. Verben auf -ir: choisir (auswählen)	
je choisir**ai**	nous choisir**ons**
tu choisir**as**	vous choisir**ez**
il choisir**a**	ils choisir**ont**

Verben auf -er und -ir: Infinitiv + Endung

4. Verben auf -re: prendre (nehmen)	
je prendr**ai**	nous prendr**ons**
tu prendr**as**	vous prendr**ez**
il prendr**a**	ils prendr**ont**

Verben auf -re: Infinitiv ohne -e + Endung

1. Konjugieren Sie im Futur

PRATIQUE

1. être à Paris demain
2. voyager en avion
3. avoir faim et soif
4. venir le week-end prochain (siehe S. 84)
5. préparer le petit déjeuner dans la cuisine
6. faire une excursion en voiture dans les Alpes (siehe noch mal S. 84)

2. Was wird morgen sein? Bilden Sie die Sätze im Futur!

aujourd'hui	demain
1. Nous mangeons à la maison.	restaurant

Demain, nous mangerons au restaurant

2. Sylvie aime Michel.	Jacques
3. Pierre fume des Gauloises.	Camel
4. Vous détestez les épinards.	crêpes
5. On téléphone à Monsieur Legrand.	Monsieur Petit
6. Tu bois du cidre.	vin rouge
7. Nous avons de la glace aux noisettes.	au café
8. Je me débrouille seule à Paris.	Tokyo
9. Le métro est en grève.	trains
10. Elles demandent à une dame.	autre dame
11. L'ascenseur ne marche pas.	voiture
12. Nous tournons à gauche.	droite
13. Vous attendez Michel à la gare.	Corinne
14. Le Musée Picasso est fermé.	Musée Rodin
15. Ils acceptent la carte bleue.	chèques

Plastikgeld

Nach der Schlemmerei kommt der Moment der Wahrheit, *l'addition* (die Rechnung): Plastikgeld *(la carte bleue, la carte de crédit)* ist geläufigstes Zahlungsmittel. Eurocheques sind nicht so gern gesehen, da die Geschäfte dafür Kommission bezahlen müssen. Große Summen bar zu bezahlen ist sehr ungewöhnlich. Das Geld für kleine Rechnungen im Café kann man einfach auf den Tisch legen, ohne auf den Kellner zu warten.

BOIRE ET MANGER

THÉORIE

5. Unregelmäßige Verben:
faire (machen)

je ferai	nous ferons
tu feras	vous ferez
il fera	ils feront

pouvoir (können)

je pourrai	nous pourrons
tu pourras	vous pourrez
il pourra	ils pourront

venir (kommen)

je viendrai	nous viendrons
tu viendras	vous viendrez
il viendra	ils viendront

aller (gehen)

j'irai	nous irons
tu iras	vous irez
il ira	ils iront

Nur der Verbstamm ist unregelmäßig, die Endungen bleiben immer gleich.

Gebrauch des Futurs
Um die Zukunft auszudrücken, verwendet man im Deutschen häufig das Präsens. Im Französischen verwendet man dazu selten das Präsens, sondern in den meisten Fällen das Futur.

PRATIQUE

3. Setzen Sie die Verben in Klammern im Futur in die Lücken

1. Le train de Paris arrive quand? Il *arrivera* dans dix minutes. (arriver)
2. Et comme dessert, qu'est-ce que vous prenez. Nous .... de la glace au café. (prendre)
3. Pour aller à la Tour Eiffel, c'est direct? Non, vous .... à la station Opéra. (changer)
4. Où est la rue Charles de Gaulle, s'il vous plaît? Tu .... à gauche et tu .... la 2ème rue à droite. (tourner, prendre)
5. Tu viens ce soir? Non, je ne .... pas venir. (pouvoir)
6. Tu es libre aujourd'hui? Non, mais je .... libre demain. (être)
7. Vous prendrez la voiture. Non, nous .... en train. (voyager)
8. Célia va directement à Marseille? Non, elle .... à Lyon. (s'arrêter)
9. L'hôtel est complet? Oui, mais nous .... une chambre libre demain. (avoir)
10. Le musée est fermé aussi demain? Non, demain il .... ouvert. (être)

4. Welches Verb paßt in welche Lücke? Konjugieren Sie im Futur!

venir - boire - manger - prendre - être - aller - cuisiner - descendre - demander - faire - commander - marcher

1. Monsieur Groß .... le train de Francfort à Paris et il .... à la Gare de l'Est.
2. Tu .... une glace à la vanille pour ma mère!
3. Lundi, le métro .... en grève.
4. Nathalie et Sandrine .... demain à 19 heures.
5. A Paris vous .... une excursion.
6. Les touristes .... au Louvre.
7. Avec les crêpes je .... du cidre.
8. Nous .... à l'agent de police pour savoir où est le musée.
9. Demain l'ascenseur à l'hôtel ....
10. Le week-end je ne .... pas, nous .... au restaurant.

BOIRE ET MANGER

THÉORIE

Verben mit Stammänderung

Madame **préfère** du vin rouge.
Die Dame möchte lieber Rotwein.

préférer

je préfère	nous préférons
tu préfères	vous préférez
il préfère	ils préfèrent

genauso: s'inquiéter und die Verben, die ein -é in der letzten Stammsilbe haben.

Tu **appelles** le garçon?
Rufst Du den Kellner?

appeler

j' appelle	nous appelons
tu appelles	vous appelez
il appelle	ils appellent

genauso: alle Verben, die auf -eler enden.

Achtung Aussprache:
Vor Doppel-L sprich **e** wie **ä**: j'appelle [ä wie Äquator]
Vor einfachem L sprich e sehr schwach: nous appelons [e wie bei Tante]

Verben mit Stammerweiterung

Einer klangvolleren Aussprache zuliebe wird bei einigen Verben auf **-ir** der Stamm der Pluralformen um die Silbe **-iss** erweitert. Probieren Sie einfach mal, die Verben ohne diese Silbe auszusprechen, und Sie werden sehen, mit **-iss** klingt's wesentlich netter!

choisir

je choisis	nous choisissons
tu choisis	vous choisissez
il choisit	ils choisissent

ebenso: réfléchir (thème 5), finir (thème 6)

86 quatre-vingt-six   Thème 3

PRATIQUE

5. Setzen Sie die Verben in die richtige Form

1. Du cidre ou du vin: qu'est-ce que tu ..... *préfères* ..... (préférer)
2. Je .... du cidre. (préférer)
3. Et vous, Alain et Nicole, qu'est-ce que vous ....? (préférer)
4. Nous .... du vin rouge. (préférer)
5. Et Nicolas? Il .... du lait. (préférer)
6. Et les filles, qu'est-ce qu'elles .... ? (préférer)
7. Elles .... de l'eau. (préférer)
8. Où est ma fille? Je .... (s'inquiéter)
9. Nous aussi, nous .... ! (s'inquiéter)
10. Mais Catherine et Paul ne .... pas. (s'inquiéter)
11. Voilà ma fille: elle .... Elodie Lebrun. (s'appeler)
12. Et vous? Vous .... aussi Lebrun? (s'appeler)
13. Non, je .... Lenoir. (s'appeler)
14. Christian, ... le garçon, s'il te plaît! (appeler)
15. Ne .... pas! (s'inquiéter)
16. J' .... le garçon tout de suite. (appeler)
17. Nathalie et Sandrine .... un restaurant près de la Tour Eiffel. (choisir)
18. Tu .... un hôtel avec ascenseur. (choisir)
19. Vous .... un dessert, Madame? (choisir)

BOIRE ET MANGER

THÉORIE

Article partitif
Teilungsartikel

Nous prendrons **du** cidre.
Wir nehmen Cidre.
Vous avez **de la** glace à la pistache?
Haben Sie Pistazieneis?

Im Französischen braucht man den Teilungsartikel, wenn man von Sachen spricht, die man nicht zählen kann, und angeben will, daß es sich um einen Teil oder eine bestimmte Menge davon handelt. Es sind:

männlich: du de l'
du jambon = Schinken **de** l'air = Luft

weiblich: de la de l'
de la glace = Eis **de** l'eau = Wasser

Plural: des
des épinards = Spinat **des** crêpes = Crêpes

Im Deutschen steht das Substantiv allein, ohne Artikel!

à + Artikel im Plural

à + les = aux
also verschmelzen à + les zu aux, egal, ob das Substantiv männlich oder weiblich ist:

une crêpe **aux** épinards
eine Crêpe mit Spinat

la glace **aux** noisettes
das Haselnußeis

de	+	le	=	**du**
de	+	la	=	**de la**
de	+	l'	=	**de l'**
de	+	les	=	**des**

6. Vervollständigen Sie folgende Sätze mit dem Teilungsartikel

1. Comme menu, nous prendrons ...*des*... crêpes avec ...*du*... jambon.
2. Pour moi, une galette avec .... épinards.
3. Et pour moi, une crêpe avec .... champignons.
4. Et comme boisson, nous prendrons .... cidre.
5. Qu'est-ce que vous désirez comme cidre? .... brut.
6. Et comme vin? .... vin rouge!
7. Et Christiane? Elle prendra .... eau minérale.
8. Et vous, Gérard? .... cidre, bien sûr!
9. Vous avez ..... café décaféiné?
10. Et comme dessert, nous prendrons .... glace au café.
11. Moi, je prendrai .... mousse au chocolat.

7. Wortsalat

Wenn Sie die Wortteile richtig zusammensetzen, ergibt sich das Porträt eines Muffels namens Frédéric.

1. vrai- est Fré- -cile très diffi- -ric dé- -ment
2. dé- man- cui- Il mais -teste ai- -siner -coup il -me beau- -ger
3. -fère au all- restau- pré- -er Il -rant
4. Mais -dre le -nu la me- atten- -be! bar-
5. pas Il res- ai- les -ries -tau n' et -rants et -me crêpe- chics
6. aus- brasse- dé- les -ries -teste Il -si
7. rasse Man- -ants en dra- un y air -ger a ter- des -me cour il d'
8. Le il -end -brouille pour -ger chez -rents week- man- se ses dé- pa-
9. -d' au- Zut! jour- c' est -mé hui fer- le- coin- la- de self- -rue- au- service
10. Fré il a fa- est éner- très -im -déric -vé

BOIRE ET MANGER

THÉORIE

Adverbes
Adverbien auf -ment

Ça plaira **sûrement** à ta mère.
Es wird **sicherlich** deiner Mutter gefallen.

Aus vielen Adjektiven werden Adverbien abgeleitet, und zwar:		
Adjektiv in der weiblichen Form + Endung -ment:		
seul	seule	seule**ment**
sûr	sûre	sûre**ment**
prochain	prochaine	prochaine**ment**
parfait	parfaite	parfaite**ment**
direct	directe	directe**ment**
juste	juste	juste**ment**
genauso: simple, complet, nécessaire, traditionnel, autre, lourd etc.		
Achtung:		
vrai	vraie	vraiment
gentil	gentille	gentiment
complet	complète	complètement

Parlons d'amour
Wie sage ich's auf französisch?

Je t'aime.	= Ich liebe dich.
J'aime la glace à la fraise.	= Ich mag Erdbeereis.
J'aime les excursions.	= Ich mache gern Ausflüge.
J'aime manger.	= Ich esse gern.
Je préfère boire.	= Ich trinke lieber.
Je préfère la glace à la fraise.	= Ich habe lieber Erdbeereis.

Ich lieb' dich, ich lieb' dich nicht!
Je t'aime – ich lieb' dich
…*un peu* – ein bißchen
…*beaucoup* – sehr
…*passionément* – leidenschaftlich
…*à la folie* – zum Verrücktwerden
…*pas du tout* – überhaupt nicht!

8. Formen Sie die Adjektive in Adverbien um

PRATIQUE

1. Ici, on peut parler. (libre)

   Ici, on peut parler ......*librement*......
2. Le train part de Francfort et va .... à Paris. (direct)
3. Je peux .... porter ma valise: elle est très lourde. (difficile)
4. Tu veux manger une glace ou une mousse au chocolat? Non merci, je prends .... un déca. (simple)
5. Vous voulez .... aller à pied au musée? (vrai)
6. Avec les crêpes, on boit .... du cidre. (traditionnel)
7. En ce moment, je suis .... stressé. (complet)
8. On viendra .... la semaine prochaine. (nécessaire)
9. On pourra aller à Marseille .... (prochain)
10. Nous avons .... une chambre avec douche. (seul)
11. Nous parlons déjà .... français. (parfait)

9. Wie sagen Sie's auf französisch?

1. Mein Mann wird sicher bald kommen.
2. Die Tartivel reisen ruhig. Sie sind nicht gestreßt.
3. Der Kellner kommt nicht, um die Bestellung aufzunehmen.
4. Catherine wird bald kommen.
5. Ich habe keine Lust, ins Restaurant zu gehen.
6. Wir nehmen nur eine Fahrkarte.
7. Wir warten schon seit drei Stunden auf die Getränke, und außerdem (= en plus) zieht es hier. Kommt, wir gehen!
8. Wirst du wirklich telefonieren?
9. Ich möchte ein Eis. Was haben Sie bitte für Sorten?
10. Ich nehme einfach ein Mineralwasser.
11. Marie ist genervt und müde, und außerdem hat sie keinen Hunger.

BOIRE ET MANGER

THÉORIE

Fragen – alles auf einen Blick!

I. Entscheidungsfragen, die man nur mit ja oder nein beantwort:

A. Betonungsfrage (thème 1)

Vous prenez une glace au chocolat?	Nehmen Sie ein Schokoladeneis?
Non, je n'aime pas le chocolat.	Nein, Schokolade schmeckt mir nicht.

Frage wie Aussagesatz, aber die Betonung am Ende hoch

B. Est-ce que-Frage (thème 2)

Est-ce que vous prenez un café?	Nehmen Sie einen Kaffee?
Non, je préfère un déca.	Nein, ich nehme lieber einen ohne Koffein.

Est-ce que leitet die Frage ein, dann folgt Satzstellung wie beim Aussagesatz.

II. Fragen mit Fragewörtern – sie verlangen eine detailliertere Antwort

A. Où? – Wo? (thème 1)

Où est ce que tu vas?	Wo gehst du hin?
Où tu vas?	
Je vais au café.	Ich gehe ins Café.

B. Combien? – Wieviel? (thème 2)

Combien de parfums est-ce que tu prends?	
Combien de parfums tu prends?	Wieviel Sorten Eis nimmst du?
Je prends vanille et noisette.	Ich nehme Vanille und Nuß.

C. Qu'est-ce que? – Was? (neu)

Qu'est-ce que c'est?	Was ist das?
Qu'est-ce que vous avez?	Was haben Sie/habt ihr denn?
Qu'est-ce que tu préfères?	Was ist dir lieber?

Bei Fragewörtern gilt die Satzstellung: Fragewort - Subjekt - Verb!

Umgangssprachlich kann das Fragewort auch am Ende stehen:

Tu vas où?	Wohin gehst du?
Ça fait combien?	Wieviel macht/kostet das?

Qu'est-ce que hingegen ist zu lang, um es ans Ende zu stellen. Man benutzt bei dieser Version, und nur hier, ein kürzeres Wort für «was?» – «quoi?»

Tu manges quoi?	Was ißt du?
Vous préférez quoi?	Was ist Ihnen/euch lieber?

10. Fragen Sie anders und antworten Sie — **PRATIQUE**

1. Tu prends quoi comme dessert? (fraises) *Qu'est-ce que tu prends comme dessert? Je prends des fraises.*
2. Vous fumez quoi? (Gauloises)
3. Vous avez quoi comme chambres libres? (avec douche)
4. Il a quoi comme voiture? (une Porsche)
5. Il y a quoi comme curiosités ici? (églises et musées)
6. On peut faire quoi dans la région? (excursions)
7. Il y a quoi comme tables libres? (en terrasse seulement)
8. Vous avez quoi comme menu aujourd'hui? (épinards et œufs)
9. C'est quoi comme cabine téléphonique ici? (à carte)
10. Tu veux quoi comme cidre? (brut)
11. Elles préfèrent quoi comme galettes? (complètes)
12. Les crêpes Suzette, c'est quoi? (flambées au cognac)
13. Vous prenez quoi comme boisson? (eau minérale)
14. Vous désirez quoi comme valises? (petites)
15. Vous habitez quoi comme ville? (très pittoresque)
16. Vous ferez quoi comme voyage? (sur la Côte d'Azur)

11. Qu'est-ce que c'est…?

1. C'est bon avec les crêpes. Qu'est-ce que c'est? *C'est du cidre.*
2. C'est du café, mais pas du vrai café. Qu'est-ce que c'est?
3. C'est une galette Popeye. Qu'est-ce que c'est?
4. C'est une boisson. Ce n'est pas du vin, ce n'est pas du café. Qu'est-ce que c'est?
5. La mère d'Alice ne veut pas manger en terrasse: elle n'aime pas ça. Qu'est-ce que c'est?
6. Du vin pas sucré, qu'est-ce que c'est?
7. Je ne mange pas de dessert, je préfère du camembert. Qu'est-ce que c'est?
8. Pour téléphoner, pour choisir le menu et aussi pour payer l'addition. Qu'est-ce que c'est?

BOIRE ET MANGER

PARLEZ

Prononciation

Hören Sie die Wörter, und sprechen Sie nach:

1. Achten Sie auf den Laut «oi», und sprechen Sie die Wörter nach.

moi – trois – voici – bonsoir

2. Achten Sie jetzt auf die verschiedenen «s», und sprechen Sie die Wörter nach.

frisé – cuisine – fraise
dessert – passer – boisson
monsieur – bonsoir – personne
tradition – addition
si – séjour – situé – simple – sur

3. Achten Sie jetzt auf die Bindungen, und sprechen Sie die Wörter nach.

dix_heures – nous_attendons – vous_avez
un_œuf – un_ascenseur – un_hôtel
en_effet – c'est_ici – c'est_une_idée
c'est_elle – elle_est_énervée

Übrigens!
Höfliche Menschen benutzen *pardon* (wie bitte), weniger höfliche dagegen *quoi* (was).

PARLEZ

Minidialogues

A. Qu'est-ce que vous faites aujourd'hui?
B. Je mange à la maison.
A. Qu'est-ce que vous ferez demain?
B. Je mangerai au restaurant.

1. manger – à la maison – au restaurant
2. manger – crêpes – galettes
3. prendre comme boisson – cidre brut – vin rouge
4. fumer comme cigarettes – Gauloises – Camel
5. faire comme cuisine – traditionnelle – moderne
6. avoir comme desserts – glaces à la fraise – mousse au chocolat

A. Une crêpe Popeye, qu'est-ce que c'est?
B. C'est une crêpe **aux épinards**.
A. Je déteste les épinards. Je préfère **le fromage**.

1. crêpe Popeye – aux épinards – fromage
2. glace Venezia – vanille et chocolat – noisettes
3. dessert maison – mousse à la vanille – chocolat
4. menu touristique – crêpe au jambon – fromage

A. Vous aimez **manger**?
B. Oui, mais je préfère **boire**.

1. manger – boire
2. voyages – excursions
3. cidre – vin
4. cuisiner – aller au restaurant
5. manger en terrasse – dans le coin
6. voitures – femmes

BOIRE ET MANGER

LECTURE

LA TABLE BRETONNE

Dans beaucoup de villes, en Bretagne, il y a des crêperies où on sert des galettes ou des crêpes avec du cidre ou du lait frais. C'est le plat breton traditionnel. Dans les crêperies traditionelles, on fait les crêpes devant vous. Il y a la crêpe simple: les Bretons la préfèrent. Il y a aussi les crêpes à la confiture, au fromage, aux œufs, au jambon, etc. La crêpe au sarrasin (galette) est salée et la crêpe de froment est sucrée. La boisson bretonne est le cidre. Le vin breton est le Muscadet.

---

galette salzige Crêpe
breton, bretonne aus der Bretagne
servir servieren
le lait die Milch
la confiture die Konfitüre
le sarrasin der Buchweizen
salé salzig
le froment der Weizen
sucré süß
la farine das Mehl
ajouter hinzufügen
le sel das Salz
mélanger mischen
l'eau das Wasser
la pâte der Teig
la poêle die Pfanne
graissé eingefettet
cuire kochen
des deux côtés von beiden Seiten
le beurre fondu die zerlassene Butter
la bière das Bier
le verre das Glas

Recettes
La galette de sarrasin

Prendre 500 g de farine de sarrasin. Ajouter 4 œufs et du sel. Mélanger avec un peu d'eau. Mettre un peu de pâte dans une poêle graissée et cuire des deux côtés.

Les crêpes bretonnes

Prendre 500 g de farine de froment. Ajouter 3 œufs, 20 g de beurre, 3 g de sel, 1 verre de bière et un verre de lait. Mélanger et ajouter 125 g de beurre fondu. Attendre une demi-heure. Cuire comme la galette de sarrasin

Compris?

	oui	non
1. Des crêpes et du cidre, c'est un plat typiquement breton.	■	■
2. Dans les crêperies traditionelles, on fait les crêpes à la cuisine.	■	■
3. Les Bretons préfèrent les crêpes sans rien.	■	■
4. En Bretagne, on ne boit pas de vin.	■	■
5. La galette, c'est une crêpe salée.	■	■
6. Pour faire une galette, il faut seulement de la farine et des œufs.	■	■
7. Dans la pâte à crêpes, il y a du cidre.	■	■
8. Pour les crêpes, il faut faire la pâte, attendre une demi-heure et ensuite cuire les crêpes.	■	■
9. Le vin breton s'appelle le cidre.	■	■
10. En Bretagne, on sert les galettes seulement avec du cidre.	■	■
11. On cuit les galettes d'un côté seulement.	■	■
12. Avec les crêpes bretonnes, on boit de la bière.	■	■

BOIRE ET MANGER

THÈME 4

DIALOGUES

INVITER

L'anniversaire

(dring ... dring ... dring ...)
Allô! ...
Allô, Emmanuelle, c'est toi?
Oui.
C'est Nicolas. Écoute, mardi prochain, c'est mon anniversaire.
Mardi prochain?... C'est le combien?
Le onze avril. Je ferai une petite soirée entre copains. Tu peux venir?
Oui, je veux bien ... Dis, est-ce que je peux amener un copain?
Un copain?... ou ... ton nouveau copain?
Euh, ... je te raconterai mardi.
Oui, venez vers vingt heures, d'accord?
O.k., ça marche.

Matthieu ne peut pas venir

Allô, Matthieu, salut, c'est Nicolas.
Salut Nicolas. Tu appelles sûrement pour mardi soir?
Oui, tu viens?
Non, je ne peux pas venir.
Pourquoi?
Je suis désolé, mais je ne peux vraiment pas venir.
Mais pourquoi?
Écoute ... psst ... ma mère est à côté, elle écoute!
Ah, je te rappellerai tout à l'heure, o.k.?
Oui, merci ... et ... tu ne m'en veux pas?
Mais non, à tout à l'heure.
Salut.

L'invitation

Lorient, le 2 avril

Salut Françoise,

impossible de te joindre par téléphone.
Ça sonne, sonne ... Tu n'es donc jamais
à la maison?
J'aimerais pourtant t'inviter pour
mon anniversaire: mardi 11 avril, à 20 hre 30.
Tu m'appelles, s'il te plaît, pour me dire si
tu penses venir.

Bisons. Nicolas

A mardi!

Allô!
Allô Nicolas, c'est toi?
Oui, c'est moi. Qui est à l'appareil?
C'est Françoise. Je viens de lire ton invitation.
Alors, tu viens?
Bien sûr. Je t'appelle simplement pour te prévenir: je viendrai avec mon copain Christophe.
C'est super! Et dis …
Écoute, je suis un peu pressée, j'ai rendez-vous chez le coiffeur dans un quart d'heure.
O.k., mardi on aura le temps de discuter. A mardi!

INVITATION A PENDRE LA CRÉMAILLÈRE

Quand? … samedi, 22 août
à partir de 20 heures
Où? … Chez Nathalie et Nicolas Tartivel
15, rue de l'Amour
22 500 PAIMPOL
tél. 99 60 42 59

Prière de répondre, s.v.p.

Samedi soir chez les Tartivel

Nicolas, on sonne. Tu peux ouvrir, s'il te plaît?
J'y vais!
…
Salut Françoise, ça va?
Très bien, et toi?

INVITER

C'est la pleine forme. Mais entre!
Où est Nathalie?
Oh, elle prépare un truc dans la cuisine, mais elle va arriver tout de suite.
…
Ah, la voilà!
Oui, je viens de terminer. Bonsoir, Françoise.
Salut, Nathalie. Tu as l'air stressé!
Non, non, mais nous sommes quand même cinquante personnes!
Oh là là! … Tiens, une petite surprise pour votre nouvel appartement.
Oh, c'est gentil. Viens, je vais te présenter aux autres.
Dis, Nicolas, comment avez-vous trouvé votre appartement? Il est chouette!
Oh, tout à fait par hasard.
Comment, par hasard? Ce n'est pas évident de trouver un trois pièces en ce moment!
Tout simplement par une petite annonce dans «Ouest France».
C'est pas vrai!
Si, je t'assure! Tu as envie de visiter notre appartement?
Ouais, bonne idée!

Françoise visite l'appartement

Viens. Alors, là, dans le coin, près de la cuisine, nous allons faire un coin repas, mais plus tard!
C'est normal, pour l'instant vous n'avez pas beaucoup de sous … Il est cher, l'appart?
Pas trop.

Combien? ... Ou c'est indiscret?
Non: 4.800 francs par mois.
Ça peut aller.
Bon, on continue?
Bien sûr.
Alors, ici, c'est la salle de bains, à droite ce sont les WC.
Et là-bas, c'est votre chambre?
Euh ..., au fond du couloir? Oui, c'est notre chambre.
Et là, sur la gauche, c'est pour les enfants?
Oh, arrête, les enfants, ce n'est pas pour tout de suite! Non, c'est le bureau de Nathalie.
Ah, c'est vrai, elle travaille sérieusement maintenant!
***Ouais**, j'ai encore une surprise pour la fin: voilà le balcon, avec vue sur la mer.*
Super, vous en avez de la chance!
Allez, viens, on va prendre l'apéro dans la salle de séjour!
...
Dis donc, Nathalie, je viens de visiter l'appart, et ... .
(rrratatata ... rrratatata ... rrratatata ...)
Qu'est-ce que c'est? Qu'est-ce qu'il y a?
Rien, ce n'est pas grave: c'est un train qui vient de passer.
Un train?! ...
Oui, les trains passent juste derrière la maison.

Ouais heißt nichts anderes als *oui*, wird aber umgangssprachlich wesentlich häufiger benutzt. In kultivierteren Kreisen ist es allerdings verpönt und hinterläßt eher einen schlechten Eindruck. Also: Wichtig ist zu wissen, zu welcher Gelegenheit man welche Wörter benutzt.

INVITER

ÉCOUTEZ

A.
Was ist richtig?

L'anniversaire
1. Nicolas fête son anniversaire
a le 11 avril.
b lundi soir.
c mercredi prochain.

Matthieu ne peut pas venir
2. Matthieu
a viendra à l'anniversaire de Nicolas.
b ne viendra pas à l'anniversaire de Nicolas.
c viendra sûrement avec sa mère à l'anniversaire de Nicolas.

A mardi!
3. Françoise
a va téléphoner à Christophe.
b va lire l'invitation.
c va aller chez le coiffeur.

Chez les Tartivel
4. Nathalie
a ouvre la porte.
b est stressée.
c prépare une surprise dans la salle de bains.

Françoise visite l'appartement
5. Nathalie et Nicolas
a ont beaucoup de sous.
b ont des enfants.
c ont un appartement en face de la mer.

B.
Cherchez les 4 erreurs

L'appartement des Tartivel a …?
1. coin repas (près de la cuisine) 2. WC (à droite) 3. salle de bains (à gauche) 4. chambre (au fond du couloir) 5. bureau (à gauche) 6. balcon (vue sur la mer)

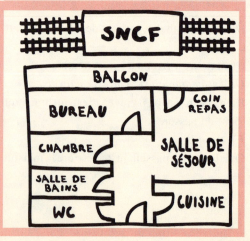

VOCABULAIRE

INVITER
EINLADEN

L'anniversaire (m)
Der Geburtstag

mardi (m)
Dienstag
avril (m)
April
la soirée
der Abend (in seinem Verlauf)
entre
unter (Personen)
le copain
der Freund
la copine
die Freundin
vouloir
wollen
amener
mitbringen
nouveau, nouvel, nouvelle
neu
raconter
erzählen
vers
gegen

Matthieu ne peut pas venir
Matthieu kann nicht kommen

salut!◊
hallo, tschüs!
le soir
der Abend

L'invitation
Die Einladung

impossible
unmöglich
joindre
erreichen
sonner
klingeln
jamais
nie
la maison
das Haus
si
ob
le bisou
das Küßchen

À mardi
Bis Dienstag

lire
lesen

prévenir
Bescheid sagen
super
super
pressé,e
in Eile
le rendez-vous
die Verabredung, der Termin
le coiffeur
der Friseur
le quart
das Viertel (1/4)
le temps
die Zeit
discuter
diskutieren

Samedi soir chez les Tartivel
Samstag abend bei den Tartivels

quand
wann?, wenn
le samedi
der Samstag
août (m)
August
à partir de
ab
prière de
Sie werden gebeten

répondre
  antworten
ouvrir
  öffnen, aufmachen
y
  dort, dorthin
plein,e
  voll
la forme
  die Form
entrer
  hereingehen, hereinkommen
préparer
  vorbereiten
le truc ◊
  das Ding
l'air (m)
  das Aussehen
stressé,e
  gestreßt
quand même
  jedoch, trotzdem
la surprise
  die Überraschung
l'appartement (m)
  die Wohnung
présenter
  vorstellen
comment
  wie
tout à fait
  genau
le hasard
  der Zufall
évident,e
  offensichtlich

la pièce
  das Zimmer
le moment
  der Augenblick
l'annonce (f)
  die Anzeige
assurer
  versichern
visiter
  besichtigen

Françoise visite l'appartement
Françoise besichtigt die Wohnung

le repas
  die Mahlzeit
tard
  spät
normal,e
  normal
les sous (mpl) ◊
  Geld
l'appart ◊
  die Wohnung
indiscret, ète
  indiskret
le mois
  der Monat
à peu près
  ungefähr
voir
  sehen
l'enfant (m + f)
  das Kind

travailler
  arbeiten
sérieux, -euse
  ernst
maintenant
  jetzt
la fin
  das Ende
le balcon
  der Balkon
la vue
  die Aussicht, der Blick
super ◊
  super, klasse
la mer
  das Meer
la chance
  das Glück
l'apéro (apéritif) ◊
  der Aperitif
la salle de séjour
  das Wohnzimmer
grave
  ernst, schlimm

Expressions

allô
  (so meldet man sich in Frankreich am Telefon)
c'est toi?
  bist du's?
c'est mon anniversaire
  ich habe Geburtstag
c'est le combien?
  der Wievielte ist das?
vers 20 heures
  gegen 20 Uhr
ça marche
  das geht in Ordnung
tu ne m'en veux pas?
  du bist mir nicht böse?
un quart d'heure
  eine Viertelstunde
avoir le temps de
  Zeit haben zu
à mardi
  bis Dienstag
à la maison
  zu Hause
pendre la crémaillère
  die Wohnung einweihen
c'est la pleine forme!
  ich fühle mich topfit
par hasard
  per Zufall
un 3 pièces
  eine 3-Zimmer-Wohnung
en ce moment
  im Moment
c'est pas vrai! ◊
  das darf nicht wahr sein!
je t'assure! ◊
  glaub's mir doch / echt!
plus tard
  später
pour l'instant
  im Augenblick
par mois
  im Monat
à peu près
  so ungefähr
vue sur
  Blick auf
vous en avez de la chance!
  habt ihr vielleicht ein Glück!

La crémaillère

La crémaillère: *eigentlich die Zahnstange, das Zahngestänge. Pendre la crémaillère war einst der letzte Schritt vor der Inbetriebnahme der Feuerstelle: Nachdem man das Zahngestänge im Kamin befestigt hatte, konnte man daran den Kessel hängen und die so wichtige Feuerstelle in Betrieb nehmen. Heute ist nur noch der Ausdruck geblieben. Er bezeichnet die Einweihungsparty, die man gewöhnlich nach dem Bezug einer neuen Wohnung organisiert.*

INVITER

THÉORIE

Das *futur proche* wird in der gesprochenen Sprache viel häufiger benutzt als das Futur (sehen Sie sich hierfür die Lektion 3 auf der Seite 82 noch einmal an). Das liegt daran, daß die Bildung des *futur proche* für die Franzosen einfacher ist.

Futur proche

Die unmittelbare Zukunft

Tu **vas venir**?
Wirst du kommen?
Je **vais** te **présenter** aux autres.
Ich stelle dich gleich den anderen vor.

So wird es gebildet

je **vais prendre** l'apéro	nous **allons prendre** l'apéro
tu **vas prendre** l'apéro	vous **allez prendre** l'apéro
il **va prendre** l'apéro	ils **vont prendre** l'apéro

Das future proche wird benutzt, um auszudrücken, daß etwas unmittelbar danach passieren wird.

futur proche

aller + Verb im Infinitiv

Verben

vouloir – wollen

je veux	nous voulons
tu veux	vous voulez
il veut	ils veulent

amener – mitbringen

j' amène	nous amenons
tu amènes	vous amenez
il amène	ils amènent

genauso: alle Verben, die im Infinitiv ein -e in der letzten Stammsilbe haben.

PRATIQUE

1. Was werden Sie gleich tun?

1. J'invite mes copains pour mon anniversaire.
   Je ......*vais inviter*...................... mes copains pour mon anniversaire.
2. Dépêche-toi, sinon on rate le train.
3. Vite! Caroline arrive dans dix minutes!
4. Mon appart est vraiment petit. Je cherche un trois pièces.
5. Pour aller au restaurant breton? Vous prenez la première rue à droite.
6. Zut, la voiture ne marche pas! Je vais à pied chez le coiffeur.
7. Super, Catherine vient ce soir!
8. On peut discuter sérieusement.
9. Vous prévenez la mère de Jacques?
10. Attends chéri, je termine ma crêpe!
11. Nous venons dimanche.
12. Samedi, les Tartivel pendent la crémaillère.
13. Demain, je raconte mon voyage à mes copines.
14. Je vous présente à mes parents.
15. On prend un pot?
16. Je préviens ses parents.
17. Ils s'inquiètent.
18. Nous vous répondons demain.
19. Venez, on va à la maison!
20. J'invite mes copains pour samedi prochain.
21. Vous venez avec nous en Italie?

INVITER

THÉORIE

Passé récent
Die unmittelbare Vergangenheit

Je **viens de lire** ton invitation.
Ich habe eben deine Einladung gelesen.
Elle **vient de terminer**.
Sie ist eben fertig geworden.

---

manger

je **viens de** manger nous **venons de** manger
tu **viens de** manger vous **venez de** manger
il **vient de** manger ils **viennent de** manger

Das *passé récent* wird benutzt, um auszudrücken, daß gerade etwas passiert ist.

Passé récent
venir + de + Verb im Infinitiv

Je *viens de lire* ton invitation.
Ich habe eben deine Einladung gelesen.

---

2. Verschnaufpause 1

Suchen Sie die Formen von *aller* und *venir*, die Sie zur Bildung des *futur proche* und des *passé récent* brauchen!

```
S N E I V V E T
N Z E L L A N N
O E N V V E Z O
L N S E N U V V
L E U N T I V E
A V E O E A E Z
Z I A N I L L A
V E T S N E I V
```

Die Verbformen können senkrecht, waagerecht, vorwärts, rückwärts und diagonal versteckt sein!

PRATIQUE

3. Eine vollgepackte Woche

Lundi 10 avril à 16 heures, Françoise va aller chez le coiffeur. Qu'est-ce qu'elle va faire mardi, mercredi, etc. ...?

4. Und jetzt sagen Sie das im Futur

Lundi, Françoise ira chez le coiffeur, etc. ...?

5. Sie haben eben etwas gemacht:

1. Je *viens de* téléphoner à mon père.
2. Paul .... terminer son apéritif.
3. Sa mère .... prendre l'avion.
4. Tu .... appeler ton copain?
5. Nous .... demander un renseignement.
6. Je .... faire des crêpes pour 30 personnes.
7. Vous .... visiter la cathédrale.
8. Sarah .... faire la connaissance d'un jeune homme sympa.
9. On .... sonner.
10. Je .... attendre une heure!
11. Sa femme .... partir avec un autre.
12. Nous .... trouver un appart.
13. Michel .... commander un taxi.
14. Tu .... de boire un café.

15ᵉ Semaine

lundi 10
- 16 aller chez le coiffeur

mardi 11
- 11 visiter l'appart.
- 20h30 aller chez Nicolas

mercredi 12
- 12 déjeuner au restau. avec maman
- 16 inviter Sylvie pour mon anniversaire

jeudi 13
- 14 téléphoner à la crêperie
- 20 prendre Alice à la gare
- 21 sortir avec les copains

vendredi 14
- 10 appeler l'hôtel du Brabant
- 17 aller voir les parents

samedi 15
- 9 aller chercher Jean à la gare
- 15 aller au musée
- 22 dîner avec Jean

dimanche 16
- ouf! rester à la maison

INVITER

THÉORIE

Possessivpronomen

ton nouveau copain?   dein neuer Freund?
ma mère est à côté   meine Mutter ist nebenan

	la mère	le père	les parents
je	**ma** mère	**mon** père	**mes** parents
tu	**ta** mère	**ton** père	**tes** parents
il/elle	**sa** mère	**son** père	**ses** parents
nous	**notre** mère	**notre** père	**nos** parents
vous	**votre** mère	**votre** père	**vos** parents
ils/elles	**leur** mère	**leur** père	**leurs** parents

Attention!

Pierre	prend	son	sac	et	sa	valise.
Pierre	nimmt	seine	Tasche	und	seinen	Koffer.
Catherine	prend	son	sac	et	sa	valise.
Catherine	nimmt	ihre	Tasche	und	Ihren	Koffer.

Les enfants	cherchent	leur	mère.
Die Kinder	suchen	ihre	Mutter.
Les enfants	cherchent	leurs	parents.
Die Kinder	suchen	ihre	Eltern.

Also: Die Possessivpronomen richten sich im Französischen nach dem Geschlecht des Substantivs, vor dem sie stehen, und nicht wie im Deutschen nach dem Geschlecht des Besitzers!
Die Formen «votre» und «vos» werden auch als Höflichkeitsform benutzt.
Nach «on» benutzt man die Form der 1. Person Mehrzahl «nous»: notre/nos: On appelle nos amis. Wir rufen unsere Freunde an.

Vorsicht vor Vokalen

Überall, wo es nicht «la», sondern «l» heißt, heißt es
nicht «ma», «ta», «sa», sondern «mon», «ton», «son».
l'idée   mon idée
l'hôtel   ton hôtel
l'annonce   son annonce

PRATIQUE

6. Catherine erzählt von sich

Setzen Sie das entsprechende Possessivpronomen ein!

1. *Ma* voiture ne marche pas!
2. .... sac est lourd.
3. .... parents font un voyage.
4. .... chéri s'apelle Frédéric.
5. .... copine Carole est très sympa.
6. .... enfants sont chouettes.
7. .... salle de séjours n'est plus moderne.
8. .... sous! Où sont .... sous?

7. Catherine spricht mit ihrer Freundin

1. *Ta* surprise est chouette!
2. .... téléphone ne marche pas.
3. .... chambre est au fond du couloir.
4. .... parents vont venir demain?
5. .... valise est déjà dans la voiture.
6. .... mari est très indiscret!
7. .... enfants aiment les crêpes à la confiture.
8. C'est demain, ... anniversaire?

8. Catherine und ihre Freundin sprechen von ihrem Chef

son – sa – ses?

1. *Sa* femme est vraiment compliquée!
2. .... train part à cinq heures trente.
3. .... voiture ne marche pas.
4. .... bureau est au fond du couloir.
5. .... avion est direct.
6. .... enfants sont difficiles.
7. .... secrétaire est très stressée.
8. .... appartement est super chouette.

INVITER

THÉORIE

9a. Verschnaufpause 2

Genug der Theorie! Wiederholen Sie zunächst einmal einige wichtige Verben, indem Sie aus dem Buchstabensalat sinnvolle Verben bilden, die Sie dann in das Raster eintragen.

- 10 Buchstaben: EEEECDHPRS
- 9 Buchstaben: EEECDDNRS / AEIOCNNRT
- 8 Buchstaben: AEERRRST / EECCHHRR
- 7 Buchstaben: IOOULRV / IOOUPRV / EEDNPRR
- 6 Buchstaben: AEEMNR / AEPRSS
- 5 Buchstaben: EINRV / AELLR / AEIFR / AIORV
- 4 Buchstaben: EERT

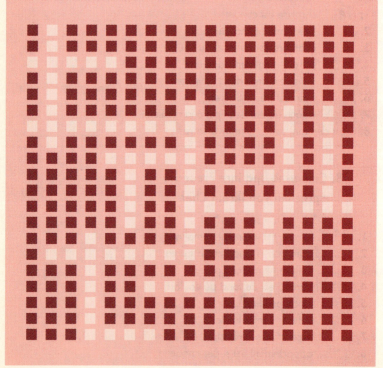

9 b. Füllen Sie die Lücke

PRATIQUE

Setzen Sie die gefundenen Verben in die entsprechende Lücken ein, und achten Sie auf die Konjugation. Die Numerierung führt Sie auf die richtige Fährte.

1. Je viens de .... du train.
2. Est-ce que vous .... Patricia Kaas?
3. Je vais .... un hôtel près du Stade de France.
4. ....-toi!
5. Est-ce que tu .... des crêpes?
6. Je .... tout à l'heure. (Futur)
7. Nous venons de .... à Montpellier.
8. Je vais .... deux carnets.
9. Nous .... samedi soir. (Futur)
10. Est-ce que je peux .... des copains?
11. Elles viennent d'............... au supermarché.
12. Vous allez .... un nouvel appart?
13. Tu .... visiter le musée d'Art Moderne.
14. ....-moi un déca.
15. Ce n'.......... pas grave

10. Setzen Sie nochmals Possessivpronomen ein.

Achtung: Die Besitzer sind diesmal in der Mehrzahl!

1. .... numéro de téléphone, c'est le 01.48.65.40.11. (unser)
2. .... appartement est super chic! (ihr)
3. .... enfants sont gentils. (euer)
4. .... père est indiscret! (euer)
5. .... crêpes ne sont pas bonnes. (ihr)
6. .... cuisine est trop petite (unser)
7. J'aime beaucoup .... région (euer)
8. .... parents arrivent demain (unser)
9. .... copine vient de téléphoner (ihr)

INVITER

THÉORIE

Wochentage

lundi	Montag
mardi	Dienstag
mercredi	Mittwoch
jeudi	Donnerstag
vendredi	Freitag
samedi	Samstag
dimanche	Sonntag

Monate

janvier	Januar
février	Februar
mars	März
avril	April
mai	Mai
juin	Juni
juillet	Juli
août	August
septembre	September
octobre	Oktober
novembre	November
décembre	Dezember

Les saisons

le printemps	der Frühling
l'été	der Sommer
l'automne	der Herbst
l'hiver	der Winter

Achtung vor Zeitangaben mit den Jahreszeiten:

im Sommer	im Herbst	im Winter
en été	*en* automne	*en* hiver

aber:

im Frühling
au printemps

11. Wortsalat

Michel hat Nicolas zu seinem Geburtstag eingeladen. Nicolas hat ihm ein Telegramm geschickt. Können Sie das entziffern?

PRATIQUE

BON JOURMI CHELMER STOP CI POUR TONIN VITA STOP TION JE TRAVAIL LES AME DI STOP SO IRDES OLE BON AN STOP NIVER SA IRE ET BON NE SOIRE STOP ES ALUT NI COL AS.

12. Bilden Sie Sätze

1. J'invite Pierre à	ses	chambre.
2. Il va à l'aéroport avec	mon	voiture.
3. Ils viennent de visiter	sa	appartement.
4. Vite, tu vas rater	son	anniversaire.
5. Tu peux téléphoner à	mon	mère.
6. Voici	mes	avion.
7. C'est l'adresse de	ta	n° de téléphone.
8. Entrez dans	ton	copains.
9. A droite, c'est	mon	enfants.
10. Ici, c'est la chambre de	ton	coiffeur.
11. Où sont	tes	bureau.
12. J'inviterai Michel et	ma	valises.

13. Übersetzen Sie

Achten Sie auf die zeitliche Abfolge

1. Das Taxi hat eben am Bahnhof gehalten. Sabine steigt aus. Sie wird gleich den Zug nach Paris nehmen.

2. Marcel und Michelle haben gerade auf ein Taxi gewartet. Jetzt hält ein Taxi vor dem Hotel. Sie fahren schnell mit dem Taxi zum Flughafen.

3. Ich bin eben stundenlang zu Fuß gelaufen. Jetzt bin ich müde. Ich werde meinen Wagen nehmen.

INVITER

THÉORIE

Prononciation

Hören Sie die Sätze vom Tonträger! Achten Sie auf die Konsonanten, und sprechen Sie die Sätze nach!

Salut, c'est Suzanne.
Bonjour, Bernadette, c'est Bernard.
Pierre ne peut pas partir.
Tu t'appelles Tatiana.
Tu trouves ta table.

Achten Sie jetzt auf die Satzmelodie, und sprechen Sie die Sätze nach!

C'est Nicolas?	Non, c'est Bernard.
Tu ne peux pas venir?	Non, je ne peux pas venir.
Tu t'appelles Tatiana?	Oui, je m'appelle Tatiana.
Il est cher l'appartement?	C'est pas vrai!
C'est la salle de séjour?	Elle est chouette!
Tu peux ouvrir?	Oui, j'y vais tout de suite.

Anders als im Deutschen, wo man für die Datumsangabe die Ordnungszahlen benutzt, verwendet man im Französischen die Kardinalzahlen (= «normale» Zahlen).
Einzige Ausnahme bildet der Erste eines jeden Monats:
le 1er (premier) janvier, le 1er (premier) février etc.

Das Datum

On est le combien aujourd'hui?	Den wievielten haben wir heute?
On est le 11 (onze) novembre.	Den 11. November.
Quand est-ce que tu pars en Provence?	Wann fährst du in die Provence?
Je pars le 19 (dix-neuf) juin.	Ich fahre am 19. Juni.
Le 1er (premier) avril j'irai manger au Ritz.	Am 1. April gehe ich ins Ritz essen.

Minidialogues

A. Vous venez demain à la soirée?
B. Oui, **je vais venir**. Et vous?
A. Je viendrai aussi.

1. venir demain à la soirée
2. manger au restaurant
3. partir en Italie
4. visiter la maison
5. prendre l'apéritif sur le balcon
6. inviter le Président à une soirée
7. travailler demain à la maison
8. faire des crêpes
9. répondre au téléphone

A. Vous venez demain à la soirée?
B. Oui, **nous allons** venir. Et vous?
A. Nous viendrons aussi.

1. bis **9.**: wie oben

A. Vous allez manger?
B. Non, **je viens de** manger.
A. Moi, **je vais manger**.

1. partir en voyage
2. appeler le garçon
3. prendre un deuxième apéritif
4. répondre à l'invitation de Monsieur le Président
5. téléphoner au bureau
6. appeler la secrétaire
7. visiter la région
8. commander les boisssons

A. Vous allez manger?
B. Non, **nous venons de manger**.
A. Nous, **nous allons manger**.

1. bis **8.**: wie oben

PRATIQUE

14. Trainieren Sie noch einmal ein paar wichtige Redewendungen

1. O.k., alles klar. Ihr könnt gegen acht Uhr kommen.
2. Bist du sauer, mein Schatz?
3. Es tut mir leid, aber am Freitagabend kann ich nicht kommen.
4. Um drei Uhr habe ich einen Termin beim Friseur.
5. Mir geht's total gut.
6. Es ist nicht einfach, in Paris ein Taxi zu finden.
7. Ich versichere dir, wir haben eine tolle Wohnung!
8. Morgen werde ich eine kleine Party unter Freundinnen machen.
9. Kannst du wirklich nicht kommen?
10. Darf ich meine Freundin mitbringen?

INVITER

LECTURE

UNE SOIRÉE SURPRISE

Vendredi soir, Manon veut sortir. Sa copine Nicole fête ses 25 ans. Dans l'après-midi, Manon va chez le coiffeur. Elle veut être belle, ce soir: elle fera peut-être la connaissance d'un jeune homme sympathique. La soirée commence à 20 h 30. Manon part de la maison à 20 heures.

être dans la lune verträumt sein
Mademoiselle Fräulein

Elle est un peu pressée. Elle court. Manon veut vite traverser le Boulevard Saint-Michel pour prendre le métro à Cluny-la-Sorbonne. Elle ne regarde pas les voitures dans la rue. Manon est dans la lune ... «Mademoiselle ... Faites attention, Mademoiselle, regardez où vous allez!» Manon s'arrête brusquement. Le feu est rouge. Un jeune homme vient vers elle et dit: «Alors, Mademoiselle, qu'est-ce que vous faites?» Il sourit. Manon le regarde et … elle oublie l'anniversaire, la soirée chez Nicole … Elle a envie de faire la connaissance du jeune homme au sourire charmant. Elle l'invite à prendre un pot et … il ne dit pas non!

Compris?

	oui	non
1. Nicole		
a fête son anniversaire aujourd'hui.	☐	☐
b va avoir 25 ans.	☐	☐
c veut être belle ce soir.	☐	☐
2. Manon a rendez-vous		
a avec son copain.	☐	☐
b sur le Boulevard Saint-Michel.	☐	☐
c chez le coiffeur.	☐	☐
3. Boulevard Saint-Michel, Manon veut		
a prendre l'apéro.	☐	☐
b prendre le métro.	☐	☐
c prendre sa voiture.	☐	☐
4. Le jeune homme		
a dit à Manon de faire attention aux voitures.	☐	☐
b invite Manon à prendre un pot.	☐	☐
c ne fait pas attention au feu rouge.	☐	☐
5. Ensuite, Manon		
a va chez le coiffeur.	☐	☐
b va prendre le métro.	☐	☐
c va prendre un pot avec le jeune homme.	☐	☐

INVITER

TEST 2

1. Finden Sie das fehlende Wort, und konjugieren Sie die Verben im Präsens

1. Ma mère .... (être) très difficile, elle .... (aimer) seulement la .... traditionnelle.

2. Dans une crêperie vous .... (pouvoir) manger des crêpes et des ....

3. Le week-end prochain nous .... (manger) au ....

4. Bonsoir, vous .... (être) combien? Nous .... (être) cinq, une table pour cinq .... s'il vous plaît.

5. Comme .... nous .... (prendre) du cidre.

6. Aline .... (avoir) très ....: elle .... (prendre) une crêpe .... avec du jambon, du fromage et un œuf.

7. Après le dessert ils .... (prendre) encore ....

8. Pour mon anniversaire je .... (faire) une .... avec mes copains.

9. Carole et son copain .... (arriver) à dix-neuf .... chez Isabelle.

10. Je .... (être) désolé, mais je ne .... (pouvoir) pas ....

11. Pour trouver un .... appartement nous .... (regarder) les petites .... dans *Ouest-France*.

12. Mardi à trois heures tu .... (avoir) un .... chez le coiffeur.

2. Kreuzen Sie die jeweils passende Antwort an

1. Elle arrivera quand?
   a A la gare.
   b Demain soir.
   c Hier après-midi.

2. Tu n'as pas envie de cuisiner?
   a Non, au restaurant.
   b Oui, j'ai envie.
   c Si.

3. Vous avez des glaces au café?
   a Bien sûr.
   b D'accord.
   c Volontiers.

4. Je vous apporte la carte des desserts?
   a C'est pas nécessaire.
   b Je prendrai une mousse au chocolat.
   c Pour moi, une glace à la vanille.

5. Il est bien, l'appart de Caroline?
   a Ça marche bien.
   b C'est bien.
   c Il est super chouette.

6. On va prendre un pot au café de la Gare?
   a A tout à l'heure.
   b Je t'assure.
   c Oui, d'accord, ça marche.

7. Comment ça va, Suzanne?
   a Ça va très bien, et toi?
   b Je me dépêche.
   c Je suis en voiture.

8. Où est ton copain, Eric?
   a C'est mon copain.
   b Il n'est pas de Paris.
   c Le voilà.

9. Et là, qu'est-ce que c'est?
   a C'est gentil.
   b C'est mon bureau.
   c C'est pas vrai.

10. Comment rejoindre ma copine, maintenant?
    a Cours!
    b Préviens!
    c Téléphone!

3. Welches Wort fehlt?

1. Sophie, tu ... chez moi?
   a passera
   b passerai
   c passeras

2. Oui, je ... vers sept heures.
   a viendra
   b viendrai
   c viendras

3. Mais je ... venir avec ma copine.
   a vais
   b viendrai
   c viens

4. Pierre n'a pas de chance: ... voiture ne marche pas.
   a sa
   b ses
   c son

5. Les Renaudin ... de trouver un appartement à Paris.
   a ont
   b viennent
   c vont

6. Je ne ... pas de mousse au chocolat: je déteste ça!
   a peux
   b vais
   c veux

7. Aujourd'hui c'est lundi: le musée est ... fermé!
   a sûr
   b sûre
   c sûrement

8. Vous avez ... café décaféiné?
   a de
   b de la
   c du

9. Je prendrai une crêpe simple et ... salade.
   a de
   b de l'
   c de la

10. Comme dessert, une glace ... vanille.
    a à
    b à la
    c de la

4. *Venir de* oder *aller*?
Setzen Sie die richtige Form ein

1. Tu es belle, Catherine! Merci, je .... aller chez le coiffeur.

2. Le taxi n'est pas encore là. Il .... arriver dans une minute.

3. Vous avez encore faim? Non, merci, nous .... manger une crêpe.

4. Les Tartivel ne sont pas encore là? Ils .... téléphoner: ils .... arriver dans dix minutes.

5. Et comme dessert? Je .... faire une mousse au chocolat.

6. Ta mère cherche encore un appartement? Non, elle .... trouver un deux pièces.

7. Le métro est en grève! Nous .... prendre un taxi!

8. Nous .... faire une grande fête samedi prochain! Ah, et vous .... inviter les Dupont?

9. Au revoir Pierre et à demain! Vous voulez déjà partir? Vous. .... arriver!

TEST 2

5. Setzen Sie folgende Sätze ins Futur

1. Caroline fête son anniversaire.
2. Pierre invite ses copains.
3. Nous voyageons en train.
4. Vous prenez l'avion à l'aéroport Charles de Gaulle.
5. Vous changez à Dijon.
6. J'habite à l'hôtel Terminus.
7. Ils descendent à la station Concorde.
8. Tu trouves la recette dans «Ouest France».
9. Ils visitent mon appartement à six heures.
10. Mon mari prépare le petit déjeuner à sept heures et demie.
11. Mes parents viennent mardi.
12. On arrive à Menton lundi soir.
13. Nous acceptons volontiers l'invitation.
14. Il répond tout de suite.
15. Sa copine s'inquiète!

6. Leseverstehen

Thierry und Matthieu sind auf einer Party. Sie unterhalten sich. Lesen Sie sich das Gespräch durch, und kreuzen Sie dann an, ob die folgenden Aussagen stimmen oder nicht.

Der Dialog zwischen Thierry (T) und Matthieu (M)

T: Alors Matthieu, ça va?
M: Oui, très bien, merci. *Et toi?*
T: *Bof* ...
M: Qu'est-ce qu'il y a?
T: *Je cherche un appart et je ne trouve rien.*
M: Un *appart? Pour toi?*
T: *Eh oui, pour moi.*
M: *Oh toi, tu as une copine.*
T: *Oui.*

M: *Et vous* voulez habiter ensemble tous les d*eux?*
T: Tout à fait.
M Raconte! Elle est comment, ta copin*e?*
T: *Super* chouette!
M: Et .. elle est belle?
T: Et com*ment!*
M: *Et sympa?*
T: Bien sûr, super sympa!
M: *Et ..,* je la connais, ta *copine?*
T: *Non, non.*
M: Tu me la présenteras?
T: Volontiers.
M: *Quand?*
T: Tiens, mardi prochain, el*le fête son* anniversaire. *Tu viens?*
M: *D'accord. Mais ... attends,* j'ai une idée. *J'ai* un copain, Phillipe, tu connais?
T: Non.
M: Il part de Paris. Il va habiter à Lyon. Al*ors ...* son appartement ...
T: Dis, il va être libre?
M: Ecoute, téléphone! Voilà *son numéro.*
T: *Attends,* voilà, je t'écoute.
M: C'est le 42 56 72 15.
T: *42 56 72 15. Matthieu,* tu es super. Merci.
M: Allez, *salut Thierry. A mardi, tu me raconteras.*

Stimmt das oder nicht?

	oui	non
1. Thierry cherche un appartement.	☐	☐
2. Thierry habite avec sa copine.	☐	☐
3. La copine de Thierry est très sympathique.	☐	☐
4. Matthieu connaît la copine de Thierry.	☐	☐
5. Thierry invite Matthieu à son anniversaire.	☐	☐
6. Thierry ne connaît pas Philippe.	☐	☐
7. Philippe habite à Lyon.	☐	☐
8. Le numéro de téléphone de Philippe est le 42 65 62 15.	☐	☐

TEST 2

DIALOGUES

FAIRE LES COURSES

À la maison

Demain soir, tes collègues viendront dîner, n'est-ce pas?

Euh … oui, si c'est déjà le 3 novembre!

Alors dis, on ne pourrait pas se répartir les courses pour le repas?

Si tu veux.

Tu peux venir, on va d'abord faire une petite liste.

D'accord!

Toi, tu pourrais aller au marché acheter des fruits et des légumes … et puis de la salade … Christian, tu m'écoutes!

Bien sûr!

Ensuite tu passeras à la crémerie … Oh non, j'irai moi-même!

D'accord!

Et si possible, tu prendras aussi du pain à la bonne boulangerie du centre ville … Tu ne m'écoutes pas, chéri, éteins la télé!

D'accord. Alors qu'est-ce que je prends au marché?

Je te noterai tout sur un bout de papier.

D'accord, c'est bien, sinon j'oublierai.

Et pour le plat principal, tu as une idée?

Bof…, ça m'est égal!

Réponds au moins: tu préfères du poisson, de la viande ou du poulet?

D'accord pour le poulet!

Chéri, arrête de dire «d'accord»! ...

Mais Carole, tu sais bien que je déteste le poisson et que j'adore le poulet.

C'est vrai, il faut dire que toi, tu n'es pas difficile. Mais demain je cuisinerai surtout pour tes collègues.

Ah!

Réfléchissons! Nous n'avons rien oublié?

Mais non ... j'aimerais rallumer la télé, il y a un match de l'OM!

Christian va au marché

Une laitue, un kilo de tomates et des fruits ...

Oh, doucement, Monsieur, d'abord les légumes. Voilà un kilo de tomates, ça fait 12,60. Une laitue, 5,40. Vous avez un panier?

Non, donnez-moi un sac, s'il vous plaît.

Et comme fruits ?

Oh, je ne sais pas ... **Mettez-moi** un kilo d'abricots, et une livre de fraises, ma femme aime beaucoup les fraises!

Mit **mettre** (genauso wie mit englisch *to put*) schlägt man drei Fliegen mit einer Klappe: **mettre** = 1. setzen, 2. legen, 3. stellen

Je regrette, mais nous n'avons plus de fraises, Monsieur.

Alors, donnez-moi des cerises.

Combien?

Oh, un kilo.

Voilà … ça fait 51,30.

Voilà 100 francs.

Christian achète du pain

Zut, il est déjà sept heures moins dix, la boulangerie va bientôt **fermer** … C'est toujours la course! Ouf! … Bonsoir, une baguette et un pain de campagne, s'il vous plaît.

Nous n'avons plus de baguettes, Monsieur.

Alors deux ficelles.

… 14,70, s'il vous plaît.

Voilà.

Un billet de 500 francs! Vous rigolez, Monsieur!

Attendez … un billet de 200, ça va?

Vous ne pourriez pas aller faire de la monnaie au bistrot d'en face?

Désolé, je suis pressé et ils vont fermer aussi. J'irai acheter mon pain ailleurs!

Ladenschluß

In kleineren Städten und auf dem Lande schließen die Läden um 19.00 Uhr, in größeren Städten um 20.00. Große Supermärkte in den Vororten von Paris haben bis 22.00 Uhr geöffnet. Sehr erfreulich: Lebensmittelgeschäfte aller Art öffnen am Sonntagmorgen.

FAIRE LES COURSES

Carole va à la crémerie

Bonjour, Madame, je voudrais …
Excusez-moi, Madame, mais je sers d'abord la dame, c'est son tour.
Oh pardon, excusez-moi!
…
Alors à vous maintenant.
Je voudrais un pot de crème fraîche, un litre de lait et une douzaine d'œufs, s'il vous plaît.
Oui … et ensuite?
Je vais prendre du fromage … alors, une tranche de Comté, un **Camembert**, mais pas trop fait!
Oui et avec ceci?
Il me faut encore 200 grammes de fromage râpé et … qu'est-ce que je pourrais prendre encore?
Peut-être du Roquefort.
Ah non, mon mari n'aime pas l'odeur. Donnez-moi un peu de chèvre … et ça sera tout.
Bien, ça fait 145 francs Madame.
Oh là là, c'est cher!
Vous trouvez? Mais non!… et puis, ils sont bons, mes fromages, et toujours frais, ce n'est pas comme au supermarché!
Ça, vous avez raison!

> **Camembert**
> So richtig davonlaufen tut ein französischer Camembert nur in Frankreich. Beim Exportcamembert der gleichen Marke bremsen Konservierungsstoffe diesen natürlichen Reifungsprozeß. Übrigens, der richtige Camembert kommt aus der Normandie, und das muß auch draufstehen: *fabriqué en Normandie*.

Carole au supermarché

Du beurre, des yaourts, … c'est fait. Il me manque encore les boissons et le dessert …
Pardon, Monsieur, où est le rayon «boissons», s'il vous plaît?
Il est là-bas à droite.
Merci … Bon, je vais prendre quelques bouteilles de vin, trois Perrier et des jus de fruits.

Monsieur, s'il vous plaît, vous pourriez m'aider? Je suis trop petite!
Mais bien sûr, Madame j'arrive tout de suite.
Merci beaucoup … Alors il reste encore le dessert … Je n'ai pas d'idée … Si, je vais prendre des petits fours à la pâtisserie. Bon, faisons maintenant la queue à la caisse! … Ah, les courses, la barbe!

Carole rentre à la maison

Pardon, Madame, la place est libre?
Oui, bien sûr. Il n'y a pas beaucoup de monde dans le bus, aujourd'hui.
Excusez-moi de vous déranger avec tous ces sacs.
Pas de problème.
Oui, mais je ne sais pas où poser mes affaires.
Mettez vos sacs là-bas.
Vous avez raison. Ah, zut … il faut composter le billet!
Vous venez de faire vos courses pour la semaine?
Oh non, nous avons des invités ce soir.
Chez nous, c'est mon mari qui fait toujours les courses et moi, je m'occupe de la cuisine.
Ah, oui … vous avez de la chance.

FAIRE LES COURSES

ÉCOUTEZ

Oui ou non?

Faire les courses

	oui	non
1. Carole et Christian font une liste de courses.	☐	☐
2. Les collègues de Christian viendront dîner le 3 novembre.	☐	☐
3. Sa femme va aller au marché.	☐	☐
4. Christian achètera du pain.	☐	☐
5. Pour le plat principal Christian veut du poulet.	☐	☐

Christian va au marché

	oui	non
6. Christian est au marché.	☐	☐
7. Il veut acheter des fraises pour sa femme.	☐	☐
8. Il achète seulement des fruits.	☐	☐

Christian achète du pain

	oui	non
9. Christian ne va pas à la boulangerie.	☐	☐
10. Christian achète une baguette et un pain de campagne.	☐	☐
11. Christian achète une ficelle.	☐	☐
12. Christian n'achète pas de pain.	☐	☐

Carole va à la crémerie

13. Kreuzen Sie an, was Carole nicht gekauft hat.
du lait – des œufs – du jambon – de la crème fraîche – du Comté – un Camembert – un poulet – du Roquefort – de la glace

Carole au supermarché

14. Et comme dessert, elle achète
a des fruits.
b de la mousse au chocolat.
c des petits fours.
d une glace.

Carole rentre à la maison

15. Carole est dans le train.
16. Les deux femmes font toujours les courses.

FAIRE LES COURSES
EINKAUFEN

VOCABULAIRE

À la maison
Zu Hause

le/la collègue
der Kollege, die Kollegin

le dîner
das Abendessen

se répartir
sich etwas aufteilen

les courses (fpl)
die Einkäufe

la liste
die Liste

le marché
der Markt

acheter
kaufen

les fruits
das Obst

les légumes
das Gemüse

la crémerie
das Geschäft für Milchprodukte

la boulangerie
die Bäckerei

éteindre
ausmachen

la télé(vision)
das Fernsehen, der Fernseher

noter
notieren, aufschreiben

tout
alles

le bout
das Stück

le papier
das Papier

principal,e
Haupt–

égal,e
egal, gleich

le poisson
der Fisch

la viande
das Fleisch

le poulet
das Hähnchen

arrêter (de)
aufhören (zu)

que
daß

adorer
schrecklich gerne mögen

surtout
hauptsächlich

réfléchir
nachdenken, überlegen

(r)allumer
(wieder)anmachen

le match
das Spiel

Christian va au marché
Christian geht auf den Markt

la laitue
der Kopfsalat

le kilo
das Kilo

la tomate
die Tomate

doucement
langsam, Vorsicht!

le panier
der Korb

donner
geben

l'abricot (m)
die Aprikose

la livre
das Pfund

regretter
bedauern

la cerise
die Kirsche

Christian achète du pain
  Christian kauft Brot

le pain
  das Brot
la baguette
  das Baguette
la ficelle
  ein dünnes, knuspriges Baguette
le billet
  hier: der Geldschein, der Fahrschein
rigoler ◊
  Spaß machen, lachen
la monnaie
  das Klein-, Wechselgeld
ailleurs
  anderswo

Carole va à la crémerie
  Carole geht ins Milchgeschäft

d'abord
  zuerst
le pot
  der Becher
la crème fraîche
  die Sahne
le litre
  der Liter
la douzaine
  das Dutzend
la tranche
  die Scheibe
fait,e
  hier: reif (Käse)
le gramme
  das Gramm
l'odeur (f)
  der Geruch
le chèvre
  der Ziegenkäse
toujours
  immer

Carole au supermarché
  Carole im Supermarkt

le yaourt
  der Joghurt
manquer
  fehlen
le rayon
  die Abteilung
quelques
  einige
le jus de fruits
  der Fruchtsaft
aider
  helfen
rester
  (übrig-)bleiben
le petit four
  gefülltes Gebäck
la pâtisserie
  die Konditorei
la caisse
  die Kasse

Carole rentre à la maison
  Carole geht nach Hause

rentrer
  nach Hause gehen/fahren
le bus
  der Bus
déranger
  stören
poser
  (hin)stellen
le problème
  das Problem
composter
  entwerten, abstempeln
l'invité, -e
  der Gast
s'occuper de
  sich beschäftigen mit

Expressions

n'est-ce pas
nicht wahr
si possible
wenn möglich
le plat principal
das Hauptgericht
ça m'est égal
das ist mir egal
au moins
wenigstens
il faut
man muß
l'OM (l'Olympique de Marseille)
Fußballmannschaft von Marseille
c'est la course
so eine Hetze
le pain de campagne
Bauernbrot
le billet de 500 francs
der 500-Francs-Schein
vous rigolez
das ist doch nicht ihr Ernst
faire de la monnaie
Geld wechseln
c'est son tour
er/sie ist an der Reihe
et avec ceci?
darf's sonst noch etwas sein?
avoir raison
recht haben
faire la queue
Schlange stehen
la barbe!
gräßlich!, ätzend!
il y a beaucoup de monde
es ist gerammelt voll

Nicht nur das Was, sondern auch das Wie zählt!

eher umgangssprachlich	eher höflich
Mettez-moi/donnez moi Geben Sie mir…	**Vous pourriez me mettre/me donner** Könnten Sie mir … geben
Je veux … Ich will …	**Je voudrais …** Ich hätte gerne …
Un kilo de tomates, s.v.p.! Ein Kilo Tomaten, bitte!	**J'aimerais un kilo de tomates s.v.p. Mme!** Ich hätte gerne ein Kilo Tomaten!
Nous n'avons plus de tomates. Wir haben keine Tomaten mehr.	**Je regrette, mais nous n'avons plus de tomates.** Es tut mir leid, aber wir haben keine Tomaten mehr.
Pardon! Entschuldigung!	**Pardon, excusez-moi!** Entschuldigung, entschuldigen Sie bitte! (Doppelt gemoppelt, aber sehr geläufig!)
Il me faut encore … Ich brauche noch …	**Il me faudrait encore …** Ich bräuchte noch …
Vous pouvez m'aider? Können Sie mir helfen?	**Vous pourriez m'aider?** Könnten Sie mir helfen?

FAIRE LES COURSES

THÉORIE

Conditionnel

Tu **pourrais** aller au marché.
Du **könntest** auf den Markt gehen.

On ne **pourrait** pas se répartir les courses?
Könnten wir uns nicht die Einkäufe aufteilen?

Je **voudrais** 50 baguettes.
Ich **hätte gerne** 50 Baguettes.

Sie möchten einen Wunsch äußern, jemanden um etwas bitten, jemanden höflich auffordern oder bitten, etwas zu tun. Dafür brauchen Sie das **conditionnel**.

So wird es gebildet

aim*er*

j'aimer**ais**	nous aimer**ions**
tu aimer**ais**	vous aimer**iez**
il aimer**ait**	ils aimer**aient**

chois*ir*

je choisir**ais**	nous choisir**ions**
tu choisir**ais**	vous choisir**iez**
il choisir**ait**	ils choisir**aient**

**Verben auf -er und -ir :
Conditionnel → Infinitiv + Endung**

prend*re*

je prendr**ais**	nous prendr**ions**
tu prendr**ais**	vous prendr**iez**
il prendr**ait**	ils prendr**aient**

**Verben auf -re:
Conditionnel → Infinitiv ohne e + Endung**

PRATIQUE

1. Konjugieren Sie bitte im *conditionnel*

1. aimer aller à Paris
2. vouloir du pain de campagne
3. aller dîner au restaurant
4. demander des sous
5. composter les billets à la gare
6. ne pas déranger les collègues

2. Wie formulieren Sie eine Bitte oder Aufforderung höflicher?

1. Je *veux* un kilo de fraises, s.v.p.
   Je voudrais un kilo de fraises s.v.p.
2. Je *veux* une livre de café, s.v.p.
3. On *veut* réserver une table pour cinq personnes.
4. Vous *pouvez* m'aider, s.v.p.
5. Tu *peux* m'appeler demain soir.
6. Je *veux* une bière, s.v.p.
7. Nous *voulons* deux glaces à la vanille, s.v.p.
8. Vous *pouvez* me donner mon sac.
9. Taxi! *Vous pouvez* vite m'amener à la gare?
10. Pierre, tu *peux* venir ce soir?

Und hier ein kleines Repertoire der geläufigsten Kosenamen:

mon chéri, ma chérie
mein Schatz
mon trésor
mein Schatz
mon amour
mein Liebchen
mon choux
„mein Kohlköpfchen"
mon biquet
„mein Zicklein"
ma caille
„mein Wachtelchen"
ma poule
„mein Hühnchen"

3. Kommandieren oder verführen!

Spielen Sie den Charmeur. Seien Sie so höflich wie möglich!

1. Prépare le petit déjeuner! (pouvoir)
   Tu pourrais préparer le petit déjeuner, **mon chéri**!
2. Descendez la valise! (pouvoir)
3. Viens demain soir! (pouvoir)
4. Dîtes-moi où est le musée! (pouvoir)
5. Je veux une glace!
6. Commande une bouteille de champagne!

FAIRE LES COURSES

THÉORIE

Unregelmäßige Verben

	Futur	Conditionnel
pouvoir:	je pourr**ai**	je pourr**ais**
vouloir:	tu voudr**as**	tu voudr**ais**
savoir:	il saur**a**	il saur**ait**
venir:	on viendr**a**	on viendr**ait**
voir:	nous verr**ons**	nous verr**ions**
avoir:	vous aur**ez**	vous aur**iez**
être:	ils ser**ont**	ils ser**aient**

aller

	Futur	Conditionnel
j'	ir**ai**	ir**ais**
tu	ir**as**	ir**ais**
il	ir**a**	ir**ait**
nous	ir**ons**	ir**ions**
vous	ir**ez**	ir**iez**
ils	ir**ont**	ir**aient**

Achtung! Unregelmäßige Verben, wie z. B. **aller**, haben im **Conditionnel** denselben Stamm wie im **Futur**.

4. Wie heißt's im *Conditionnel*?

PRATIQUE

1. Pour ton anniversaire, je *peux* venir avec un copain?

   Pour ton anniversaire, je pourrais venir avec un copain?

2. On *peut* aller à Dijon le week-end prochain?
3. Tiens, nous *pouvons* inviter mes parents vendredi soir?
4. Ne dites rien: je *veux* faire une surprise à ma femme.
5. Nous *voulons* acheter un appartement, mais nous n'avons pas beaucoup de sous.
6. Caroline va chez le coiffeur: elle *veut* être belle ce soir!
7. Maintenant, je ne *veux* plus travailler à Paris!
8. Pour mon anniversaire, j'*aime* inviter beaucoup de personnes.
9. Ce soir au restaurant, je *peux* prendre une glace gigantesque.
10. Dis, Christophe, tu *peux* m'appeler plus souvent!
11. Vous *pouvez* prendre l'avion pour aller à Rome, ça va plus vite!
12. Mes amis m'attendent à la gare, je ne *veux* pas rater mon train.
13. Nous *voulons* aller à New York la semaine prochaine. Combien coûte un billet d'avion, s'il vous plaît?
14. Je connais mon père: il n'*aime* pas prendre l'avion.
15. Ne sois pas énervé! Je *veux* terminer tranquillement mon café!
16. Tu as de la chance, nous *aimons* aussi habiter sur la Côte d'Azur.

5. Sagen Sie, was Sie tun würden, wenn Sie jede Menge Geld hätten

1. Ich würde immer reisen.
2. Ich würde ein Haus in Acapulco kaufen.
3. Ich würde nach China fahren.
4. Ich würde viele Freunde einladen.
5. Ich würde nicht mehr kochen.
6. Ich würde im Hotel wohnen.
7. Ich würde mir ein Flugzeug kaufen.

FAIRE LES COURSES

THÉORIE

Les pronoms personnels – die Personalpronomen

Tu ne **m'**écoutes pas!	Du hörst **mir** nicht zu!
Toi, tu es vraiment un copain.	**Du** bist wirklich ein guter Kumpel.
Mettez-**moi** un kilo d'abricots.	Geben Sie **mir** ein Kilo Aprikosen.
Il **me** manque encore les boissons.	Es fehlen **mir** noch die Getränke.
Vous pourriez **m'**aider?	Könnten Sie **mir** helfen?

Drei Funktionen der *pronoms personnels*:

Paul visite le Musée Picasso. → **Il** visite le Musée Picasso.

Paul besichtigt das Picassomuseum. → **Er** besichtigt das Picassomuseum.

1. Das Personalpronomen ist Subjekt (wer/was?)

Paul invite **sa mère** à venir au musée. → Paul **l'**invite à venir au musée.

Paul lädt **seine Mutter** ins Museum ein. → Paul lädt **sie** ins Museum ein.

2. Das Personalpronomen ist direktes Objekt (wen/was?)

Un monsieur explique le chemin **à Paul et à sa mère**. → Un monsieur **leur** explique le chemin.

Ein Herr erklärt **Paul und seiner Mutter** den Weg. → Ein Herr erklärt **ihnen** den Weg.

3. Das Personalpronomen ist indirektes Objekt (wem?)

Das Personalpronomen

Subjekt wer?		direktes Objekt wen?		indirektes Objekt wem?	
je	nous	me	nous	me	nous
tu	vous	te	vous	te	vous
il, elle	ils, elles	le, la	les, les	lui, lui/se	leur, leur/se

PRATIQUE

6a. Ersetzen Sie das Subjekt durch ein Personalpronomen

1. Martine et Mathilde prennent le métro.
2. Le taxi s'arrête devant le musée.
3. Valérie et Victor vont à Vienne.
4. Madame Miron ne peut pas venir.

6b. Ersetzen Sie das direkte Objekt durch ein Personalpronomen

1. Je prends la voiture de maman.
2. Nous cherchons Paul et Marie.
3. Tu visites le musée avec ton cousin.
4. Vous appelez vos amis de Madrid.

6c. Ersetzen Sie das indirekte Objekt durch ein Personalpronomen

1. Tu achètes une glace aux enfants.
2. Vous expliquez le problème à l'agent de police.
3. Pauline répond à Richard par téléphone.
4. Le chef présente Monsieur Noir aux collègues.

7. Es ist klar, wer gemeint ist
Ersetzen Sie also die Personen durch das entsprechende Personalpronomen!

1. *Charles* vient ce soir. *Il*..... vient ce soir. 2. *Charles et Marie* vont au restaurant. .... vont au restaurant. 3. *Brigitte* est belle et sympathique. .... est belle et sympathique. 4. *Mes sœurs* adorent Paris. .... adorent Paris. 5. Sabine invite *son frère* au restaurant. Sabine.......... invite au restaurant. 6. Ma sœur écoute toujours *ma mère*. Ma sœur .... écoute toujours. 7. Paul et Pierre répondent *à Liza*. Paul et Pierre .... répondent. 8. Je demande un renseignement *à un monsieur et au chauffeur de bus*. Je ....demande un renseignement. 9. Sarah travaille avec *son mari*. Sarah travaille avec .... 10. Mon copain explique la grammaire française *à moi et à mon amie*. Mon copain .... explique la grammaire française.

FAIRE LES COURSES

THÉORIE

Das unverbundene Personalpronomen:

Moi, j'adore le poulet. Ich esse liebend gerne Hähnchen.
Vous, vous arrivez toujours en retard! Sie kommen aber immer zu spät!
Das unverbundene Personalpronomen dient im Französischen der **Hervorhebung** der verschiedenen Personen:
Vous, vous irez à Rome et **nous**, nous resterons à la maison.
Ihr (ihr habt es gut) fahrt nach Rom, und **wir** (wir Armen) bleiben zu Hause.
Singular: moi, toi, lui, elle – **Plural:** nous, vous, eux, elles.

Satzstellung: Das Personalpronomen steht…

als Subjekt vor dem Verb:

Je vais à Paris.	**Ich** fahre nach Paris.

als direktes und indirektes Objekt vor dem Verb:

Où est le livre?	Wo ist das Buch?
Tu me **le** donnes?	Gibst du **es** mir?
Léo n'est pas gentil:	Leo ist nicht nett:
Laure **lui** donne une gifle.	Laure gibt **ihm** eine Ohrfeige.

bei reflexiven Verben vor dem Verb:

J'arrive, je **me** dépêche!	Ich komme, ich beeile **mich**.

aber beim bejahenden Imperativ (mit einem Bindestrich) nach dem Verb:

Donne-**moi** la valise!	Gib **mir** den Koffer!
aber: Ne **me** la donne pas!	Gib ihn mir nicht!
Dépêche-**toi**!	Beeile **dich**!
aber: Ne **te** dépêche pas!	Beeile **dich** nicht!
Donne-**lui** les clés!	Gib **ihm** die Schlüssel!
aber: Ne **les lui** donne pas!	Gib **sie** ihm nicht!

Im bejahenden Imperativsatz haben die Pronomen teilweise andere Formen als im Aussagesatz: *me* und *te* werden durch die betonten Formen *moi* und *toi* ersetzt!

PRATIQUE

8. Hier fehlt das richtige Personalpronomen.
Achten Sie darauf, ob es *vor* oder *hinter* dem konjugierten Verb steht!

1. Antoine, dépêche ...toi...., s'il te plaît, les magasins ferment bientôt. **2.** Tu .... excuses, Julien, mais je ne pourrai pas venir pour ton anniversaire. **3.** Charlotte, je .... promets, l'année prochaine, je .... inviterai pour un voyage aux Etats-Unis. **4.** Vous pourriez .... donner la carte des desserts? Nous avons encore un peu faim. **5.** Les parents de Liza habitent en Provence. Elle ne .... voit pas souvent. **6.** Je voudrais aller aux Champs-Élysées. Donnez- .... un ticket de métro, s.v.p. **7.** Vous allez rater le train. Nous allons .... prendre en voiture. **8.** Je voudrais rester une semaine à Bruxelles. Vous pourriez .... recommander un petit hôtel sympa? **9.** Mon trésor, je .... aime. **10.** Tu regardes toujours la télé, tu ne .... parles plus! **11.** La tante de ma copine est difficile. Elle .... énerve. **12.** Je .... assure Madame, la viande est vraiment très bonne. **13.** Ne .... inquiète pas maman, je ne vais pas en Australie, je vais simplement à Paris. **14.** Tu .... écoutes, Paul, je vais t'expliquer le chemin. **15.** Désirez- .... autre chose, Mesdames?

9. Wie geht's weiter?

1. Moi, je vais acheter les fruits,
2. Vous, vous aimez les crêpes,
3. Moi, je travaille beaucoup,
4. Nous, nous prenons toujours le train,
5. Toi, tu regardes toujours la télé,
6. Moi, je voudrais une ficelle
7. Ma sœur, elle, elle est sympa,
8. Toi, tu as de la chance, ton copain aime visiter les musées,

a mais nous, nous préférons les galettes.
b et moi, je fais la cuisine et les courses.
c et toi, tu vas acheter les légumes.
d mais mes collègues, elles, elles ne font rien.
e mais mon frère, lui, la barbe!
f mais Laurent, lui, il aime surtout les matchs à la télé.
g mais nos amis, eux, ils voyagent toujours en avion.
h et vous, vous me donnez une grosse baguette.

FAIRE LES COURSES

THÉORIE

Verneinungen

1. Je **ne** sais **pas** où est Paris.
Ich weiß **nicht**, wo Paris ist.
2. Je **ne** sais **plus** comment on dit «Mist» en français.
Ich weiß **nicht mehr**, wie man «Mist» auf französisch sagt.
3. Je **ne** mange **rien**.
Ich esse **nichts**.
4. Je **n'**aime **que** la glace à la vanille.
Ich mag **nur** Vanilleeis.

1. ne	+	Verb	+	**pas**	→	nicht
2. ne	+	Verb	+	**plus**	→	nicht mehr
3. ne	+	Verb	+	**rien**	→	nichts
4. ne	+	Verb	+	**que**	→	nur

Die einfache Verneinung mit **«ne ... pas»** haben Sie schon in thème 2 kennengelernt. Mit **«ne ... plus»** und **«ne ... rien»** können Sie die Ablehnung noch mehr betonen.

Man kann **«ne ... plus»** und **«ne ... rien»** auch kombinieren:

Tu veux encore des spaghettis? Non merci, je **ne** veux **plus rien**. Möchtest du noch Spaghetti? Nein danke, ich möchte **nichts mehr**.

ne + Verb + plus rien → nichts mehr

Einfacher als im Deutschen:

Je **n'**aime **pas** les légumes.
Ich mag **kein** Gemüse.
Faire les courses. Je **n'**aime **pas** ça.
Einkaufen: Das mag ich **nicht**.
Je **ne** veux **plus** de salade!
Ich mag **keinen** Salat **mehr**!
Je **ne** veux **plus** travailler.
Ich möchte **nicht mehr** arbeiten.

Das Französische macht keinen Unterschied zwischen *kein* und *nicht!* Es wird also immer das Verb verneint und nicht das Substantiv.

10. Übersetzen Sie bitte die Antworten der Kurzdialoge

PRATIQUE

Denken Sie an die richtige Form der Verneinung!

1. Pardon, Monsieur, le bus s'arrête devant le Louvre?
   Nein, er hält nicht mehr vor dem Louvre, er hält vor dem Palais Royal.
2. Tu veux une cigarette?
   Nein danke, ich rauche nicht mehr und …, weißt du, man darf hier nicht rauchen.
3. Bientôt, c'est l'anniversaire de ton père. Il faut trouver un cadeau.
   Das ist schwierig, er mag wirklich nichts.
4. On va manger au restaurant, Delphine?
   Nein, ich kann heute nicht.
   Et demain?
   Nein, ich möchte nicht mit dir ins Restaurant gehen … und bitte, Jerôme, rufe mich nicht mehr an!
5. Aujourd'hui je n'ai vraiment pas envie de cuisiner. *Du wirst nicht kochen? Schade, ich habe wirklich Hunger!*
6. Pourquoi tu es énervée, Carine?
   Ich bin nicht nervös, aber ich möchte mit Charles ins Restaurant gehen, und mein Auto funktioniert nicht mehr.
7. Tu es déjà en retard, Sabine!
   Ich weiß, aber ich finde meine Schlüssel nicht.
8. Vous désirez un dessert, Madame?
   Nein *danke, ich möchte nichts mehr.*
   Vous désirez peut-être un petit café?
   Nein danke, ich möchte wirklich nichts mehr.
9. Tu m'attends, chéri!
   Nein, ich habe keine Lust zu warten.

Das absolute NEIN!
Sie sind pappsatt und wollen das auch klar und deutlich ausdrükken:
Je ne veux **vraiment plus rien** du tout.
Ich möchte **wirklich überhaupt nichts mehr**.

Je n'ai **vraiment plus** faim **du tout**.
Ich habe **wirklich überhaupt keinen** Hunger **mehr**.

FAIRE LES COURSES

THÉORIE

Halbzeit – es wäre an der Zeit, das Gelernte zu wiederholen

I. Verben

Inzwischen kennen Sie mindestens 47 Verben auf -*er*, 5 auf -*re*, 4 auf -*ir* und 10 unregelmäßige. So können Sie wiederholen:

- Sortieren Sie die Verb-Karteikärtchen nach Gruppen
- Prägen Sie sich die Konjugationen der einzelnen Gruppen im Präsens ein, vorwärts, rückwärts und durcheinander.
- Spielen Sie mit den Zeiten. Greifen Sie sich aus jeder Gruppe zwei oder drei Verben heraus, und konjugieren Sie sie im *futur*, im *futur proche*, im *conditionnel* und im *passé récent*.
- Basteln Sie sich ein Memory der unregelmäßigen Verben im *présent*, im *futur* und im *conditionnel*. Auf das eine Kärtchen kommt die Konjugation (*je ferais, tu feras* ...) und auf das andere die deutsche Entsprechung (etwas machen werden).
- Überprüfen Sie, bei welchen Verben Ihnen die deutsche Bedeutung «entfallen» ist, und bilden Sie damit kurze Sätze.

II. Wortschatz

Allein mit Verben führt man kein Gespräch. Zur Auffrischung Ihrer Vokabelkenntnisse könnten Sie ein zweites Karteikärtchensystem einführen. Auf die Vorderseite schreiben Sie auf deutsch bestimmte Gesprächssituationen und auf die Rückseite, auf französisch, Sätze und Fragen, die Sie in dieser Situation verwenden würden:

- ein Hotelzimmer reservieren
- ein Gespräch mit einem Mitreisenden im Zug beginnen
- nach dem Weg fragen
- Metrotickets kaufen

Die Kärtchen sind dann vielseitig verwendbar:

- zum Memory spielen
- zum Wiederholen: alle Kärtchen einmal durchgehen und nur die Situationen zur Seite legen, in denen Sie sprachlich fit sind, die anderen so lange üben, bis sie sitzen.

11. Was kann man wo kaufen?

Setzen Sie bitte die richtigen Artikel vor die einzelnen Lebensmittel, und suchen Sie in jeder Spalte einen «faux ami», der eigentlich in einem anderen Geschäft oder einer anderen Abteilung zu Hause ist.

Au marché

A. Les légumes
1. _la_ salade frisée
2. ...... cerise
3. ...... tomate
4. ...... épinards

B. Les fruits
1. ...... fraise
2. ...... abricot
3. ...... laitue
4. ...... pomme

C. À la boucherie
1. ...... viande
2. ...... jambon
3. ...... poisson
4. ...... poulet

D. À la boulangerie
1. ...... ficelle
2. ...... petits fours
3. ...... croissant
4. ...... baguette
5. ...... beurre
6. ...... pain

E. Au supermarché
1. ...... yaourt
2. ...... jus d'orange
3. ...... vin
4. ...... eau minérale
5. ...... valise
6. ...... sel

F. À la crémerie
1. ...... camembert
2. ...... œuf
3. ...... farine
4. ...... lait
5. ...... fromage râpé
6. ...... crème fraîche

12. Ihr Einkaufszettel ist etwas durcheinandergeraten

Ordnen Sie jeweils zu:

a un litre de
b un kilo de
c cinq bouteilles de
d deux paquets d'
e un pot de
f une tranche de
g 100 grammes de
h une livre de
i une douzaine d'

1. beurre
2. confiture
3. jambon
4. jus d'abricot
5. épinards
6. œufs
7. tomates
8. fromage râpé
9. lait

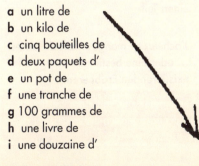

FAIRE LES COURSES

THÉORIE

Mengenangaben

un kilo	**de** tomates	→	ein Kilo Tomaten
une livre	**de** fraises	→	ein Pfund Erdbeeren
200 grammes	**de** fromage râpé	→	200 Gramm geriebener Käse
un pot	**de** crème fraîche	→	ein Becher Sahne
deux bouteilles	**de** Perrier	→	zwei Flaschen Perrier
beaucoup	**de** vin	→	viel Wein
un peu	**d'**eau	→	ein bißchen Wasser

Mengenangabe + de + Substantiv ohne Artikel

Das gleiche gilt für die Verneinung, auch hier steht das Substantiv **ohne** Artikel:

Je n'ai pas de sous.   Ich habe keine Knete.
Je ne veux plus d'épinards.   Ich mag keinen Spinat mehr.

Artikel, Menge, Teil & Co – nun alles noch mal auf einen Blick!

aimer
préférer + best. Artikel → J'aime *les* fraises.
détester + Substantiv   **Ich mag zwar Erdbeeren im allgemeinen …**

manger
boire + Teilungsartikel → J'achète et je mange *des* fraises.
acheter + Substantiv   **… kaufe oder esse jedoch immer nur einen Teil**
prendre

manger
boire + Mengenangabe + de J'achète et je mange *un kilo de* fraises.
acheter + Substantiv → **… oder eine bestimmte Menge aller existierenden Erdbeeren.**
prendre

Aimer, préférer und *détester* stehen immer nur mit dem bestimmten Artikel, *manger, boire, acheter* und *prendre* jedoch entweder mit dem Teilungsartikel oder mit einer Mengenangabe + de.

PRATIQUE

13a. Bilden Sie Sätze: Verben konjugieren und Lücken füllen!

1. Je	acheter	un kilo de ....
2. Tu	aimer	la ....
3. Paul	boire	du ....
4. Marie	prendre	des .... au marché.
5. Nous	manger	de la ....
6. Vous	détester	le ....
7. Mes amis	aimer	la ....
mais moi je	préférer	le ....
8. Les touristes	boire	une bouteille de ....

13b. Bilden Sie Sätze: Anders kombinieren und neue Begriffe für Spalte 3 suchen

14. Regal leer

Alles, was Sie einkaufen wollten, ist ausgegangen! Sie müssen sich für etwas anderes entscheiden. Bilden Sie Kurzdialoge nach dem folgenden Beispiel:

1. Bonjour Madame, un kilo de fraises, s.v.p.
   *Désolée, mais nous **n'avons plus** de fraises.*
   Dommage! Donnez-moi des cerises alors.

2. Bonjour, Monsieur, quinze baguettes, s.v.p.
   Oh, désolée, je .... de baguettes. (ne plus avoir)
   Comment! Alors je .... J'irai à la boulangerie à côté. (ne rien prendre)

3. Bonsoir Monsieur, un morceau de chèvre s.v.p.
   Je regrette, nous .... de chèvre, mais nous avons du Roquefort en promotion. (ne plus avoir)
   Non merci, je .... le Roquefort. Donnez-moi une tranche de Comté. (ne pas aimer)

4. Une glace à la vanille, s.v.p.
   Desolé, je ....de glaces. (ne pas avoir)
   Je ....des sandwichs. (n'avoir que)
   Non, merci, je ....alors. (ne rien vouloir)
   J'ai envie de sucré, je .... le salé. (ne pas aimer)

FAIRE LES COURSES

THÉORIE

Il faut...

Il faut composter le billet. — Man muß den Fahrschein abstempeln.

Il faut prendre le taxi. — Man muß das Taxi nehmen.

Il faut dire que tu n'es pas difficile. — Man muß schon sagen, daß du nicht schwierig bist.

> Wenn Sie ein «Muß» ausdrücken wollen, benutzen Sie im Französischen die Redewendung: **Il faut + Infinitiv**.

Die Übersetzung ins Deutsche bereitet einige Schwierigkeiten: Allgemein heißt **il faut ...** einfach: **es ist nötig**, etwas zu tun. Dieser unpersönliche Ausdruck ist im Französischen sehr geläufig und bezieht sich auch im Sinne von **man muß**, **wir müssen** auf bestimmte Personen. Die Beziehung wird im Zusammenhang deutlich.

Nous n'avons plus de pain.
Wir haben kein Brot mehr.
Il faut aller à la boulangerie.
Wir müssen (einer von uns muß) zur Bäckerei gehen./**Es ist nötig**, zur Bäckerei zu gehen.

Donnez-moi une télécarte, s'il vous plaît.
Geben Sie mir bitte eine Telefonkarte.
Désolé, je n'ai plus de télécarte, **il faut** aller à la poste.
Es tut mir leid, ich habe keine Telefonkarte mehr, **Sie müssen** zur Post gehen.

Tiens, François t'invite pour son anniversaire.
Schau mal, François lädt dich zu seinem Geburtstag ein.
Il faut vite lui répondre.
Du mußt ihm schnell antworten.

15. Schnelle Entscheidungen sind gefragt

PRATIQUE

Übersetzen Sie die Satzteile in den Klammern nach dem folgenden Beispiel:

1. (Wir müssen unbedingt Sandrine anrufen). C'est son anniversaire aujourd'hui.
   ...... *Il faut absolument appeler Sandrine* ....
2. Nous n'avons plus de boissons, plus de fromage, plus de pain. ... (Wir müssen unbedingt einkaufen gehen).
3. Pour arriver demain à Athènes, ... (müssen wir das Flugzeug nehmen).
4. Pour aller à la Gare du Nord, ... (muß man in «Châtelet-Les Halles» umsteigen).
5. Pour téléphoner ici ... (muß man eine Telefonkarte haben).
6. Tes parents s'inquiètent, ... (wir müssen unbedingt heute abend telefonieren)
7. Pour faire des galettes, ... (muß man Buchweizenmehl kaufen).
8. Il est déjà six heures vingt-sept et le train part à six heures et demie: ... (man muß sich beeilen)!
9. La voiture ne marche plus :... (man muß mit der Metro fahren).
10. Maman, je n'aime pas les légumes: ... (man muß essen, d. h., was auf den Tisch kommt, wird gegessen)!
11. Oh, la barbe! Il y a la queue à la station de taxis ... (man muß warten).
12. Zut! Il n'y a pas d'ascenseur, ... (wir müssen zu Fuß hochgehen).
13. Vous ne connaissez pas le chemin: ... (man muß in dem Informationsbüro fragen).
14. Carole va à Rome: ... (ach, große Städte muß man wirklich mögen)!
15. Tu m'attends Charles? ... (Natürlich! Man muß schon sagen, du kommst immer zu spät).

Rien ne sert de courir, il faut partir à point!
Fünf Minuten vor der Zeit ist die rechte Pünktlichkeit!
(aus einer Fabel von La Fontaine)
Boire ou conduire, il faut choisir!
Trinken oder fahren, willst du den Führerschein bewahren!
(Slogan des Verkehrsministers)

FAIRE LES COURSES

THÉORIE

Attention! Verneinung

Il **ne faut pas** fumer ici. — **Man darf** hier **nicht** rauchen.

Il **ne faut pas** prendre le métro à 18 heures. — Um 18 Uhr fährt man **besser nicht** Metro.

Il **ne faut pas** manger beaucoup de chocolat. — **Man soll nicht** (so-)viel Schokolade essen.

Il ne faut pas heißt auch: man darf nicht, man soll nicht, es ist abzuraten.

Und noch zwei kleine Besonderheiten:

Comment tu trouves la Neuvième Symphonie de Beethoven? Ah,...la musique classique, **il faut aimer**!

Wie findest du die Neunte von Beethoven? Och,... klassische Musik **muß man mögen**!

«**Il faut aimer**» ist die höflichste Art auszudrücken, daß man etwas gar **nicht leiden kann**!

Martine est partie seule à Buenos Aires! – Oui,...mais il faut dire qu'elle **se débrouille** vraiment très bien.

Martine ist alleine nach Buenos Aires gefahren! – Ja, ... aber man muß schon sagen (du mußt schon zugeben), daß sie sehr pfiffig ist.

Mit «**il faut dire**» drückt man seine **Zustimmung** aus.

«Se, s'» steht bei den reflexiven Verben:
Frédéric **se débrouille** pour faire la cuisine.
Frédéric findet **sich** beim Kochen zurecht.

Les mères **s'**inquiètent toujours.
Mütter machen **sich** immer Sorgen.

Viens, on **se** dépêche!
Komm, wir beeilen **uns**!

PRATIQUE

16. Kochen angesagt

Zur Übung können Sie die beiden Rezepttexte aus *Thème 3* nach dem folgenden Beispiel umformen:

La galette de sarrasin:
Prendre 500 grammes de farine de sarrasin...
Il faut prendre 500 grammes de...

17. Wie sagen Sie's auf französisch?

1. Ich habe keinen Hunger. Ich möchte nichts essen.
2. Ich bedaure, aber ich habe kein Aprikoseneis.
3. Ich hasse Spinat.
4. Was könnten wir heute abend essen? Ich habe keine Ahnung.
5. Ich möchte keine Tüte, ich habe einen Korb.
6. Ich möchte ein Pfund Erdbeeren, ein Kilo Kirschen und ..., ach das ist alles.
7. Einkaufen ist wirklich gräßlich, ich gehe lieber ins Restaurant.
8. Das Telefon klingelt pausenlos.
9. Der Camembert ist im Angebot. Ja, aber er läuft schon! (= er ist sehr reif!) Geben Sie mir eher ein Stück Comté.

18. Mehr Chaos als Ordnung

Einige der längsten französischen Wörter, die Sie bisher kennengelernt haben, sind etwas durcheinandergeraten. Versuchen Sie bitte, sie wieder zusammenzusetzen. Es sind insgesamt 21! Attention! Das Französische kennt viele zusammengesetzte Wörter, wie zum Beispiel «après-midi».

ants - après - au - à - bains - bou - brouiller - cabine - cessaire - cisson - coup - cour - curio - cursion - d'air - d'hui - d' - de - de - demain - dé - dé - ex - fil - jeuner - jour - jus - l'heure - Made - moiselle - né - orange - pâ - pe - phonique - quiéter - s'in - salle - sau - se - sité- appar - teille - télé - tement - tiers - tisserie - tit - tout - tra - vailler - volon.

FAIRE LES COURSES

PARLEZ

Prononciation

**Hören Sie die Wörter
und sprechen Sie nach:**

panier – papier – Perrier – oublier – aimeriez –
viendriez – viendrai – viendrais – viendrait

**Hören Sie jetzt die Sätze
und sprechen Sie nach:**

Vous pourriez m'aider?
Je prendrai un Perrier.
Je voudrai un panier.
Il aimerait rallumer la télé.

Wortspielereien! Finden Sie Reimwörter...

v**oyage**, ét**age**, *fromage, dommage* ....
av**oir**, coul**oir**, ...
comb**ien**, p**ain**, v**in**, ...
ascens**eur**, b**eurre**, ...
bur**eau**, numér**o**, ...
inst**ant**, vraim**ent**, ...
jamb**on**, lard**on**, ...

... und schreiben Sie kurze Nonsens-Reime:
Je voyage avec mon fromage au cinquième étage.

PARLEZ

Minidialogues

A: Qu'est-ce que j'achète **au marché?**
B: Vous prendrez **une laitue.**

1. marché – laitue
2. boulangerie – trois ficelles
3. crémerie – un bout d'Emmental
4. supermarché – boissons
5. marché – un kilo de cerises
6. gare – un billet pour Bordeaux
7. duty-free-shop – une bouteille de cognac

A: Tu voudrais manger du **poulet** ou du **poisson?**
B: Tu sais bien que je déteste le poulet et que j'adore le poisson!

1. poulet – poisson
2. crêpes – galettes
3. fraise – cerises
4. Camembert – Roquefort
5. cidre – vin rouge
6. légumes – fruits
7. baguette – pain de campagne

A: Qu'est-ce que je pourrais **prendre** encore?
B: Vous pourriez prendre du **Roquefort**, c'est bon.
A: Non, je préfère le **Camembert**.
B: Alors, prenez du Camembert!

1. prendre - Roquefort - Camembert
2. prendre - ficelle - baguette
3. acheter - poisson - viande
4. manger - épinards - glace
5. boire - eau - vin
6. noter - yaourts - chocolat

Wortspielereien

Wenn Sie das gleiche tun, kaufen ... oder an den gleichen Ort zurückkehren, dann hängen Sie an das entsprechende Verb ein -*r* (fängt es mit Vokal an) oder ein -*re* (fängt es mit Konsonant an), und schon haben Sie seine Bedeutung dahingehend verändert:

allumer
anschalten, anmachen
(auch flirtmäßig)

rallumer
wieder, erneut etwas anschalten (rein technisch)

venir
kommen

revenir
zurückkommen

In welchen Situationen könnten Sie folgende Verben benutzen? Bilden Sie kurze Sätze!

reprendre, redescendre, remonter, reconnaître, rechercher, repartir, rappeler, racheter, revoir

---

FAIRE LES COURSES

LECTURE

Rund um die größeren Städte bauen die Franzosen Mega-Supermärkte und werben den Geschäften in den Innenstädten die Kunden ab! Gut für Touristen: die Tankstelle hat immer offen!

l'hypermarché (m) großes Einkaufszentrum
avoir horreur de ◊ hassen
monstrueux, se riesig
la galère! ◊ Mist
se séparer sich trennen
le pâté eine Terrine
le saucisson luftgetrocknete Wurst
en avoir marre ◊ es satt haben
manquer fehlen
tant pis! macht nichts!
à midi pile um Punkt 12 Uhr
le caddie der Einkaufswagen
archi-plein ◊ übervoll

RENDEZ-VOUS À MIDI À LA CAISSE

Le samedi est une journée difficile chez les Miron. C'est la journée des courses. Du lundi au vendredi Christine prépare une longue liste et le samedi elle va à **l'hypermarché** avec son mari, Jean-Luc. Lui, il a horreur des hypermarchés. Il préfère aller au marché ou faire ses courses dans les petits magasins du centre ville. C'est peut-être un peu plus cher, mais c'est drôlement sympa. Dans un hypermarché il est stressé, il ne trouve rien, il y a trop de gens et une queue monstrueuse à la caisse – la galère!!!

Aujourd'hui c'est encore un samedi. Christine prépare déjà les paniers et les sacs. Jean-Luc n'a pas envie de venir, mais il faut … A l'hypermarché Christine donne une liste à Jean-Luc et elle lui dit: «Rendez-vous à midi à la caisse no. 17!» et … ils se séparent.

Jean-Luc regarde sa liste et il commence par la charcuterie. La vendeuse le regarde bizarrement, car il veut seulement deux tranches de jambon, un peu de pâté pour sa femme! La vendeuse ne veut pas lui vendre 150 grammes de saucisson: «Il faut prendre un saucisson entier, Monsieur!» – c'est bête, car Jean-Luc ne mange pas de viande. Le choix des yaourts est aussi très difficile. Jean-Luc ne veut pas prendre une dizaine de yaourts à la fraise, mais plutôt deux à la vanille, deux au chocolat, deux … – impossible! Il ne sait pas quoi prendre et il aimerait demander à sa femme, impossible de la trouver: «Rendez-vous à midi à la caisse no.17»!

Jean-Luc en a marre. Il lui manque encore beaucoup de choses sur sa liste, mais … tant pis! Il ira au marché demain matin. Il est maintenant midi moins le quart et il regarde encore un peu les rayons, mais il n'achète rien. A midi pile il attend à la caisse no.17 et Christine arrive avec un caddie **archi-plein** – elle a l'air contente!

> **Worte der Superlative**
> Während **hyper…** eher schickimicki ist, drücken wir mit **archi** umgangssprachlich die höchste Stufe der Steigerung der Adjektive aus:
>
> Ce pull est très laid. Dieser Pulli ist sehr häßlich.
> Ce pull est vraiment très laid. Dieser Pulli ist wirklich sehr häßlich.
> Ce pull est archi-laid. Dieser Pulli ist total häßlich.
> Ce mec est vraiment archi-beau. Der Typ ist wirklich mega-geil.

Compris?	oui	non
1. Les Miron font les courses le samedi.	☐	☐
2. Ils vont faire les courses au marché.	☐	☐
3. Christine n'aime pas les hyper-marchés.	☐	☐
4. Jean-Luc préfère faire les courses dans les petits magasins.	☐	☐
5. Jean-Luc et Christine font leurs courses ensemble.	☐	☐
6. Jean Luc adore la viande.	☐	☐
7. Ils se donnent rendez-vous à la caisse numéro 17.	☐	☐
8. A midi Jean-Luc n'a plus rien à acheter.	☐	☐
9. Christine ira au marché demain.	☐	☐

FAIRE LES COURSES

THÈME 6

DIALOGUES

SORTIR

Aller au théâtre

(dring … dring …) Le numéro que vous avez demandé n'est plus en service actuellement, …
Zut, je me suis trompée, c'est le 69 52 04 11
Allô!
Allô Catherine, c'est Betty, comment ça va?
Bien …
Dis donc, tu as prévu un truc pour ce soir?
Non, pourquoi?
Tu aurais envie d'aller au théâtre avec moi? Une collègue m'a donné deux places gratuites.
Ça dépend. Je ne sais pas trop.
Oh, s'il te plaît. C'est samedi aujourd'hui et tu pourras faire la grasse matinée demain.
J'ai un peu la flemme, dis-moi d'abord ce que c'est.
C'est une soirée avec un comique que tu connais bien, que tu aimes beaucoup …
Oh, c'est sûrement Laurent Violet!
Exact!
Chouette, alors je viens avec toi.
Super, alors rendez-vous au Lucernaire. La pièce commence à 21 heures.
Ça marche, à tout à l'heure.

Un dimanche en famille

Vous venez les enfants, nous allons faire une petite promenade!

Oh non, s'il te plaît, je n'aime pas me promener.

Julien, arrête de râler!

Les promenades ne m'intéressent pas du tout!

Sois gentil!

Non, j'adore bouger, faire du tennis, du vélo ou un footing, mais je déteste marcher sans but.

Écoute Julien, le week-end dernier nous sommes allés à la piscine et tu as râlé aussi!

Oui ..., parce que le samedi je joue toujours au foot avec mes copains.

C'est fini maintenant, nous allons nous promener, car ta mère et ta sœur veulent aller à la fête du village.

Ah, c'est pour aller à la fête du village, j'arrive tout de suite.

Aller danser

Ça te dit d'aller danser ce soir?
Pourquoi pas. On va où?
Moi, j'aime beaucoup «Le Palace».
Oh non, c'est ennuyeux, la musique n'est pas bonne.
Bon, tu as une autre idée?
Qu'est-ce que tu penses de «La Coupole»?
Non, s'il te plaît, ce n'est pas du tout mon genre. Les gens sont trop b.c.b.g.!
Tu trouves?
Alors, cherchons un compromis.
Tu connais «La Locomotive»? C'est une discothèque branchée.
Ben oui, il y a une bonne ambiance.
Ou si vraiment tu préfères une discothèque un peu spéciale, on pourrait aller à «La Main Jaune».
Pourquoi elle est spéciale?
Tu ne connais pas? Il y a une piste de danse et une autre pour faire du patin à roulettes.

Sortir avec une fille
Sortir heißt nicht nur ausgehen, sondern findet sich auch in der typischen Teenie-Frage: *Tu veux sortir avec moi?* – Willst du mit mir gehen?

SORTIR

Oh oui, ça me plairait bien.
O.k. allons-y. La musique n'est pas géniale, mais c'est rigolo et ce n'est pas trop loin.

Dans un bureau d'information à Paris

Bonjour, vous pourriez me dire s'il vous plaît quelle exposition a lieu au Centre Pompidou en ce moment?
Oh là là, c'est difficile, car il y a toujours plusieurs expositions au Centre Pompidou.
Ah, …
Pourquoi est-ce que vous n'achetez pas le «Pariscope» ou «L'Officiel des Spectacles»?
Désolée, mais je connais pas. C'est quoi? Un programme du Centre Pompidou?
Non, non, ce sont deux petits journaux avec le programme de tous les musées, théâtres, cinémas … parisiens.
Je pourrais y trouver aussi le programme actuel de toutes les galeries?
Bien sûr, vous y trouverez tout, vraiment tout… même des restaurants, des cabarets …
Alors, donnez-moi un «Pariscope», s'il vous plaît.
Ah, nous ne vendons pas de journaux ici. Il faut demander au kiosque, à gauche en sortant de la gare.
Merci, au revoir.

Prendre l'air

Jeudi prochain, c'est un jour férié …
Ah oui, c'est le 15 août. Pourquoi?
S'il fait beau, nous pourrions faire une randonnée ou un tour en vélo. Qu'est-ce que tu en penses?

Im *tabac* kauft man Zigaretten, Telefonkarten (*la petite télécarte* = 50 Einheiten, *la grande télécarte* = 120 Einheiten), Briefmarken, Kaugummis …

Am *kiosque* kauft man Zeitungen, Zeitschriften, im *maison de la presse* außerdem noch Land-, Straßen- und Wanderkarten der Gegend, Stadtführer und Postkarten und spielt Lotto.

Bonne idée, mais il faut absolument éviter les grandes routes, car à mon avis il y aura une circulation folle.
J'ai une proposition à te faire. Regarde sur la carte: en prenant le train de Dijon à Dole, nous éviterons **les embouteillages** et …
C'est trop loin, non?
Laisse-moi finir … Nous arriverons en fin de matinée à Dole …
Et on mangera où?
Oh, tu ne penses qu'à manger. Nous pourrions longer le Doubs et on trouvera sûr et certain un endroit calme au soleil pour pique-niquer.
Pas trop au soleil quand-même!
Tu sais, on aura tout l'après-midi pour faire un grand tour de vélo dans la forêt de Chaux …
C'est une bonne idée, cette forêt est si grande que nous ne rencontrerons pas un chat!
Mon plan commence donc à te plaire …
Oui, tu m'as convaincue!
Et en début de soirée on essayera de trouver un petit restaurant à Dole et après nous rentrerons tranquillement chez nous à la maison.
Super, tu sais, je connais un petit restau sympa au bord du Canal à Dole, je t'inviterai. D'accord?
Oui, mon trésor!

Viele fahren freitags abends raus aufs Land, ins Grüne und sonntags abends wieder nach Hause. Rund um Paris sind dann kilometerlange Staus angesagt: *bouchon* – Stau steht auf den Hinweisschildern über den Autobahnen.

Achtung:
bouchon **de** 5 km – der Stau beginnt sofort und ist 5 km lang
bouchon **à** 5 km – der Stau beginnt erst in 5 km, und man weiß nicht, wie lang er ist

SORTIR

ÉCOUTEZ

Oui ou non?

oui non

Aller au théâtre
1. Catherine téléphone à Betty.
2. Le numéro de téléphone de Catherine est le 79 15 04 11.
3. Catherine est libre ce soir.
4. Catherine n'a pas envie de sortir ce soir.
5. Catherine et Betty se rencontrent à 20 heures.

Un dimanche en famille
6. La famille va sortir.
7. Julien aime marcher.
8. Ils iront à la fête du village.

Aller danser
9. Ils vont sortir ce soir.
10. Ils vont à la «Coupole».
11. A la discothèque «La Main Jaune» on peut seulement danser.

Dans un bureau d'information à Paris
12. La personne n'est pas de Paris.
13. Dans le «Pariscope» on trouve simplement des adresses de restaurants.
14. Au «Centre Pompidou» il y a toujours des expositions.

Prendre l'air
15. Ils veulent sortir jeudi prochain.
16. Ils vont aller à Dole à vélo.
17. Ils mangeront à midi dans une crêperie.

SORTIR

VOCABULAIRE

Aller au théâtre
Ins Theater gehen

actuellement
 im Moment, zur Zeit
se tromper
 sich irren
prévoir
 vorhaben
le truc ◊
 das Ding, etwas
le théâtre
 das Theater
gratuit,e
 kostenlos
s'appeler
 heißen
la pièce
 das (Theater)stück
le comique
 der Komiker
exact,e
 genau

Un dimanche en famille
Ein Sonntag in der Familie

la famille
 die Familie
la promenade
 der Spaziergang
se promener
 spazierengehen
râler ◊
 meckern, motzen
intéresser
 interessieren
pas du tout
 überhaupt nicht
bouger
 (etwas) unternehmen
le footing
 Jogging
le but
 das Ziel
dernier, dernière
 letzte,r,s
la piscine
 das Schwimmbad
jouer
 spielen
la sœur
 die Schwester
la fête
 das Fest
le village
 das Dorf

Aller danser
Tanzen gehen

ennnuyeux,-euse
 langweilig
la musique
 die Musik
penser
 denken
le genre
 die Art, Gattung
b.c.b.g. (bon chic bon genre) ◊
 schickimicki
le compromis
 der Kompromiß
la discothèque
 die Diskothek
branché,e ◊
 in, trendy
l'ambiance (f)
 die Stimmung
spécial,e
 ungewöhnlich
la piste de danse
 die Tanzfläche
le patin à roulettes
 der Rollschuh
génial,e ◊
 super, spitze
rigolo, rigolote ◊
 witzig

Dans un bureau d'information
In einem Informationsbüro

à Paris
in Paris
l'exposition (f)
die Ausstellung
le programme
das Programm
le journal (les journaux)
die Zeitung
parisien, ienne
aus/von Paris
la galerie
die Galerie
le cabaret
das Kabarett
le kiosque
der Kiosk

Prendre l'air
Frische Luft schnappen

le jour
der Tag
la randonnée
die Wanderung
éviter
vermeiden
la route
die Landstraße
l'avis (m)
die Ansicht, Meinung
la circulation
der Verkehr
fou, folle
verrückt
la proposition
der Vorschlag
le embouteillage
der Stau
la matinée
der Vormittag
longer
entlanggehen, -fahren
certain,e
sicher
l'endroit (m)
der Ort, die Stelle
le soleil
die Sonne
pique-niquer
picknicken
la forêt
der Wald
rencontrer
treffen
le chat
die Katze
convaincre
überzeugen
convaincu
überzeugt
le début
der Anfang
essayer
versuchen
rentrer
nach Hause gehen, fahren
tranquillement
in aller Ruhe
le bord
das Ufer
le restau ◊
das Restaurant
le canal
der Kanal
le trésor

der Schatz

Expressions

le numéro que vous avez demandé, n'est plus en service
   kein Anschluß unter dieser Nummer
ça dépend
   es kommt darauf an
je ne sais pas trop
   ich weiß nicht so genau
faire la grasse matinée
   (wörtlich: sich einen fetten Morgen machen), ausschlafen
j'ai un peu la flemme ◊
   ich habe wenig Lust (keinen Bock)
ce n'est pas mon genre!
   das liegt mir nicht/ das entspricht nicht meinem Stil
avoir lieu
   stattfinden
le jour férié
   der Feiertag
à mon avis
   meiner Meinung/ Ansicht nach
ne ... que
   nur
sûr et certain
   todsicher
il n'y a pas un chat ◊
   es ist kein Schwein da
mon trésor
   mein Schatz, Schnucki

Hundewetter und Bärenhunger – Redewendungen aus der Tierwelt

le canard – die Ente	*il fait un froid de canard* – es ist saukalt
le loup – der Wolf	*il a une faim de loup* – er hat einen Bärenhunger
le chat – die Katze	*elle a un chat dans la gorge* – sie hat einen Frosch im Hals
l'oiseau – der Vogel	*tu as un appétit d'oiseau* – du ißt wie ein Spatz
le chien – der Hund	*il fait un temps de chien* – es ist ein Hundewetter
la mûle – das Maultier	*il est têtu comme une mûle* – er ist ein sturer Bock

SORTIR

THÉORIE

Le passé composé
Die Vergangenheit

Tu as râlé.	Du hast gemeckert.
Nous sommes allés à la piscine.	Wir sind ins Schwimmbad gegangen.
Catherine dit: «Je me suis trompée».	Catherine sagt: «Ich habe mich geirrt.»
Elle m'a donné deux places gratuites.	Sie hat mir zwei Freiplätze gegeben.

Im Französischen gibt es – wie im Deutschen – einige Zeiten der Vergangenheit. Hier zunächst die geläufigste: das **passé composé** (Perfekt). Sie können damit ausdrücken, was in der Vergangenheit **geschehen ist** (z.B. Er ist gestern morgen angekommen).

Passé composé:

Bildung: Hilfsverb **avoir** oder **être** + **Partizip Perfekt** (participe passé)

Ich habe gemacht	Ich bin gekommen
faire	**venir**
j' ai fait	je suis venu
tu as fait	tu es venu
il a fait	il est venu
nous avons fait	nous sommes venus
vous avez fait	vous êtes venus
ils ont fait	ils sont venus

Zur Bildung des *participe passé* siehe Seite 174.
Vor den Übungen erst die Theorieseiten 170–176 anschauen!

PRATIQUE

1. Konjugieren Sie bitte im *passé composé*

1. aller au marché
   je suis allé(e)
   tu es allé(e)
   il est allé / elle est allée
   nous sommes allé(e)s
   vous êtes allé(e)s
   ils sont allés / elles sont allées
2. venir en voiture
3. danser toute la nuit à la discothèque
4. avoir des invités branchés
5. s'habiller aux puces
6. prendre le train à Lyon
7. traverser la France en vélo
8. sortir de la maison à six heures
9. être énervé toute la journée

2. Er oder sie – einer oder viele?

Setzen Sie bitte die fettgedruckten Verben ins «*passé composé*»

1. Sabine **va** à la gare. _Sabine est allée à la gare._
2. Le 13 février mon mari et moi nous **partons** à Cologne.
3. Paul **monte** sur la Tour Eiffel.
4. Samedi, tu **fais** les courses!
5. Christophe **attend** sa copine devant le cinéma.
6. Vous **prenez** l'avion pour aller à Strasbourg?
7. Tu sais, mes parents **s'inquiètent**!
8. Elle ne **veut** pas venir avec nous.
9. Charles n'**a** pas de chance.
10. Nous ne **pouvons** pas partir en vacances.
11. Yvonne **arrive** en retard.
12. Mon frère **invite** quinze personnes pour son anniversaire.
13. A Paris, je **me débrouille** toute seule.
14. Mes filles **s'occupent** du repas.
15. Nous **vendons** notre appartement.
16. Sylvie dit: «Je **me trompe** de numéro.»
17. Ils **rentrent** à six heures à la maison.
18. Nicole et François **se séparent**.
19. Marie et Francine **sortent**.
20. Elles **rencontrent** leur amie Charlotte devant la discothèque.
21. La soirée **est** drôlement sympa.
22. Pierre **boit** cinq bières.
23. Le dernier film avec Dépardieu **me plaît** beaucoup.

SORTIR

THÉORIE

Passé composé mit être oder avoir

Être

Je me suis trompé.	Ich habe mich geirrt.
Nous sommes arrivés à trois heures à Madrid.	Wir sind um drei Uhr in Madrid angekommen.

Être wird verwendet bei:

1. Reflexiven Verben (im Gegensatz zum Deutschen).

2. Verben, die eine **Bewegungsrichtung** ausdrücken wie z.B.: aller, arriver, descendre, entrer, monter, partir, rentrer, sortir, venir.

Être ou avoir?
Ausnahmsweise funktioniert's mal wie im Deutschen. In beiden Sprachen steht *être/sein* an der gleichen Stelle: *Je suis venu(e)* – Ich **bin** gekommen, und: *J'ai dansé* – Ich **habe** getanzt.

Avoir

Vous avez dansé.	Ihr habt getanzt.
Il a été sympa.	Er war nett.
Elle a eu deux places gratuites.	Sie hat zwei Freiplätze bekommen.
J'ai mangé 25 petits fours.	Ich habe 25 «petits fours» gegessen.
Nous avons trouvé un appartement.	Wir haben eine Wohnung gefunden.

Avoir wird verwendet bei:

1. Verben, die eine **Bewegungsart** ausdrücken wie z.B.: bouger, danser, longer, tourner, traverser,

2. «être» und «avoir» (bei den Hilfsverben),

3. allen anderen Verben.

3. Oh, mon Dieu!

Catherine erzählt einer Freundin die verrückten Erlebnisse einer stressigen Woche.

PRATIQUE

Setzen Sie bitte die Verben in Klammern in die entsprechenden Formen des «passé composé»!

1. Dimanche j'....*ai mangé*.. au restaurant avec une amie.(manger) **2.** Ecoute Marie, la semaine dernière .... catastrophique. (être) **3.** Lundi, mon amie Paule.. me voir et j'................................. trois heures à la gare, parce que son train .... en retard. (venir, attendre, arriver). **4.** Après nous ....un pot dans un café en face de la gare et on m'..................................mon sac. (prendre, piquer = klauen) **5.** Nous ....tout de suite à la police, mais – rien à faire! (aller) **6.** Mardi, Paule.. un peu la ville, mais elle..................................... de métro et je .... en voiture pour la chercher en banlieue. (visiter, se tromper, partir). **7.** Mercredi déja Paule.. marre de Paris et elle .... chez elle. (avoir, rentrer). **8.** Jeudi, j'................................. enfin une journée tranquille, j' .... mes amis et le soir je..................................: j'.. la télé. (passer, appeler, se reposer, regarder). **9.** Vendredi soir j' .... les courses pour la semaine. (faire) **10.** Heureusement j' .... venir chez toi aujourd'hui. (pouvoir) **11.** Et toi, tu .... une semaine agréable? Qu'est-ce que tu ....? Raconte! (passer, faire).

SORTIR

THÉORIE

Das *participe passé*

A. Regelmäßige Verben

1. trouver — j'ai trouvé — ich habe gefunden
2. sortir — tu es sorti — du bist ausgegangen
3. convaincre — elle m'a convaincu — sie hat mich überzeugt

Bildung: **Stamm** + **Endung**

1. Verben auf -er: aimer → aim + é (aimé)
2. Verben auf -ir: sortir → sort + i (sorti)
3. Verben auf -re: entendre → entend + u (convaincu)

B. Hilfsverben

1. être — j'ai été en France — ich bin in Frankreich gewesen
2. avoir — j'ai eu très faim — ich habe großen Hunger gehabt

C. Unregelmäßige Verben

Nicht alle Verben lassen sich in die drei Gruppen einordnen. Ohne **unregelmäßige Verben** geht es leider nicht: «Je suis venu, j'ai vu, j'ai vaincu! Veni, vidi, vici!»

Infinitiv	Participe passé	Infinitiv	Participe passé
boire	→ bu	pouvoir	→ pu
connaître	→ connu	prendre	→ pris
croire	→ cru	prévoir	→ prévu
devoir	→ dû	venir	→ venu
éteindre	→ éteint	voir	→ vu
faire	→ fait	vouloir	→ voulu
plaire	→ plu		

D. Das *participe passé* als Adjektiv

Das «**participe passé**» wird wie im Deutschen auch als Adjektiv verwendet:

une discothèque **branchée** — eine moderne Disco
une personne **connue** — eine bekannte Persönlichkeit
un jour **férié** — ein Feiertag

PRATIQUE

4. Bilden Sie das *participe passé,* und setzen Sie den Satz in die jeweils nächste Person

(je → tu, tu → il, il → elle, elle → nous, nous → vous,
vous → ils, ils → elles, elles → je)

1. J'ai .... (boire) un café avec Corinne.
2. Il est .... (venir) pour travailler.
3. Elles ont .... (vouloir) inviter tous leurs (!) amis.
4. Nous avons .... (prendre) l'avion pour passer nos (!) vacances en Italie.
5. Hier, vous avez .... (voir) un film rigolo au cinéma.
6. Tu as .... (connaître) ta (!) femme dans le train.
7. Nous sommes .... (arriver) en retard.
8. Ils sont .... (partir) à 6 heures.
9. J'ai .... (faire) les courses avec mon (!) mari.
10. Vous avez .... (vendre) votre (!) voiture.
11. Carole est .... (monter) à pieds au 6ᵉ étage.
12. Il est .... (rentrer) à la maison.

5. Lesen Sie zuerst Seite 176, und unterstreichen Sie dann die jeweils richtige Person

1. Pauline a achetée / a acheté / as acheté un nouvel appartement.
2. Marie, Pierre et Jean sont sortis / ont sortis / sont sorti samedi soir.
3. La glace que tu as prise / as pris / es pris est très bonne.
4. Madame Brun est venu / est venue / es venue à pied.
5. Les touristes sont arrivés / sont arrivées / sont arrivé en avion.
6. Les copains que tu a invité / as invité / as invités ne sont vraiment pas sympas.

6. Finden Sie zu jedem Satzanfang die richtige Fortsetzung

1. Ce matin, Jean n'est pas
2. Maradona a joué
3. Madame Delapiere est
4. Hier soir nous avons
5. Les enfants ont mangé

a venue à Lyon.
b regardé la télé.
c allé au travail.
d tout le chocolat.
e au foot.

SORTIR

THÉORIE

Die Veränderlichkeit der Endung beim *participe passé*

A. bei *être*

Jean est all**é** au marché.
Catherine est all**ée** au marché.
Jean et Pierre sont all**és** au marché.
Catherine et Nadine sont all**ées** au marché.
Catherine, Nadine, Sabine, Valérie, Laure, ... et Jean sont all**és** au marché.

Beim *passé composé* mit *être* verändert sich die Endung des *participe passé* wie bei einem Adjektiv. Bezieht sich das Verb auf 99 Frauen und einen Mann, so wird im Französischen trotzdem immer so getan, als ob das gesamte Subjekt männlich wäre.

B. bei *avoir*

*J'ai acheté **une belle robe**.*
Ich habe ein schönes Kleid gekauft.

Das direkte Objekt (was? – *une belle robe*) steht rechts vom konjugierten Verb (*j'ai acheté*) Alles bleibt beim alten, das *participe passé* wird nicht angeglichen.

***La robe** que j'ai achetée est très belle.*
Das Kleid, das ich gekauft habe, ist sehr schön.

Steht das direkte Objekt aber links vom konjugierten Verb, dann muß das *participe passé* an das direkte Objekt angeglichen werden.

PRATIQUE

7. Reden über Freizeit

Was man an seinen freien Tagen so alles machen kann.

Bilden Sie Kurzdialoge nach dem Modell. Benutzen Sie dabei Ausdrücke aus der folgenden Liste:

A: Tu es libre demain soir?
B: Oui, pourquoi?
A: Nous pourrions jouer au tennis?
B: Bonne idée!

Tu as envie de ... – On pourrait ... – Ça te dit de ... – Vous voulez venir ... – Si tu es libre demain soir, ... – Si le théâtre ne vous intéresse pas,... – J'aimerais ... – S'il fait beau le week-end prochain, ... – Si vous n'avez rien prévu demain soir, ...

jouer au football – aller au cinéma – pique-niquer au soleil – faire une randonnée avec nos amis – regarder la télé – sortir danser – dîner chez nous vendredi soir – passer une journée cool – visiter l'exposition sur Camille Claudel au Musée Rodin – faire la grasse matinée

c'est super – volontiers – non, je n'ai pas très envie – ça dépend – non, ça ne m'intéresse pas – chouette, bonne idée – d'accord – rendez-vous à 16 heures au musée – oui, je veux bien – génial

8. Antworten Sie ehrlich!

1. Tu as envie d'aller travailler?
2. On va à l'Opéra ce soir?
3. Tu aimes la bière?
4. Je te commande une pizza?
5. Vous aimez le foot?
6. Tu regardes tous les jours la télé?
7. J'adore aller au cinéma. Et vous?
8. C'est super, sortir à la discothèque! Non?
9. Vous détestez faire du vélo?
10. Se promener à la campagne, c'est génial. Vous trouvez aussi?

SORTIR

THÉORIE

Der Bedingungssatz

Si = wenn & falls!
Im Deutschen wird oft deutlicher, daß hier eine Bedingung zum Ausdruck gebracht wird, wenn man anstatt «wenn» «falls» benutzt:
Si tu es libre, on pourrait sortir. – Falls du Zeit hast, könnten wir ausgehen.

1. **Si** tu veux, **on va** danser.

   Wenn du willst, *gehen wir* tanzen.

2. **Si** vous voulez, **nous irons** au Moulin Rouge demain soir.

   Wenn ihr wollt, *werden wir* morgen abend ins Moulin Rouge *gehen*.

3. **Si** tu es libre, **on pourrait** aller au théâtre le week-end prochain.

   Wenn du Zeit hast, *könnten wir* nächstes Wochenende ins Theater gehen.

Bedingungen werden mit «si – wenn» eingeleitet.

Was danach kommt, kann sein:

1. eine Schlußfolgerung in **der Gegenwart**. Das Verb des Hauptsatzes steht im Präsens:

si + Präsens + Präsens

2. eine in der **Zukunft** realisierbare Schlußfolgerung. Das Verb des Hauptsatzes steht im Futur:

si + Präsens + Futur

3. eine Schlußfolgerung, deren Realisierung noch ungewiß ist. Das Verb des Hauptsatzes steht im **Konditional**:

si + Präsens + Konditional

Mit dem Bedingungssatz haben Sie eine neue, gängige Variante, um Vorschläge zu machen bzw. jemanden zu etwas aufzufordern (s. Seite 180):

Si tu veux …	Wenn du willst …
S'il fait beau …	Wenn schönes Wetter ist …
Si ça t'intéresse …	Falls es dich interessiert …
Si tu es libre …	Wenn du Zeit hast …
Si vous avez envie …	Wenn Sie/ihr Lust haben/habt …
Si vous êtes d'accord …	Falls Sie/ihr einverstanden sind/seid …

178 cent soixante-dix-huit   Thème 6

9. Formen Sie bitte die Sätze nach dem folgenden Modell um

1. Si tu *es* libre dimanche, nous *irons* au théâtre. (être, aller)
2. S'il .... beau demain, nous .... aller à la piscine. (faire, pouvoir)
3. Si tu .... l'avion, tu .... plus vite à Munich. (prendre, arriver)
4. Si tes collègues .... dîner dimanche, je .... et toi, tu .... au marché. (venir, cuisiner, aller)
5. Si vous .... danser, on vous .... samedi soir. (aimer, inviter)
6. Si c'........................ moins cher, je .... un carnet. (être, prendre)
7. Si tu .... fatigué, je .... avec une amie. (être, sortir)
8. Si ton père n'........................ pas d'accord, tu ne .... pas aller au Japon avec nous. (être, pouvoir)
9. Si le musée .... fermé lundi, on .... voir l'exposition mardi. (être, aller)
10. Si vous .... nous .... assez tôt au cinéma et nous .... des bonnes places. (se dépêcher, arriver, avoir)

SORTIR

THÉORIE

Meinung & Co.

1. seine Meinung äußern

à mon avis ...	meiner Meinung nach ...
je crois que ...	ich glaube, daß ... (croire = glauben)
je pense que ...	ich denke, daß ... (penser = denken)
je trouve que ...	ich finde, daß ... (trouver = finden)

2. Vorschläge machen

Si tu veux, on pourrait ...	Wenn du willst, könnten wir ...
On pourrait + Inf.	Wir könnten ...
Qu'est-ce que tu en penses?	Was hältst du davon?
Vous avez envie de + Inf.	Habt ihr/haben Sie Lust zu ...
Ça vous dit de + Inf.	Was haltet ihr/halten Sie davon ...
Je te/vous propose de + Inf.	Ich schlage dir/euch, Ihnen vor ...

3. Vorschläge annehmen

oui, si tu veux	ja, wenn du willst
oui, c'est une bonne idée	ja, das ist eine gute Idee
oui, ça m'intéresse	ja, das interessiert mich
d'accord/entendu	einverstanden
ça marche, ça roule ◊	alles klar, abgemacht

4. Gleichgültigkeit

ça m'est égal	das ist mir egal
comme tu veux/vous voulez	wie du/ihr/Sie willst/wollt/wollen
je m'en fous complètement ◊	das ist mir scheißegal

5. Vorschläge ablehnen

non, ça ne m'intéresse pas	nein, das interessiert mich nicht
non, je n'en ai pas envie	nein, dazu/darauf habe ich keine Lust
non, je ne veux pas + Inf.	nein, ich will nicht ...
non, je préférerais + Inf.	nein, ich würde lieber
non, je ne suis pas d'accord (avec)	nein, ich bin nicht einverstanden (mit)
non, je déteste + Inf.	nein, ich hasse ...
aucune envie ◊	null Bock

10. Übersetzen Sie die eingeklammerten Satzteile

PRATIQUE

1. Si le train part à 21 heures ....
(wirst du um 8 Uhr in Deutschland sein)

2. Si tu n'as pas envie de cuisiner ....
(werden wir nichts essen)

3. Si tu n'arrêtes pas de t'énerver ....
(werde ich weggehen)

4. Si tu ne pars pas en voyage avec moi ....
(verlasse [= quitter] ich dich)

5. Si tu n'es pas gentil ....
(werde ich mit Charles in die Ferien fahren)

6. Si tu travailles demain soir ....
(wirst du einen guten Film im Fernsehen verpassen)

11. Übersetzen Sie die eingeklammerten Satzteile, und reagieren Sie auf den Vorschlag

(+ = Zustimmung / – = Ablehnung)

1. Si tu veux ....
(werden wir morgen ins Kino gehen) (– / lieber Freunde einladen)

2. S'il fait beau ....
(könnten wir am Kanal picknicken) (– / lieber im Restaurant essen)

3. Si vous préférez ....
(könnten wir morgen abend tanzen gehen) (+)

4. Si tu es libre ce soir ....
(lade ich dich in eine nette Crêperie ein) (– / keine *crêpes* mögen)

5. Si vous avez envie ....
(gehen wir heute abend auf das Fest im Stadtzentrum) (+)

6. Si tu es d'accord ....
(treffen wir uns um 19.00 Uhr vor dem Theater) (– / andere Uhrzeit)

SORTIR

THÉORIE

Le gérondif
Das Gerundium

1. Elle est arrivée **en courant.**
   Sie kam angerannt. **(rennend)**

2. **En attendant** ma sœur j'ai pris un café.
   Während ich auf meine Schwester **gewartet habe,** habe ich eine Tasse Kaffee getrunken.

   Il ne faut pas parler **en mangeant.**
   Beim Essen soll man nicht reden.

3. **En prenant** un taxi, vous arriverez plus vite à l'aéroport.
   Wenn Sie ein Taxi **nehmen,** sind Sie schneller am Flughafen.

Mit dem *gérondif* kann man ausdrücken:

1. Das «wie»: wie wurde eine Handlung durchgeführt?
2. Das «während»: zwei Handlungen laufen parallel ab oder sind parallel abgelaufen.
3. Das «wenn» oder «falls»: Bedingung oder Eventualität.

Nur aus dem Zusammenhang ist zu ersehen, wer etwas tut.

Bildung

regarder:	en	+	regard	+ ant
sortir:	en	+	sort	+ ant
descendre:	en	+	descend	+ ant
vouloir:	en	+	voul	+ ant

en + participe présent = Stamm + Endung «-ant»

Unregelmäßiges Gerundium:

boire: **en buvant**	éteindre: **en éteignant**	prendre: **en prenant**
commencer: **en commençant**	faire: **en faisant**	voir: **en voyant**
	lire: **en lisant**	être: **en étant**
croire: **en croyant**	manger: **en mangeant**	avoir: **en ayant**

PRATIQUE

12. Finden Sie das *participe passé* und das *participe présent* der folgenden Verben

1. manger ... mangé ... mangeant
2. être ....
3. danser ....
4. faire ....
5. aimer ....
6. descendre ....
7. sortir ....
8. prendre ....
9. voir ....
10. aller ....
11. penser ....
12. plaire ....
13. arriver ....
14. connaître ....

13. Setzen Sie die entsprechende *gérondif*-Form ein

1. ... En attendant ... ma sœur, j'ai pris un petit café. (attendre)
2. .... au théâtre, j'ai rencontré un copain. (aller)
3. .... ma valise lourde, j'ai décidé d'aller en voiture à l'aéroport. (voir)
4. .... la queue à la caisse, j'ai regardé encore une fois ma liste. (faire)
5. .... du train, j'ai oublié mon sac. (descendre)
6. .... le match de foot, mon ami s'est beaucoup énervé. (regarder)
7. Visitez la ville .... par la cathédrale. (commencer)
8. Je me suis trompé .... du métro. (sortir)
9. Et surtout les enfants, dites bonjour .... (arriver)
10. Elle est partie, ... (s'excuser)
11. Faites attention .... la rue. (traverser)
12. Buvez plus .... ! (manger)
13. J'écoute la radio .... la cuisine. (faire)

SORTIR

THÉORIE

Alles oder ganz

tout le livre	das ganze Buch
toute la famille	die ganze Familie
tous les musées	alle Museen
tous les jours	alle Tage = jeden Tag
tous les soirs de la semaine	alle Abende der Woche (jeden Abend)
toutes les femmes	alle Frauen
il a **tout** mangé	er hat alles aufgegessen

«**Tout, tous, toute, toutes**» richten sich in Geschlecht und Zahl nach dem Substantiv. Die Formen bedeuten:

1. Im Singular: «tout», «toute» → ganz
2. Im Plural: «tous», «toutes» → alle, jede
3. «tout» → alles

Bon und *bien*

Je connais un **bon** restaurant.	Ich kenne ein gutes Restaurant.
Tu es une **bonne** copine.	Du bist eine gute Freundin.
Les vins de Bordeaux sont **bons**.	Die Weine aus Bordeaux sind gut.
Les vraies crêpes bretonnes sont **bonnes**.	Die richtigen bretonischen Crêpes sind gut.
Ça me plairait **bien**.	Das würde mir gut gefallen.
Ton copain danse **bien**.	Dein Freund tanzt gut.
J'aime **bien** la glace à la vanille.	Ich mag gerne Vanilleeis.

Bon ist Adjektiv und daher veränderbar:
un **bon** vin → ein guter Wein   une **bonne** amie → eine gute Freundin

	Singular	Plural
männlich	bon	bons
weiblich	bonne	bonnes

Bien ist als Adverb unveränderbar: il cuisine **bien** → er kocht **gut**

Thème 6

PRATIQUE

14. *Tout, tous, toute* oder *toutes*?

1. Pour mon anniversaire ………… mes amis sont venus. 2. Hier j'ai travaillé ………… la journée. 3. Une salade et un kilo de pommes, c'est ………… Monsieur? 4. ………… mes frères et sœurs jouent au football. 5. Manger pour moi ce n'est pas un problème, j'aime ………… 6. «Une bière pour ………… le monde!». 7. ………… ses amis sont partis en vacances. 8. J'ai ………… vu, ………… lu et ………… bu! 9. A Paris on a visité ………… les musées et malheureusement ………… les cathédrales en trois jours. 10. Dimanche j'ai regardé la télé ………… la soirée. 11. ……… les hôtels sont complets, je vais dormir dans la rue. 12. ………… mes copines sont venues à mon anniversaire. 13. Mon fils a mangé ………… les fraises. 14. En été nous allons à la piscine ………… les jours.

15. *Bien* oder *bon, bonne, bons, bonnes*?
Füllen Sie die Lücken aus.

1. C'est un …………… petit restaurant. 2. Yannick Noah a …………… joué au tennis. 3. Mon amie, elle est très ……………, elle est intelligente, sportive et elle sait …………… cuisiner. 4. Elle est allemande, mais elle se débrouille très …………… en français. 5. Au revoir Monsieur et …………… journée! 6. Tu veux venir au cinéma ce soir? – Oui, je veux …………… 7. Les crêpes c'est ……………, mais je préfère quand-même la viande! 8. Tu sais, Charles joue drôlement …………… au foot. C'est un …………… joueur. 9. Tu m'écoutes …………… ! Je vais t'expliquer où on se donne rendez-vous ce soir. 10. Vous avez raison, Madame, les fraises sont vraiment très …………… 11. Tu sais, Laurent, finalement je t'aime …………… . 12. Ta voiture marche …………… ? 13. Vous allez en vélo au bureau, c'est ……………, c'est une très …………… idée. 14. Je connais deux très …………… restaurants au centre ville. 15. Le train est en retard: ça commence ……………!

SORTIR

PRATIQUE

PICASSO. Musée Hôtel Salé, 5, rue de Thorigny (M° Chemin Vert ou Saint-Paul). 01.42.71.25.21. Tlj sf Mar de 9h30 à 17h30 (fermeture des caisses à 17h). (Visites, gpes scolaires et gpes adultes sur réserv. : 01.42.71.70.84). Ent: 30 F.-18 ans: gratuit, Tarif réduit (de 18 à 25 ans): 20 F, Dim, tarif réduit pour l'ensemble des visiteurs: 20 F. Tarif expo+musée: 38 F et 28 F. **Collection particulière de l'artiste et œuvres données à l'Etat en dation.**

PARFUM (musée du), 39, bd des Capucines (dans l'ancien théâtre des Capucines) (M° Opéra). 01.42.60.37.14. Ouvert tlj sf Dim de 9h à 18h. Entrée libre. Très belle collection d'objets rares qui retrace cinq mille ans d'histoire de la parfumerie.

MAISON EUROPEENNE DE LA PHOTOGRAPHIE, 5-7, rue de Fourcy (M° St-Paul ou Pont-Marie). 01.44.78.75.00. Ouvert tlj sf Lun, Mar et jours fériés de 11h à 20h. Ent: 30 F. T.R: 15 F. Gratuit pour les -8 ans, personnes handicapés et tous les mercredis de 17h à 20h. Visites et conférences sur demande. **Grand centre d'exposition photographique avec des collections permanentes regroupant plus de 12.000 œuvres.** Expositions: **Irving Penn**, «Le Bain», Dancer's Workshop of San Francisco. Du 19 novembre au 8 février. **Mario Palmieri**, «Everything but Manhattan». Du 19 novembre au 14 décembre.

BISTRO ROMAIN (Italie), 6, place Victor-Hugo (16e). 01.45.00.65.03. Tlj. Accueil jsq 1h du matin. Un bistro au décor chaleureux avec ses bonnes spécialités à volonté comme les carpaccios de bœuf, de saumon, ou la célèbre mousse au chocolat. Superbe carte des desserts. Formules à partir de 59,90 F.

BIBLIOTHEQUE NATIONALE DE FRANCE-François Mitterrand, 11, quai François Mauriac (M° Quai de la Gare). 01.53.79.59.59. Salles de lecture (à partir de 18 ans): tlj sf Lun de 10h à 19h, Dim de 12h à 18h. Expo: 35 F. T.R.: 24 F. Exposition Grande Galerie: **Le photographe et son modèle.** L'art du nu au XIXe siècle. Du nu académique au nu scientifique, en passant par l'atelier de l'artiste, 350 photographies. **Portraits, singulier pluriel, 1980-1990.** 120 visages anonymes redéfinissent l'art du portrait en photographie. Jusqu'au 18 janvier. Exposition Petite Galerie: **L'Aventure des écritures.** Mésopotamiennes, égyptiennes, chinoises, précolombiennes, indiennes, africaines, arabes, grecques ou latines, 220 pièces originales nous plongent au cœur des civilisations en nous contant la naissance de leur écriture et les mythes de son invention. Jusqu'au 17 mai.

16. Versuchen Sie, die Fragen zu beantworten

PRATIQUE

Im Pariscope (links) finden Sie so ziemlich alles, was Sie in Paris unternehmen können. Die Veranstaltungshinweise sind jedoch nicht immer einfach zu verstehen.

A. La Bibliothèque Nationale de France – François Mitterrand

1. An welcher Metrostation müssen Sie aussteigen?
2. Wie alt müssen Sie mindestens sein, um Zutritt zu den Lesesälen zu haben?
3. Bis wann können Sie die Ausstellung zur Geschichte der Schrift besichtigen?
4. Wieviel kostet eine verbilligte Eintrittskarte zu den Ausstellungen?

B. Maison Européenne de la photographie

1. An welchen Tagen ist es geschlossen?
2. Wer zahlt nicht? Wann zahlen Sie nicht?

C. Musée du parfum

1. Was erfahren wir über den Eintrittspreis in dieses Museum?

D. Musée Picasso

1. Wann schließen die Kassen des Museums?
2. Wer besucht das Museum kostenlos und wer zu ermäßigtem Eintrittspreis?
3. Wie verhält es sich sonntags mit den Eintrittspreisen?

E. Bistro Romain

1. Bis um wieviel Uhr bekommen Sie hier etwas zu essen?
2. Was heißt *spécialités à volonté* (wichtig für den großen Hunger)?
3. Sie haben es eilig und wollen wenig ausgeben, was nehmen Sie dann?

Wichtige Kürzel

sce jsq	service jusque	es wird bis ... Uhr ausgeschenkt/bedient
tlj	tous les jours	jeden Tag
sf	sauf	außer
T.R.	tarif réduit	verbilligter Tarif
M°	station de métro	Metrostation
env	environ	ungefähr
16e	arrondissement	Pariser Stadtviertel
t.c.	tout compris	alles inbegriffen

SORTIR

PARLEZ

Prononciation

Hören Sie die Wörter vom Tonträger. Achten Sie auf die Bindungen und sprechen Sie nach:

un_ami	– un_anniversaire
une_amie	– une_invitation
un_homme	– un hasard

les_enfants – pas_assez – les _embouteillages – des_appartements – des _ascenseurs

Hören Sie jetzt die Sätze und sprechen Sie nach:
Nous sommes_allés au musée.
Vous_avez demandé des fraises.
Nous_avons vu plusieurs_expositions.
Le numéro que vous_avez demandé n'est plus _en service.

C'est_ici.
Il est_ici.
C'est_un comique.
C'est_une_agréable soirée.
Elle est_invitée.
Non, elle n'est pas_invitée.

Pour_ aller
Je joue toujours au foot.
Vous _avez une_autre idée.
Nous _avons le programme_actuel.
Tu viens au théâtre _avec moi?

PARLEZ *Minidialogues*

A: Qu'est-ce que vous avez fait **le week-end dernier**?
B: Je suis **allé à la piscine**.

1. le week-end dernier – aller à la piscine **2.** à Paris – aller aux puces
3. dans le train – lire le journal **4.** à la discothèque – danser la Lambada
5. samedi matin – devoir faire les courses **6.** hier soir – se reposer
7. dimanche – faire la grasse matinée **8.** lundi – s'ennuyer à la maison
9. au bureau – ne rien faire toute la journée

Tips zum Kinogehen

Die Kinokultur ist in Frankreich ausgeprägter als bei uns. Sich die neuesten Filme anzusehen gehört für alle Altersgruppen zum Standardfreizeitprogramm. Schlangestehen an der Kasse ist vor allem in Paris und am Wochenende die Regel, obwohl viele Filme in mehreren Kinos parallel laufen.

Die Franzosen leiden nicht an der Unsitte, alle Filme zu synchronisieren. Falls Sie sich also noch nicht ganz fit für einen Film in französischer Sprache fühlen, haben Sie immer die Möglichkeit, englische, deutsche, spanische, italienische Filme in Originalversion mit französischen Untertiteln zu sehen.

Kleines Kinovokabular (nach dem Pariscope)
mer. tarif unique – *mittwochs verbilligter Einheitspreis*
30 f (sf. ven. soir, sam. dim., fêtes et veilles de fêtes) – *verbilligter Eintritt 30 Francs: gilt nicht Freitag abend, nicht samstags und sonntags, nicht an Feiertagen und am Abend davor*
v.o. - version originale – *Original mit französischen Untertiteln*
v.f. - version française – *synchronisierte Fassung*
séances 13:20, 15:25 ... film 25 mn. après – *Vorstellung um 13.20, 15.25 ... der Film beginnt aber erst 25 Min. später, davor Werbung*
Sam. séance suppl. à 0:05 – *samstags Zusatzvorstellung um 0.05*

SORTIR

LECTURE

UN DRÔLE DE COUPLE

Les Robin sont un drôle de couple. Marcel aime le calme, il n'aime pas les villes, il préfère les villages et la campagne. Avec un bon livre au coin de la cheminée il est très content, il ne bouge plus. Nicole, sa femme, est tout le contraire! Si elle ne bouge pas, elle s'ennuie.

Une journée type chez les Robin: Marcel est journaliste et il travaille toute la journée. Nicole ne travaille pas aujourd'hui, mais elle n'as pas envie de faire la grasse matinée. A neuf heures elle part au zoo avec ses enfants et une amie. En rentrant ils s'arrêtent une heure à la piscine et à midi ils grignotent en vitesse, car il faut partir à l'hypermarché faire les courses pour la semaine, ce n'est pas facile avec trois enfants: ils ont beaucoup d'énergie, ils courent toute la journée!

A trois heures il faut vite rentrer, car Charles et Julian, les deux garçons, ont un match de foot très important et à quatre heures et demie ils jouent tous au tennis: Nicole, son amie, et les trois petits. Après ils se reposent cinq minutes au café et la course continue: Charles veut voir un copain, Julien veut faire du vélo, Nicole et son amie partent se promener avec Manon. Et zut! … C'est déjà l'heure du dîner, ils achètent vite du pain et rentrent à la maison en courant. Nicole pense déjà à la cuisine, tout le monde a très, très faim, mais … Marcel leur a préparé une

un drôle de couple
ein seltsames Pärchen
la cheminée
der Kamin
le livre das Buch
une journée type
ein typischer Tagesablauf
le journaliste
der Journalist
décider de beschließen zu tun
grignoter
eine Kleinigkeit essen
la merguez
scharfe Grillwurst
les grillades
Gegrilltes
le retour
die Rückkehr
réfléchir überlegen

belle surprise: des merguez et d'autres grillades sont prêtes pour leur retour. Il les attend en lisant tranquillement son journal.

Après le repas Nicole réfléchit déjà: «Qu'est-ce qu'on pourrait faire demain?»

Compris?

	oui	non
1. Nicole et ses enfants passent l'après-midi au zoo.	☐	☐
2. A midi ils mangent très vite.	☐	☐
3. A quatre heures Nicole joue au tennis.	☐	☐
4. Charles prépare les grillades pour ses parents.	☐	☐
5. En fin de soirée Nicole se dit: «Je suis fatiguée, demain je ne bougerai pas, je ferai la grasse matinée.»	☐	☐
6. Marcel ne s'ennuie pas en attendant leur retour.	☐	☐

Répondez!

A

Suchen Sie bitte die Schlüsselbegriffe zu den unterschiedlichen Lebensweisen von Nicole und Marcel aus dem Text, und füllen Sie die folgende Tabelle aus:

Ein ruhiges Leben	Ein bewegtes Leben
....	....
....	....
....	....
....	....

B

Pourquoi est-ce qu'on peut appeler les Robin «un drôle de couple»?

C

Et vous, vous aimez le calme de la cheminée ou vous préférez beaucoup bouger? Pendant votre temps libre vous faites du sport ou vous lisez tranquillement?

SORTIR

TEST 3

1. Bilden Sie Sätze

Bringen Sie die Wörter in die richtige Reihenfolge, und konjugieren Sie die Verben!

1. j' - marché - des - au - fromage - et - la - acheter - fruits - du - salade -de
....

2. trente - dîner - soir - mes - venir - dix - demain - à - neuf - copains - heures
....

3. faire - avoir - beurre - courses - faut - nous - il - les - n' - de - plus
....

4. acheter - crémerie - d' - douzaine - crème - à - et - pot - une - la - ils - œufs - un - de - fraîche
....

5. sacs - bus - y - beaucoup (2x) - avoir (2x) - de (2x) - Carole - et - le - monde - dans - il
....

6. liste - faire - Christian - répartir - Carole - se - et - une - courses - pour - les
....

7. avoir - aller (2x) - préférer - au (2x) - je (2x) - cinéma - n' - envie - théâtre - pas - d'
....

8. numéro - avoir - être - demandé - le - service - que - n' - vous - plus - actuellement - en
....

9. à - promenade - piscine - vouloir - aller - faire - une - tu - ou - la
....

10. soleil - adorer - au - j' - pique-niquer
....

11. jouer - copains - le - avec - football - dimanche - je - au - mes
....

12. théâtre - heures - pouvoir - devant - à - rencontrer - vingt - nous (2x) - le
....

2. Leseverstehen

Sophie und Jean-François unterhalten sich. Lesen Sie sich das Gespräch durch, und kreuzen Sie an, ob die folgenden Aussagen stimmen oder nicht.

Dialog zwischen Sophie (S) und Jean-François (J-F)

S: Alors, dis, Jean-François, qu'est-ce qu'on fait samedi soir?

J-F: *On pourrait inviter des copains et faire une soirée sympa.*

S: Oh, encore les copains ... je préférerais passer la soirée avec toi et pas à la maison.

J-F: *Pourquoi ça? C'est pas bien chez nous? C'est toujours agréable avec les copains.*

S: Et pas avec moi.

J-F: *Oh, écoute, je ne veux pas dire ça.*

S: Bon, mais faire les courses, cuisiner ... la barbe!

J-F: *On pourrait faire un barbecue, je t'aiderais.*

S: Toi, tu m'aiderais? Hahahah ...

J-F: *Ecoute, ma petite Sophie, sois gentille.*

S: Non, vraiment, je n'ai pas envie.

J-F: *J'ai une idée. Si on allait danser? Il y a une nouvelle disco à Pantin.*

S: Ah oui, et tu la connais?

J-F: *Non, mais Christophe la connaît.*

S: Elle est bien au moins?

J-F: *Je ne sais pas, on pourrait voir. Ça te plairait?*

S: Pourquoi pas?

J-F: *Et puis, si ça ne nous plaît pas, on pourra toujours aller au cinéma. Et en rentrant on pourrait aller manger une crêpe chez Marcel.*

S: Ça c'est une bonne idée. Et dimanche?

J-F: *D'abord on fera la grasse matinée car on sera sûrement fatigués.*

S: Et ensuite on pourrait aller faire une promenade.

J-F: *Non, j'ai une autre idée.*

S: Oh dis moi, chéri!

J-F: *Non, je ne te dirai pas, c'est la surprise.*

S: Oh, mon trésor ...

J-F: *... non, non, non, tu verras ...*

Stimmt das oder nicht?

oui non

1. Jean-François voudrait inviter des copains samedi.
2. Sophie est d'accord.
3. Jean-François aime passer des soirées avec ses copains.
4. Sophie n'a pas envie de cuisiner.
5. Sophie préférait faire un barbecue.
6. Jean-François voudrait aller au théâtre.
7. Jean-François connaît une discothèque à Pantin
8. Si la discothèque n'est pas chouette, ils iront au cinéma
9. Dimanche, Sophie voudrait faire une promenade.
10. Pour dimanche, Jean-François a préparé une surprise.

3. Kreuzen Sie das fehlende, korrekte Wort an

1. Je fais la liste des courses sur un bout ... papier.
   - a à
   - b de
   - c le

2. Tu prendras une douzaine ... oeufs.
   - a des
   - b de
   - c d'

3. Je voudrais du beurre et ... yaourts.
   - a des
   - b de
   - c d'

4. Je vais prendre un kilo ... tomates.
   - a les
   - b de
   - c des

5. Moi, les promenades ne ... intéressent pas.
   - a me
   - b m'
   - c moi

6. Comment ... appelle ta fille?
   - a la
   - b se
   - c s'

7. Chérie, tu veux encore du poulet?
Non merci, je ne veux plus ...

a le
b pas
c rien

8. Christian ... allé au marché.

a a
b est
c va

9. Vous ... arrivé quand?

a êtes
b avez
c allez

10. Lundi, nous ... visité l'appartement.

a sommes
b avons
c venons.

11. Je lis toujours ... mangeant.

a pour
b de
c en

12. Dimanche, je vais préparer un ... repas.

a bien
b bon
c bonne

13. Sophie et ses copines sont ... au marché.

a partie
b partis
c parties

14. Je connais ... les restaurants de Paris.

a tous
b tout
c toutes

15. Pour aller au supermarché, il ... tourner à gauche.

a fait
b faut
c font

TEST 3

4. Kreuzen Sie die richtige Antwort an

1. Où on va ce soir?

    a Ça m'est égal.
    b Je ne vais pas.
    c D'accord pour ce soir.

2. Vous n'avez rien oublié?

    a Sinon, j'oublierai.
    b Non, j'ai tout pris.
    c Zut, j'oublie tout.

3. Vous avez encore des fruits?

    a Oui, volontiers.
    b Voilà 50 francs.
    c Non, je regrette.

4. Vous aimez la cuisine bretonne?

    a J'adore!
    b Je ne cuisine pas.
    c Je ne suis pas bretonne.

5. Au marché, les fruits sont toujours frais.

    a Je déteste les fruits.
    b Vous avez raison.
    c D'accord pour les fruits.

6. Tu viens au théâtre avec moi?

    a Non, je ne sais pas jouer.
    b Non, le théâtre est en face.
    c Non, j'ai horreur du théâtre.

Französisch von Anfang an

7. Il y a beaucoup de circulation aujourd'hui?

    a Oui, et il y a beaucoup d'embouteillages.

    b Oui, la place est libre.

    c Je ne sais pas, regardez sur la carte.

8. Votre femme ne va pas faire les courses.

    a Non, je ne fais jamais les courses!

    b Non, elle s'occupe des enfants.

    c Non, nous ne faisons pas les courses.

9. Tes fraises sont excellentes!

    a N'est-ce pas?

    b Combien?

    c D'accord?

10. Qu'est-ce que tu penses de la nouvelle discothèque?

    a Je ne pense pas.

    b Je ne crois pas.

    c Ce n'est pas mon genre.

DIALOGUES

S'HABILLER

Un nouveau look

Qu'est-ce que je suis moche en ce moment!
Tu ne trouves pas que j'ai grossi, Corinne?
Mais non, Valérie, tu exagères, comme d'habitude!
Moi, je me trouve laide. J'ai envie de changer de look, de m'habiller autrement.
Il faut dire que tu as toujours les mêmes vêtements: des jeans délavés et trop larges, des grosses chaussures et un vieux pull.
Ça ne me va pas, dis?
C'est-à-dire que, ... ce n'est pas très élégant. Et puis, ça fait trop masculin.
Tu crois?
Je t'assure! Et pourtant tu es jolie. Tu devrais t'arranger mieux, je veux dire ... autrement.
Mais comment? Les beaux vêtements sont trop chers pour moi.

Le truc (das Ding) ist ein überaus praktisches Wort zur Überbrückung von Vokabellücken:
Tu me donnes le truc!
Gibst du mir das Ding da!
Le petit truc noir, c'est quoi?
Das kleine schwarze Ding da, was ist das?

Mais non, une belle mini-jupe, c'est aussi cher qu'un jeans.
T'en es sûre!
*Écoute, je te propose **un truc**: on va en ville et on achète des habits ensemble. A deux, c'est plus rigolo.*
Tu as raison. Allons-y.
Tu verras, on va te changer complètement.

Au rayon «vêtements pour femmes»
Bonjour, vous désirez?
J'aimerais essayer l'ensemble vert, là-bas.
*Oui, **dans quelle taille**? 42 ou 44?*
Non, je fais du 40.
Voilà. Pour essayer, vous avez une cabine là-bas, à gauche.
…
Qu'est-ce que vous en pensez?
Oh, je trouve qu'il est quand même un peu trop petit.
Ah bon! … alors essayez le rouge.
Oh, la couleur ne me plaît pas tellement. J'aime beaucoup moins le rouge que le vert.
Mais, vous verrez, le rouge, il fait très jeune, essayez-le!
…

Vous avez raison. Il me va mieux que l'autre et surtout il est plus à la mode. Il me plaît, je le prends.
Et avec cela? Un chemisier, peut-être? Regardez, j'en ai de très jolis en soie et en coton.
Ils coûtent combien?
Les chemisiers en coton sont évidemment moins chers, mais les autres sont plus jolis.
Je crois que je vais **faire des petites folies.** Je prends le chemisier en soie blanche.
Vous avez raison, il va très bien avec l'ensemble rouge.

Faire une petite folie, (eine kleine Verrücktheit machen) bedeutet nichts anderes, als aus dem Alltagstrott auszubrechen und sich mal was Gutes zu gönnen.

Au rayon «chaussures»

Je voudrais une paire de chaussures pour aller avec cet ensemble.
Oui, ... euh, en rouge ou en blanc?
Ce n'est pas le même rouge que l'ensemble!
Oui, en effet.
Et le blanc est un peu fade.
Et puis j'ai aussi ce modèle, en beige ou en bleu clair.
Vous ne l'avez pas en bleu un peu plus foncé?
Non, mais la couleur va très bien avec le rouge de la veste.
Elles font combien?
750 francs.
Oh, ... elles sont aussi chères que l'ensemble. Je vais les essayer quand même.
Vous faites quelle pointure?
Je fais du 37 et demie.
Je vous en apporte une paire tout de suite.
...

Attention! Nach Kleider- (**la taille**) und Schuhgröße (**la pointure**) fragt man mit unterschiedlichen Wörtern.

S'HABILLER

Ah, elles vous vont très bien!
Oui, finalement, je les trouve très belles. Je les prends.
Je vous remercie. Vous pouvez passer à la caisse.

Les soldes

(annonce haut-parleur dans un grand magasin:)
Profitez de nos soldes à tous nos rayons de vêtements, Mesdames! Au rayon femmes, nous vous proposons tout particulièrement nos robes d'été en coton: toutes les tailles, du 36 au 48, 150 F au lieu de 260. Nos jupes en soie naturelle, en cinq couleurs différentes, pour 250 F au lieu de 400. Au rayon hommes, un pantalon rayé bleu et vert, pour les vacances, au prix de 300 F. Enfin, pour les enfants, des tee-shirts coton à 10 F et des shorts à 15 F. N'attendez pas, profitez de nos offres spéciales: «Chez Machère c'est pas cher!».

Les soldes meinen den Sommer- und Winterschlußverkauf im Januar und im August. Schnäppchen kann man jedoch das ganze Jahr über machen. Folgende Begriffe in den Schaufenstern weisen auf Sonderangebote, Totalausverkauf etc. hin:
promo(tion)s,
offres spéciales,
réduc(tion)s sur tout le stoc,
offres promotionnelles,
liquidation totale!

Au marché aux puces

Sandrine, on va aux puces demain?
Bof...
Allez, pour une fois que j'ai un peu d'argent...
Non, vraiment, Sylvie, je n'ai pas tellement envie ...
On pourrait faire des affaires, il y a toujours des bonnes occases là-bas.
Si tu veux, mais j'aime mieux aller faire les magasins. Aux puces, il n'y a pas de cabines pour essayer.
Oh, que tu es compliquée!

Deux chemises pour 70 francs

Oh regarde, Sandrine, il y a un stand avec plein de chemises! Viens! … S'il vous plaît, Monsieur, les chemises sont à combien?
Une pour 40 francs ou les deux pour 70.
Oh, non, merci, c'est trop cher. On va essayer de trouver moins cher.

Deux jeans pour 160 francs

J'aimerais voir les jeans là-bas, ils ont l'air pas mal.
Pardon, combien coûtent les jeans?
100 francs la pièce.
100 francs! Vous ne pourriez pas nous **faire un petit prix?**
Écoutez, 100 francs, vous ne trouverez pas moins cher, Mademoiselle. Regardez, c'est une très bonne qualité.
Pour 75 francs la pièce, on en prendra deux!
75 francs, vous rigolez, Mademoiselle!
Bon, on va voir ailleurs.
Attendez … ne partez pas comme ça, Mademoiselle. Allez, je vous les fait à 80.
D'accord, ça marche. Viens, Sylvie, on va les essayer, il y a même des cabines là-bas!

Viele Händler der großen Pariser Flohmärkte an der *Porte de Clignancourt* und der *Porte de Montreuil* kommen aus Algerien, sie lassen mit sich handeln (*marchander*): Wollen sie mit dem Preis nicht runtergehen, erst mal sagen: «*Bon, on va voir ailleurs!*» (Gut, dann schauen wir uns woanders um!), und dann wird schon ein Angebot kommen!

S'HABILLER

ÉCOUTEZ

Oui ou non?

Un nouveau look
1. Corinne et Valérie parlent de vêtements.
2. Valérie veut changer de look.

Au rayon «vêtements pour femmes»
3. La cliente va au restaurant.
4. La cliente achète:
a un ensemble vert
b un ensemble rouge
c un chemisier blanc en soie

Au rayon «chaussures»
5. La cliente veut acheter deux paires de chaussures.
6. Quelle pointure fait la cliente:
a elle fait du 35,5
b elle fait du 39,5
c elle fait du 37,5

Les soldes
7. Nous sommes au marché.
8. Chez «Machère» il y a comme occasions:
a des chemisiers en coton
b des robes d'été en coton
c des tailleurs en soie
d des jupes en soie
9. Pour les hommes, il n'y a pas d'occasions aujourd'hui.

Au marché aux puces
10. Sylvie veut aller aux puces pour faire des affaires.
11. Sandrine
a est allée aux puces hier.
b n'aime pas beaucoup les puces.

Deux chemises pour 70 francs
12. Sylvie
a achète une chemise à 40 francs.
b achète une chemise à 70 francs.
c n'achète pas de chemise.

Deux jeans pour 160 francs
13. Les jeans coûtent
a 80 francs la pièce.
b 100 francs la pièce.

VOCABULAIRE

S'HABILLER
SICH ANZIEHEN

Un nouveau look
Ein neues Outfit

le look
das Aussehen, das Outfit
moche ()
häßlich
grossir
zunehmen
exagérer
übertreiben
l'habitude (f)
die Gewohnheit
laid, e
häßlich
autrement
anders
le vêtement
das Kleidungsstück
délavé,e
ausgewaschen
large
groß, breit
gros, grosse
dick
la chaussure
der Schuh
vieux, vieil, vieille
alt
le pull
der Pulli

c'est-à-dire
das heißt
élégant,e
elegant
et puis
außerdem
masculin,e
männlich
pourtant
obwohl
devoir
sollen, müssen
s'arranger
sich zurechtmachen, zurechtkommen
la jupe
der Rock
l'habit (m)
das Kleidungsstück
ensemble
zusammen
complètement
ganz und gar

Au rayon «vêtements pour femmes»
In der Damenabteilung

l'ensemble (m)
das Kostüm
vert,e
grün

la taille
die Größe
essayer
versuchen (hier: anprobieren)
la cabine
die Umkleidekabine
rouge
rot
la couleur
die Farbe
tellement
so...sehr
jeune
jung
mieux
besser
la mode
die Mode
le chemisier
die Bluse
la soie
die Seide
le coton
die Baumwolle
coûter
kosten
évidemment
selbstverständlich
la folie
die Torheit
blanc, blanche
weiß

S'HABILLER

Au rayon «chaussures»
  In der Schuhabteilung

le même
  der, die, das gleiche
fade
  fade, schal
le modèle
  das Modell
beige
  beige
bleu,e
  blau
foncé, e
  dunkel
quand même
  trotzdem
la pointure
  die Schuhgröße
la paire
  das Paar

Les soldes (fpl)
  Der Schlußverkauf

Mesdames
  meine Damen
profiter
  profitieren
particulièrement
  besonders
la robe
  das Kleid

naturel,lle
  natürlich
au lieu de
  anstatt
l'homme (m)
  der Mann
le pantalon
  die Hose
rayé, e
  gestreift
les vacances (fpl)
  die Ferien
le prix
  der Preis
l'offre spéciale (f)
  das Sonderangebot

Le marché aux puces
  Auf dem Flohmarkt

l'argent (m)
  das Geld
l'affaire (f)
  die Gelegenheit, das Schnäppchen
l'occasion (f), l'occase ⟨⟩
  die Gelegenheit, das Schnäppchen
compliqué, e
  kompliziert

Deux chemises pour 70 francs
  Zwei Hemden für 70 Francs

plein de
  viele
la chemise
  das Hemd
le stand
  der Stand

Deux jeans pour 160 francs
  Zwei Jeans für 160 Francs

le jeans
  die Jeans
la pièce
  das Stück
la qualité
  die Qualität
ailleurs
  anderswo
même
  sogar

Expressions

qu'est-ce que je suis moche!
was bin ich häßlich!

en ce moment
im Augenblick, zur Zeit

comme d'habitude
wie immer

ça me va
das steht mir

ça ne me va pas
das steht mir nicht

ça fait trop masculin
das sieht zu männlich aus

je t'assure
wenn ich dir's doch sage

je veux dire
ich meine

aimer mieux
lieber mögen

à la mode
modern

pour aller avec
passend zu

vous faites quelle pointure?
welche Schuhgröße haben Sie?

passer à la caisse
zur Kasse gehen

faire des affaires
billig einkaufen

les chemises sont à combien?
wieviel kosten die Hemden?

faire un (petit) prix
einen (Freundschafts-)Preis machen

Der moderne Franzose liebt es, die Sprache Molières ein wenig zu verstümmeln:

comme d'habitude	→ comme d'hab	→ wie immer
des bonnes occasions	→ des bonnes occases	→ Schnäppchen
le petit déjeuner	→ le petit déj	→ das Frühstück
les informations	→ les infos	→ die Nachrichten
le restaurant	→ le restau	→ das Restaurant
le décaféiné	→ le déca	→ der Kaffee ohne Koffein
le football	→ le foot	→ der Fußball

S'HABILLER

THÉORIE

Les adjectifs
Die Adjektive

Le chemisier est élégant.   Die Bluse ist elegant.
La jupe est élégant**e**.   Der Rock ist elegant.
Les pantalons sont laid**s**.   Die Hosen sind häßlich.
Les chaussures sont laid**es**.   Die Schuhe sind häßlich.

In den Wortschatzlisten und im Glossar geben wir jeweils die männliche und die weibliche Form an. Steht nur eine Form da, so heißt das, daß die männliche und die weibliche Form identisch sind, wie z.B. bei «moche».

Im Unterschied zum Deutschen werden die französischen Adjektive in Numerus und Genus an das Substantiv angeglichen. In der **weiblichen Form** haben sie meistens die Endung **-e**, im **Plural** die Endung **-s** bzw. **-es**.

Achtung:

1. Pierre est moch**e**.   Pierre ist häßlich.
   Nathalie se trouve moch**e**.   Nathalie findet sich häßlich.
   Les soeurs de Pierre sont moch**es**.   Die Schwestern von Pierre sind häßlich.

Adjektive, die in der männlichen Form auf **-e** enden, bleiben im Singular unverändert.

2. François est gros.   François ist dick.
   Mes frères sont gros.   Meine Brüder sind dick.
   Sylvie est gros**se**.   Sylvie ist dick.
   Les femmes sont gros**ses**.   Die Frauen sind dick.

«Gros» bleibt in der männlichen Pluralform unverändert, die weiblichen werden angeglichen.

Die Adjektive *marron* (braun) und *orange* verändern sich nie, denn sie bezeichnen auch einen Gegenstand: *le marron* (die Eßkastanie) & *l'orange*!

3. En vacances: In den Ferien:
   Pierre est d'abord tout **blanc** et après tout rouge.   Pierre ist zuerst ganz weiß/bleich und dann ganz rot.
   Marie reste toute **blanche**.   Marie bleibt ganz weiß/bleich.

Die weibliche Form von «blanc» heißt «blanche».

PRATIQUE

1. Was gehört zusammen?

Mehrere Lösungen sind möglich

1. un bel
2. une vieille
3. des beaux
4. une grosse
5. une bonne
6. des petits
7. une belle
8. un beau
9. un fol
10. un vieil
11. un bon
12. une petite
13. des vieilles
14. des vieux
15. des bons
16. un gros

a femme
b homme
c fours
d enfants
e robe
f voiture
g copine
h église
i enfant
j musée
k chaussures
l amour
m vêtements
n fromage
o copains
p poulets

2. Scharf nachdenken

Masculin, féminin, singulier ou pluriel?

1. Une place ...gratuite............ (gratuit). 2. J'ai deux .... frères et une .... sœur. (grand, petit) 3. Paul n'aime pas la cuisine ...., il aime une cuisine .... (traditionnel, original) 4. .... appétit, ... journée et .... nuit. (bon, bon, bon) 5. Marie est un peu ...., tous ses vêtements sont en soie .... (fou, bleu) 6. Corinne se dit: «Mes pulls sont trop ...., mes pantalons sont tous .... (large, laid). Je n'ai plus de vêtements .... (chouette). Je vais aller en ville m'acheter des .... chaussures ...., une .... robe et demain j'irai au solarium, j'en ai marre d'être toute .... (petit, élégant, beau, blanc).» 7. Nos parents ne sont pas ....: nous ne pouvons pas faire de soirées ...., car ils n'aiment pas le bruit et surtout pas la .... musique. (drôle, sympa, bon) 8. Les .... personnes sont .... et ....: elles restent toujours dans leurs .... maisons. (grand, difficile, bizarre, beau)

S'HABILLER

THÉORIE

4. Les camemberts sont chers. — Die Camemberts sind teuer.
Les fraises sont chères. — Die Erdbeeren sind teuer.

Achtung: Akzent bei den weiblichen Formen von «cher».

Achtung, Tücke!
Im Gegensatz zum Deutschen stehen im Französischen die meisten Adjektive **nach** dem Substantiv:
une *robe* **élégante** → ein **elegantes** *Kleid*.
Kurze Adjektive stehen aber auch im Französischen **vor** dem Substantiv: *beau, vieux, gros, grand, petit, bon, fou* und seltsamerweise *nouveau!* → une **belle** *robe* → ein s**chönes** *Kleid*.

5. Sa robe est **belle**. — Ihr Kleid ist schön.
Son pantalon est **beau**. — Seine Hose ist schön.
C'est un **bel** ensemble. — Das ist ein schönes Kostüm.

Charles a une **nouvelle** voiture. — Charles hat ein neues Auto.
Pierre a un **nouveau** vélo. — Pierre hat ein neues Fahrrad.
Paul a trouvé un **nouvel** appartement. — Paul hat eine neue Wohnung gefunden.
On va visiter la **vieille** ville de Besançon. — Wir werden die Altstadt Besançons besichtigen.
Son père est **vieux**. — Sein/ihr Vater ist alt.
C'est un **vieil** hôtel. — Das ist ein altes Hotel.
Le père est **fou**. — Der Vater ist verrückt.
C'est un **fol** amour. — Das ist eine verrückte Liebe.

Vor Substantiven, die mit einem Vokal oder einem stummen «h» beginnen, werden einige Adjektive in der männlichen Form anders angeglichen.

männl. Sing.		weibl. Sing.	männl. Pl.	weibl. Pl.
beau	/bel	belle	beaux	belles
vieux	/vieil	vieille	vieux	vieilles
fou	/fol	folle	fous	folles
nouveau	/nouvel	nouvelle	nouveaux	nouvelles
gros		grosse	gros	grosses
blanc		blanche	blancs	blanches
cher		chère	chers	chères

Thème 7

PRATIQUE

3. Komplett und korrekt

Wie heißen die Sätze vollständig?

1. Les couleurs françaises sont …
2. Pauline a une petite sœur et …
3. Charles fait 1,92 mètre, …
4. Ma tante est grosse, …
5. Pour aller à la gare, …
6. Mon copain est sympa, …
7. Sarah a des petits pieds, …
8. La robe rouge vous va très bien, …
9. Brigitte n'aime pas les vêtements élégants, …
10. Mes frères sont fous …

a trois petits frères.
b elle fait du 52.
c elle est vraiment très belle.
d elle aime les jeans délavés.
e bleu, blanc, rouge.
f il est très grand.
g ce n'est pas difficile, vous allez toujours tout droit.
h ils jouent tous les après-midi au foot.
i il m'invite tous les soirs au restaurant.
j elle fait du 36,5.

4. Übersetzen Sie! Aufgepaßt!
Wo steht das Adjektiv?

1. ein schönes Hotel ……………………………………
2. ein weißes Kleid ……………………………………
3. ein häßliches Auto ……………………………………
4. ein schwieriger Kunde ……………………………………
5. eine dicke Scheibe Schinken ……………………………………
6. ein neues, schwarzes Auto ……………………………………
7. ein leckerer (guter), grüner Salat ……………………………………
8. eine elegante Frau ……………………………………
9. ein traditionelles Restaurant ……………………………………
10. eine kleine Stadt ……………………………………
11. eine komische Idee ……………………………………
12. ein altes, rotes Kleid ……………………………………
13. ein sehr teures, kleines Restaurant ……………………………………
14. ein kostenloser Aperitif ……………………………………

S'HABILLER

THÉORIE

Le comparatif
Der Komparativ

Attention!
Auch beim Vergleichen das Adjektiv an das Substantiv angleichen:
Mon chat est *plus beau et plus intelligent que ton chat.*
Meine Katze ist schöner und intelligenter als deine Katze.
Oui, mais ma copine est beaucoup plus belle et intelligente que ta copine.
Ja, aber meine Freundin ist wesentlich hübscher und intelligenter als deine Freundin.

Im Leben ist selten alles gleich. Deswegen wird immer verglichen: das eine ist mehr, das andere weniger. Im Französischen nimmt sich das so aus:

Paul est **plus** joli **que** Pierre.	Paul ist hübscher als Peter.
Pierre est **moins** joli **que** Paul.	Peter ist nicht so hübsch wie Paul.
Pauline est **aussi** jolie **que** Paul.	Paula ist genauso hübsch wie Paul.

Komparativ

plus + adjectif/adverb + que   mehr ... als
moins + adjectif/adverb + que   weniger ... als
aussi + adjectif/adverb + que   genauso ... wie

Ausnahmen bestätigen die Regel

Le pull rouge vous va **bien**.	Der rote Pulli steht Ihnen **gut**.
Mais le pull vert vous va **mieux** que le rouge.	Aber der grüne Pulli steht Ihnen **besser** als der rote.

Der Komparativ von «bien» etc. wird ohne **«plus»** gebildet.

mindestens genauso unregelmäßig

bon	→	meilleur	– besser
mauvais	→	pire	– schlechter
beaucoup	→	plus	– mehr
peu	→	moins	– weniger

Thème 7

5. Teurer, größer oder genauso schön   PRATIQUE

Bilden Sie bitte Sätze nach dem folgenden Beispiel:

1. le rouge, le vert, joli, aussi ... que. .... *Le rouge est aussi joli que le vert.*
2. Un kilo de pommes, un kilo de fraises, cher, aussi ... que 3. Un petit café, en France, en Allemagne, cher, moins ... que. 4. Habiter au bord de la mer, habiter en ville, agréable, plus ... que 5. Alexandre, son frère, faire jeune, plus ... que. 6. Dans les Grands Magasins, aux puces, il y a, offres spéciales, moins ... que. 7. Faire les courses au marché, aller au supermarché, sympa, plus ... que 8. Jean, en train, en avion, arriver vite à Athènes, moins ... que. 9. Voyager, travailler, drôle, plus ... que. 10. Charlotte, son copain, manger, beaucoup moins ... que. 11. Mon père, mon frère, grand, aussi ... que 12. Cécile, ses amies, élégant, plus ... que. 13. La robe bleue, la robe verte, être à la mode, plus ... que. 14. Le français, l'allemand, être difficile, moins ... que! 15. Cuisiner, travailler, ennuyant, aussi ... que.

6. Wie sagen Sie's auf französisch?

1. Die Hose ist viel zu groß. 2. Das Kostüm gefällt mir überhaupt nicht, die Farbe ist häßlich! 3. Ich brauche einen dicken Pulli und feste (= dicke) Schuhe, denn ich möchte eine Wanderung durch die Alpen machen. 4. 790 Francs für ein Paar Schuhe! Das ist viel zu teuer. Ich werde versuchen, billigere Schuhe zu finden. 5. Nein, vielen Dank, ich nehme die Bluse nicht. Sie ist viel zu groß, zu teuer und auch nicht sehr modisch. 6. Was bin ich dick! Ich darf (il faut!!!) keine Mousse au chocolat mehr essen. 7. Was essen wir heute abend? Fisch, wie immer! 8. 250 Francs für zwei Plätze im Theater! Was willst du, ausgehen, das ist teuer! 9. Die «RATP», was ist das? (Fragen Sie mal nach!) 10. Morgen könnten wir ins Kino gehen. Was hältst du davon? 11. Ich finde André häßlicher als seinen Bruder. 12. Ich habe Lust, etwas Verrücktes zu machen. 13. Welche Geschäfte gefallen dir besser, die großen oder die kleinen? 14. Was möchtest du auf dem Flohmarkt kaufen? 15. Das rote Kleid ist wirklich superschön! (Benutzen Sie «qu'est-ce que») 16. Komm, wir fahren zu «Machère», sie haben viele Sonderangebote im Moment. 17. Welche Stadt magst du lieber, Rom oder Paris?

S'HABILLER

THÉORIE

Fragen, Fragen, nichts als Fragen!

1. Betonungsfrage: Fragewort am Ende der Frage! (umgangssprachlich)

Tu habites où?	Wo wohnst du?
Elle mange quoi?	Was ißt sie?

2. Fragewort + *est-ce que*: alltagssprachlich

Où est-ce que tu habites?	Wo wohnst du?
Qu'est-ce qu'elle mange?	Was ißt sie?

3. Inversionsfrage: umgekehrte Wortfolge Fragewort – Verb – Subjekt! (hochsprachlich)

Où habites-tu?	Wo wohnst du?
Que mange-t-elle?	Was ißt sie?

Das **-t** erleichtert die Aussprache, wenn zwei Vokale zusammentreffen:

Où travaille-*t-il*?	Wo arbeitet er?
aber: Que fait-il?	Was macht er?

	Singular	Plural
maskulinum	**quel**	**quels**
femininum	**quelle**	**quelles**

Satzstellung! Man kann sagen:
Quel métro faut-il prendre?
(hochsprachlich)
oder:
Il faut prendre quel métro?
(umgangssprachlich)

Qu'est-ce que?
Nicht nur: Was?

Qu'est-ce que tu veux manger?
Was willst du essen?

Qu'est-ce qu'elle est belle!
Sie sieht wirklich super aus!

Quel, quelle?
Welcher, welche, welches?

Quel métro il faut prendre pour aller à la Gare de l'Est?
Welche Metro fährt zur Gare de l'Est?

Tu as déjà visité **quelles** villes?
Welche Städte hast du schon besichtigt?

PRATIQUE

7. Fragen Sie mit allen drei Fragetypen nach dem fett gedruckten Satzteil

1. Caroline prend **trois** glaces.
2. L'hôtel Le Chat Noir est **en face de la gare**.
3. Nous mangeons **des crêpes**.
4. Le nouveau copain de Sylvie s'appelle **Alain**.
5. Monsieur Lenoir travaille **au restaurant Au Vieux Moulin**.
6. Elise et sa sœur **font les soldes dans les grands magasins**.
7. J'achète **un kilo de tomates** / **pour faire une salade**. (zwei Fragen)
8. Au mois d'août je vais en Espagne **en train**.
9. Mme Comte cherche **un pantalon pour aller avec son chemisier vert**.
10. Pauline déteste les supermarchés **parce qu'il faut faire la queue à la caisse**.

8. Stellen Sie Fragen mit *quel*! Benutzen Sie abwechselnd die drei Fragetypen!

1. Je préfère **les vêtements noirs**.
2. Nous arrivons à **l'aéroport Charles de Gaulle**.
3. Les enfants détestent **les crêpes aux champignons**.
4. Nous connaissons très bien **le musée du Louvre**.
5. **Le bus n° 7** va au centre ville.

9. Verraten Sie uns Ihre Vorlieben?

1. Quelle est votre couleur préférée?
2. Quel est votre plat préféré?
3. Vous mangez une glace? Quel est votre parfum préféré?
4. Quelles sont vos villes et vos régions préférées en France?
5. Mesdames, quels sont vos magasins préférés? Et Messieurs, quel est votre vin préféré?

S'HABILLER

THÉORIE

Le, la, les: pronoms personnels

Personalpronomen

Vous prenez **le pantalon bleu**?	Nehmen Sie die blaue Hose?
Oui, je **le** prends.	Ja, ich nehme sie.
Tu veux **la chemise verte**?	Willst du das grüne Hemd?
Oui, je **la** veux.	Ja, ich möchte es.
Vous aimez **les chaussures blanches**?	Gefallen Ihnen die weißen Schuhe?
Non, je ne **les** aime pas du tout.	Nein, sie gefallen mir überhaupt nicht.

Personalpronomen ersetzen **Personen** und **Sachen**. Ersetzen sie das direkte bzw. das Akkusativobjekt (wen? / was?), dann sagen Sie:

männl. Sing.	**weibl. Sing.**	**männl./weibl. Plural**
le, l'	la, l'	les

Merken Sie sich diese Pronomen unter dem Namen **Objektpronomen**, da sie das direkte (Akkusativ) oder das indirekte (Dativ) Objekt im Satz ersetzen!

In der Kürze liegt die Würze. Man kann Akkusativ- und Dativpronomen natürlich kombinieren und so einen Satz auf sein Minimum reduzieren:

Je donne **le livre** *à Pierre*.	Ich gebe Pierre das Buch.
Je **le** *lui* donne.	Ich gebe es ihm.

Reihenfolge der Pronomen
Das Akkusativobjekt ist *le, la* oder *les*. Wenn das Dativobjekt *lui* oder *leur* ist: erst Akkusativ dann Dativ.

Je montre **les photos** *aux parents*	Ich zeige den Eltern die Fotos.
Je **les** *leur* montre.	Ich zeige sie ihnen.

Ist das Dativobjekt *me, te, se, nous, vous*: erst Dativ dann Akkusativ.

Il montre **les photos** *à nous*.	Er zeigt uns die Fotos.
Il *nous* **les** montre.	Er zeigt sie uns.

10. Sagen Sie's kürzer

Setzen Sie entweder *en* oder *le, la, l'* ein!

1. Je prends **la robe verte**. .... Je la prends.
2. Vous avez **des chemises blanches**? ....
3. Corinne achète **les chaussures rouges**. ....
4. Valérie n'aime pas **les pantalons rayés**. ....
5. Vous aimez **les chemises en soie**. ....
6. Vous voulez **des crêpes**? ....
7. Tu prendras **du café**? ....
8. Je ne prendrai plus **le train**. ....
9. Vous connaissez **sa femme**? ....
10. Vous aimez **le cidre brut**? ....
11. Prenez **le métro** à la Bastille. ....
12. Achetez **les fraises** au marché. ....
13. Essaie **mes chaussures**. ....
14. J'ai vu **Michel** samedi. ....
15. Je n'ai plus **d'ensembles en soie**. ....
16. Je trouve **les offres spéciales** super! ....
17. Vous trouvez **mes copains** sympa? ....

11. Ersetzen Sie

1. Elle montre **le Louvre** *à ses amis*.
2. Tu expliques **le plan de metro** *à moi*.
3. Il achète **des chaussures rouges** *à sa femme*.
4. Tu présentes **ta femme** *à ton chef*.
5. Vous donnez **la valise** *au chauffeur de taxi*.
6. Nous donnons **notre adresse** *aux invités*.
7. L'agent de police explique **le chemin** *à vous*.
8. Je montre **mon nouvel appart** *à mes parents*.

S'HABILLER

THÉORIE

Sechsmal *en* und einmal *y*

1. *en* bei Zeitangaben

en ce moment	– in diesem Augenblick
bei den Jahreszeiten: **en** été	– im Sommer
bei den Monaten: **en** janvier, **en** juin	– im Januar, im Juni

Achtung: **en** août – im August aber: **au** mois d'août – im (Monat) August

2. *en* bei Ortsangaben

aller **en** ville	– in die Stadt gehen
aller **en** Espagne	– nach Spanien fahren (bei den meisten Ländern)

Achtung: Sonst steht meistens **aller + à** (gehen/fahren in/nach):

Je vais **au** café.	– Ich gehe ins Cafe.
Nous allons **à** Londres.	– Wir fahren nach London.

3. *en* bei Farbangaben

J'aime bien l'ensemble vert, mais je le préférais **en** jaune. – Das grüne Kostüm gefällt mir gut, aber in Gelb würde es mir noch besser gefallen.

4. *en* bei Teilangaben

Je vous **en** apporte une paire.	– Ich bringe Ihnen ein Paar **davon**.
Oh, **de la moussse au chocolat**!	– Wauhhh, Mousse au chocolat!
J'**en** voudrais beaucoup.	**Davon** hätte ich gerne ganz viel.

5. *en* bei Materialangaben

Un beau chemisier **en** coton.	– Eine schöne Bluse aus Baumwolle.
Je m'habille toujours tout **en** soie.	– Ich ziehe mich immer ganz in Seide an.

6. *en* + Transportmittel

Je vais **en** train à Paris.	– Ich fahre mit dem Zug nach Paris.

7. *y* bei Ortsangaben

On va **au cinéma**? Oui, allons-**y**.	– Gehen wir ins Kino? Ja, gehen wir (dorthin).
Tu vas **à Paris**? Oui, j'**y** vais.	– Fährst du nach Paris? Ja, ich fahre (dorthin).

12. *au, en* oder *y*?

PRATIQUE

Vervollständigen Sie die Kurzdialoge

1. Demain, nous pourrons aller ..*en*..... ville. J'aimerais m'acheter un gros pull .*en*.... laine.
   Un gros pull! Mais nous sommes .... été.
2. Si on allait .... Espagne .... mois d'août?
   Oh non, il .... fait trop chaud. Je préférerais .... aller au mois de mai.
   Si tu veux, mais qu'est-ce qu'on fait .... août?
3. On va manger au restaurant ce soir?
   Bonne idée, on va où?
   On pourrait aller .... petit restaurant à côté de la mairie.
   Oh non, j'............ suis déjà allé hier soir.
4. Tu n'as pas envie d'aller danser ce soir?
   Pas trop, je suis très fatiguée .... ce moment.
   Bon, on va simplement prendre un pot .... bistrot du coin.
   D'accord, on .... va! Je n'aimerais pas rentrer trop tard.
5. L'ensemble .... soie est trop cher et l'autre .... coton ne me plaît pas.
   Tu ne prends rien alors?
   Ici non, mais nous pourrions aller dans la petite boutique ...... centre ville.
   J'............ ai vu un bel ensemble pas cher.
   Allons-............!
6. Je voudrais des abricots, s'il vous plaît.
   Oui, combien? Un kilo?
   Non, j'......... voudrais seulement une livre. Et les fraises ont l'air très belles, j'............ prends un kilo.
7. Le poisson est vraiment très bon.
   Tu .... veux encore un petit peu?
   Non merci, j'............ ai déjà pris deux fois.
   Vraiment, il .... reste beaucoup.
   Non merci, c'est vraiment très bon, mais je n'............ veux plus.
8. Le week-end prochain, je vais à Londres.
   Ah, bon. Tu .... vas comment? .... avion?
   Non, j'......... vais en voiture avec mes parents. Nous allons voir ma soeur, elle .... travaille pour six mois.

S'HABILLER

THÉORIE

Imperativ in der Negativform

N'hésitez pas!	Zögern Sie nicht!
	Zögert nicht!
Ne fumez pas!	Rauchen Sie nicht!
	Raucht nicht!
N'attendez pas!	Warten Sie nicht!
	Wartet nicht!
Ne râle pas!	Meckere nicht!

Wie bei der Aussageform (je **ne** sais **pas**) werden **Imperativformen** mit **ne** vor dem Verb und **pas** nach dem Verb verneint.

Attention:

Dépêche-**toi**, Jean! beeile dich Jean!
Ne **te** dépêche pas, Jean! beeile dich nicht, Jean!

Das nachgestellte betonte Personalpronomen wird bei der Verneinung unbetont vorgezogen.

Bestellen Sie doch mal zum Dessert im Restaurant *une dame blanche* (eine weiße Dame) oder *une forêt noire*, wenn Sie auch in Frankreich nicht auf die gute Schwarzwälder Kirschtorte verzichten wollen!

Les couleurs
Die Farben

bleu, e	blau
blanc, blanche	weiß
vert, e	grün
rouge	rot
beige	beige
jaune	gelb
noir, e	schwarz
clair, e	hell
foncé, e	dunkel
vert foncé	dunkelgrün
bleu clair	hellblau

13. *Le monde à l'envers,* die Welt steht kopf

Verwandeln Sie bitte alle Befehle und Aufforderungen in ihr Gegenteil

PRATIQUE

1. Tu as faim, Christian? Alors **mange**! ..... *Ne mange pas, alors!* ....
2. **Viens** ici, Carole! 3. **Dépêche**-toi, Martine! 4. Ça sonne à la porte! **Ouvre** s'il te plaît! 5. Vous prenez l'ensemble bleu. **Payez** à la caisse, s'il vous plaît! 6. Je te parle, chéri. **Écoute**-moi! 7. Pour aller au centre ville: **prenez** la première rue à gauche! 8. Tu ne sais pas cuisiner! Ah, **débrouille**-toi! 9. Nous n'avons plus de pain. **Descends** à la boulangerie, Alain. 10. Tu marches trop vite, maman! **Attends**-moi! 11. Bonsoir Madame, **entrez**. 12. Le bus vient d'arriver. **Montez**! 13. Qu'est-ce que vous désirez comme dessert? **Donnez**-moi une glace à la vanille et un déca, s.v.p.! 14. Tu n'es pas gentille, Caroline. **Rentre** tout de suite à la maison. 15. Vous avez oublié le pain. **Allez** à la boulangerie 16. Tu es fatiguée, Claire? Alors **couche**-toi! 17. **Habille**-toi vite! Il est déjà 7 heures 30.

14. Devinette couleurs – Farbenrätsel

1. ...., ... et .... sont les couleurs de la France.
2. Les épinards sont ....
3. Les taxis à New York sont .... comme un citron.
4. Je n'aime pas les photos en couleurs, je les préfère en .... et ....
5. Les tomates et les fraises, ce sont des fruits ....
6. Pour une petite fille on achète des vêtements en .... et pour un petit garçon en .... ou en bleu **ciel** (**himmel**blau).

S'HABILLER

THÉORIE

Gefallen – Mißfallen

J'**aime** le cidre.	Ich mag Cidre.
J'**aime bien** les épinards.	Ich mag gerne Spinat
Je t'**aime bien**!	Ich mag dich ganz gern!
J'**aime beaucoup** la glace.	Ich mag sehr gern Eis.
Je t'**aime beaucoup**!	Ich liebe dich sehr!
Je **vous adore**.	Ich bete Sie an!
J'**adore** les fraises à la crème.	Für Erdbeeren mit Sahne würde ich über Leichen gehen!
Je n'**aime pas** les vacances.	Ferien mag ich nicht.
Je n'**aime pas beaucoup** la campagne.	Das «platte Land» mag ich nicht so sehr.
Je **déteste** le beige.	Ich verabscheue Beige. Beige kann ich nicht ertragen.
J'**ai horreur** de faire les courses.	Ich hasse es, einkaufen zu gehen.

«**Ah, j'adore!**» ist immer ein Ausruf der Begeisterung. «**Quelle horreur!**» hingegen drückt Verachtung, Abscheu und Mißfallen aus:
Ah, ta robe, j'adore! – Dein Kleid ist einfach klasse!
Oh, ta robe quelle horreur! – O Gott, ist dein Kleid häßlich!

222 deux cent vingt-deux   Thème 7

15. Kreuzworträtsel — PRATIQUE

1. Le chemisier en soie rouge va très bien avec l'ensemble … . **2.** Je crois que je vais faire des petites … . **3.** Vous ne l'avez pas en bleu un peu plus … . **4.** Je voudrais une … de chaussures. **5.** Et avec cela? Un … peut-être. **6.** J'aimerais essayer l'… . vert. **7.** Il y a toujours des … . **8.** Au marché aux … . **9.** C'est une très bonne … . **10.** Les chemises en … sont moins chères. **11.** Vous faites quelle … ? Du 37. **12.** Au rayon «hommes», un … rayé bleu et vert. **13.** Profitez de nos … à tous nos rayons de vêtements. **14.** Nos jupes en … naturelle. **15.** Regarde, Sandrine, il y a un … avec plein de chemises!

Lösung:

N'attendez pas, profitez de nos. …………………………… …………………………… !

S'HABILLER

PARLEZ

Prononciation

Hören Sie die Wörter und Sätze, und sprechen Sie nach:

j'ai – jeune – jeudi – jupe
large – déjà – rouge – village – boulangerie – embouteillage
tu m'arranges – tu exagères – aujourd'hui.

Je change toujours de boulangerie.
Un joli village: tu exagères!

galerie – gauche – gros – grasse – élégant – regardez – rigolo – guide

Regardez la grande galerie à gauche.
Regarde le guide rigolo.
Nous changeons toujours de légumes le jeudi.
Le guide ne garde jamais la grande galerie le jeudi.

Wortspielereien – Des phrases folles

Suchen Sie selbst Wörter mit **j** und/oder **g** und bilden Sie **verrückte Sätze!**

→ Seulement aujourd'hui et jeudi je vais à la boulangerie.

PARLEZ

Minidialogues

A: Regarde le **pull**. Il est super!
B: Non je **ne l'aime pas**.

1. pull – ne pas aimer
2. le pantalon – ne pas plaire
3. le chemisier – être trop cher
4. la jupe – ne pas être à la mode
5. la chemise – être super chouette
6. le jeans – être un peu trop clair
7. le chemisier rayé – être beaucoup trop élégant
8. le pyjama – adorer

9. Über einen Katalog zu bestellen ist relativ einfach. Überlegen Sie, was Sie sagen würden, wenn Sie sich für die folgenden Anlässe in kleinen Boutiquen einkleiden würden.
une soirée chic – une randonnée dans les Alpes – faire les magasins avec un(e) ami(e) – jouer avec des enfants.

10. Man möchte Ihnen etwas aufschwatzen. Wie würden Sie sagen, daß es Ihnen überhaupt nicht gefällt und daß Sie es nicht haben wollen.

a Oh, le chemisier en soie vous va très bien!
b Le pantalon vert est très élégant, vous ne trouvez pas?
c Vous devriez essayer l'ensemble blanc, il est en promotion.
d Le pull jaune fait très jeune, Madame, il vous va mieux que le rouge.
e Prenez du 48, Mademoiselle, c'est la taille qu'il vous faut.
f Vous n'aimez pas le bleu des chaussures. Mais vous savez, c'est une couleur très à la mode.
g Faites une petite folie, Monsieur, prenez la chemise en soie!

Denken Sie daran, Ihre Verben- und Wortschatzkärtchen zu vervollständigen. Wortschatz z.B.:
Qu'est-ce que je dis...
...à la boulangerie?
...à la boucherie?
...au marché?
...dans une boutique de vêtements pour femmes?
...pour inviter une copine à sortir?

S'HABILLER

LECTURE

Corinne Ledoux
32, rue des Oliviers
75002 Paris

MACHERE
78280 Guyancourt Cedex 5

Paris, le 22 février 1992

Madame, Monsieur,

je vous ai commandé le 1er février les articles suivants:
- 1 jupe en coton rayée bleu/vert, taille 38
- 2 chemisiers en soie blanche, taille 40
- 1 pantalon homme en coton gris clair, taille 92
- 1 pyjama enfant rayé rouge/blanc tailles 152
- 3 pulls enfant jaune uni, taille 126, 146 et 164.

J'ai bien reçu votre paquet aujourd'hui, mais en l'ouvrant, j'ai vu que vous avez fait deux erreurs dans votre livraison. En effet, vous m'avez livré seulement 2 pulls enfant au lieu de 3, et il manque aussi le pyjama. Pourriez-vous m'envoyer ces articles rapidement, car nous partons bientôt en vacances?

Je vous remercie d'avance et je vous prie d'agréer mes salutations distinguées.

Corinne Ledoux

MACHERE
78280 Guyancourt Cedex 5

Madame Corinne Ledoux
32, rue des Oliviers
75002 Paris

Guyancourt, le 1er mars 1992

Madame,

nous avons bien reçu votre lettre du 22 février. Excusez-nous de notre erreur. Nous vous envoyons par le même courrier les articles que nous avons oubliés dans notre livraison.
Nous vous prions d'agréer, Madame, l'expression de nos sentiments distingués.

Paul Vautrin

....
Paul Vautrin
(Service clients)

---

l'article (m) der Artikel
reçu empfangen, erhalten
le paquet das Päckchen
l'erreur (f) der Irrtum
la livraison die Lieferung
envoyer schicken
le courrier die Post(sendung)
le service clients (die Abteilung für) Kundenbetreuung

S'HABILLER

LECTURE

Ausdrücke im französischen Brief

1. Förmliche Anrede und Schluß

Madame, Monsieur	Sehr geehrte Damen und Herren
Je vous remercie d'avance	Ich bedanke mich im voraus.
Je vous prie d'agréer mes salutations distinguées	Ich verbleibe mit freundlichen Grüßen
Nous vous prions d'agréer l'expression de nos sentiments distingués	Hochachtungsvoll

Auch wenn man den Namen seines Briefpartners kennt, so gehört er in offiziellen Briefen nicht in die Anrede. Es heißt dort einfach immer noch Madame beziehungsweise Monsieur.

2. Um etwas bitten

Auriez-vous l'amabilité de + Infinitiv	Hätten Sie die Güte …
Je vous serais fort reconnaissant de + Infinitiv	Ich wäre Ihnen unendlich dankbar …
Je vous serais gré + Infinitiv	Ich wäre Ihnen unendlich dankbar …

3. Persönliche Briefe

Sind die Franzosen in ihren offiziellen Briefen recht steif, so beenden sie ihre persönlichen Briefe um so vertraulicher:

bises/bisous	Küßchen
grosses bises	dicke Küßchen
Je t'embrasse tres fort	Ich umarme dich ganz doll

Diese Schlußformeln gelten nicht nur für die Dame, den Herrn des Herzens, sondern auch für (gute) Freunde und Familienangehörige. Sie stehen anstelle des deutschen: Viele liebe Grüße.

Compris?

oui non

1. Madame Ledoux
a a commandé des boissons. ▪ ▪
b a commandé des vêtements. ▪ ▪
c n'a rien commandé. ▪ ▪

2. Madame Ledoux écrit à MACHERE, car
a elle n'a rien reçu. ▪ ▪
b elle a reçu un pull trop grand. ▪ ▪
c elle n'a pas tout reçu. ▪ ▪
d elle ne veut plus avoir les articles commandés. ▪ ▪
e elle veut avoir rapidement les vêtements commandés. ▪ ▪

3. MACHERE
a n'a pas reçu la lettre de Madame Ledoux. ▪ ▪
b vient d'envoyer 1 pull et 1 pyjama à Madame Ledoux. ▪ ▪
c ne va pas envoyer les articles à Madame Ledoux. ▪ ▪
d s'excuse pour son erreur. ▪ ▪
e a reçu la lettre de Madame Ledoux le 22 février. ▪ ▪

Écrivez!

Sie haben bei einem Versandhaus die folgenden Artikel bestellt: une paire de chaussures, pointure 39, en noir – un chemisier, taille 42, en jaune – une mini-jupe, taille 36, en vert
Das Versandhaus liefert Ihnen: une paire de chaussures, en noir, pointure 44 – un chemisier, taille 52, en blanc – une maxi-jupe, taille 48, en beige.
Sie schreiben sofort einen Beschwerdebrief.

S'HABILLER

DIALOGUES

RACONTER

Les fêtes de fin d'année

Deux jours avant Noël, deux voisines se rencontrent dans un supermarché.

Bonjour, Madame Sené, comment allez-vous?
Oh, ça va! La semaine avant Noël est toujours un peu dure, vous ne trouvez pas?
Pourquoi? Vous avez beaucoup d'invités pour le réveillon?

Oh non, nous allons fêter Noël tranquillement entre nous, juste avec mon mari et les enfants.
Ah bon, chez nous, Noël, c'est toujours une occasion pour revoir toute la famille. Cette année, il y aura mes parents, mon frère, ma belle-sœur, mes neveux et nièces.
Oh là là, vous serez nombreux!
Ben oui, il y aura une vingtaine de personnes pour **le repas du réveillon**.
Et ça ne vous affole pas du tout?
Mais non, j'aime bien qu'on se retrouve tous ensemble pour discuter, ... pour se raconter tout ce qu'on a fait pendant l'année.
Oui, mais c'est du travail de cuisiner pour autant de personnes!

Le réveillon steht für ein Festessen an Heiligabend *(le réveillon de Noël)* und auch an Silvester *(le réveillon du Nouvel An)*, *foie gras* (Gänseleberpastete) und *champagne* gehören unbedingt dazu. Der Akzent wird auf den Festschmaus gelegt, und der Weihnachtsmann *(le père Noël)* kommt daher erst in der Nacht mit seinen Geschenken. Die Kinder finden sie am Morgen des 25. Dezember am Fuße des Kamins oder unter dem Weihnachtsbaum *(le sapin de Noël)*.

Oh, ça ne me dérange pas du tout … et en plus, ça continue le 1er janvier avec l'anniversaire de ma fille. Elle a invité tous ses amis.
Ah, moi, je passerai le Nouvel An tranquillement avec mon mari dans le Sud de la France et nos enfants se débrouilleront tout seuls pour organiser une fête à la maison.
Ah bon, vous les laissez tout seuls! … Mais je ne vais pas vous retarder plus longtemps …
Moi non plus, je vais vous souhaiter un Joyeux Noël et une Bonne Année et donnez le bonjour à toute la famille!
De même, Madame Sené, et «bonnes courses».

Jean-Luc se marie

Chéri, il y a du courrier pour toi!
Tiens, une lettre de Jean-Luc! Bizarre, on s'est vus il y a deux jours.
Qu'est-ce qu'il écrit?
Attends, je vais l'ouvrir tout de suite. Oh … surprise … il nous invite à son mariage. Ça alors, il ne m'a rien dit!
Oh chouette, j'adore les grandes fêtes!
Moi, je n'aime pas trop. Il faut mettre en costume, cravate.
Oh, écoute, on va s'amuser.
Oui, mais dis … qu'est-ce qu'on va leur offrir?
En tout cas rien pour la maison, j'ai horreur des cadeaux pratiques.
De toute façon nous avons encore le temps de réfléchir. Je vais déjà appeler Jean-Luc, lui demander pourquoi il ne m'a rien raconté.

RACONTER

Les Grandes Écoles – rendez-vous des élites!

Unter französischen Studenten ist der Kommilitone in erster Linie Konkurrent, daAusleseverfahren, Wettkampfcharakter und vor allem ein zweigliedriges Hochschulwesen das französische Bildungssystem prägen. An einer Uni zu studieren ist ganz gut, aber die wirklich Guten versuchen, die Aufnahmeprüfung *(le concours d'entrée)* zu einer *Grande École* zu bestehen. Hier wird gnadenlos gesiebt, da die Anzahl der Zulassungen von vornherein stark limitiert ist. Die bekannteste, *l'ENA (École Nationale d'Administration)*, ist Kaderschmiede für Politiker. Absolventen von *Polytechnique*, *Centrale* und *Arts et Métiers* beginnen ihre Karriere direkt in der Chefetage großer Unternehmen.

Deux amis se retrouvent

Salut Jacques, comment ça va?

Bien et toi, Hervé? Ça me fait plaisir de te revoir enfin.

Oui, ça fait longtemps …, mais tu n'as pas beaucoup changé!

Toi non plus, sauf que tu fais un peu plus sérieux avec tes lunettes.

Eh oui, les études, c'est bien plus sérieux que le lycée. Mais raconte, qu'est-ce que tu deviens?

Tu te souviens que je voulais faire des études d'art graphique …

… bien sûr!

Mais, tu sais, finalement je me suis décidé pour une carrière plus raisonnable. J'ai passé le concours d'entrée d'une **Grande École** d'Ingénieurs et j'ai réussi!

Ce n'est pas vrai, tu es devenu un «scientifique»! Au lycée, tu détestais les maths et la physique.

Tu as raison, mais j'avais envie d'être rapidement indépendant ... et avec les arts, tu ne gagnes pas ta vie!
C'est dommage, tu dessinais si bien!
Oui, je continue, mais pour mon plaisir. Et toi, raconte donc un peu. Tu as réalisé tes projets de partir à l'étranger?
Pas encore, mais au mois d'octobre je partirai en Italie pour un an.
Ah bon, comment tu as fait?
Tout de suite après le bac je me suis inscrit à la Fac en Lettres Modernes ...
Tu as toujours été un vrai «littéraire»!
... et j'ai commencé à apprendre l'italien. Ça me plaisait tellement que j'ai demandé une bourse pour partir à Rome.
A Rome carrément! Toi, tu as vraiment réussi à tout réaliser.
Et toi, tu ne regrettes pas d'être un «scientifique» et pas un artiste?
Oh ... un peu!

Claire est partie

(dring, dring)
Bonjour Madame, c'est Justine, je pourrais parler à Claire, s'il vous plaît?
Bonjour Justine. Dites, vous ne savez pas encore que Claire n'habite plus à la maison?
Mais non, je ne suis pas au courant. Elle a déménagé?
Oui, elle est partie ..., mais je vais vous donner son nouveau numéro.
Ah oui, je veux bien.

RACONTER

C'est le 65 64 11 06.
Merci et au revoir, Madame Huet.
…
Soixante-cinq, soixante-quatre, onze, zéro six.
Allô!
Salut Claire, c'est Justine, je viens d'avoir ta mère au téléphone...
… et alors, qu'est-ce qu'elle t'a dit?
Oh, rien de spécial. Mais pourquoi tu demandes ça, vous vous êtes disputées?
Non, nous ne nous sommes pas vraiment disputées, mais elle ne voulait pas me laisser partir … à 26 ans, tu te rends compte?
Et tu es partie quand même? Tu as de la chance de **vivre seule!** Comment tu as fait?
J'ai préparé mon déménagement sans rien dire …
… je savais que tu travaillais tous les soirs dans un bistrot pour gagner de l'argent en plus de tes études.
Oui, j'ai fait des « sacrées économies » pendant plus d'un an, mais dis, tu es libre cet après-midi?
Oui …
Viens alors boire le café chez moi. Je pourrai tout te raconter!
Bonne idée, donne-moi ton adresse et j'arrive tout de suite.
C'est: 2, place de l'Indépendance, au cinquième étage …
Salut Claire, j'arrive.

Kindern und Eltern fällt es in den Mittelmeerländern meist nicht besonders leicht, sich abzunabeln. Es ist ungewöhnlich, daß die jungen Leute ausziehen, um alleine zu wohnen, höchstens ins Studentenwohnheim, WGs gibt es kaum. Oft bleiben sie so lange zu Hause wohnen, bis sie berufsmäßig Fuß gefaßt oder selbst den Mann oder die Frau ihres Lebens gefunden haben. Das mangelnde Geld ist unter Studenten ein Dauerthema: Ein Studium in Frankreich ist so straff durchorganisiert, daß zum Jobben kaum Zeit bleibt.

Parcourir le monde

Pardon Monsieur, je crois que c'est ma place.
Attendez, je vais ranger un peu mes affaires.
Vous allez aussi à Buenos Aires?
Oui, mais après, je vais plus loin. Je descendrai jusqu'au sud de l'Argentine et je remonterai par le Pérou.
Ah bon, vous partez en voyage organisé?
Non, pas du tout, je voyage toujours tout seul.
Et vous êtes déjà allé en Amérique Latine?

Bien sûr, l'année dernière, j'ai passé plusieurs mois au Brésil, en Bolivie et en Uruguay.
Vous voyagez donc souvent?
Je voyage sans arrêt. Je travaille un peu dans chaque pays et après, je continue ma route.
Vous n'habitez nulle part?
Ça dépend! Moi, j'habite partout: un peu en Australie, un peu au Japon ou en Chine.
Vous aimez l'aventure?
J'aime parcourir le monde, rencontrer des gens sympathiques. En voyage, on a toujours quelque chose à se raconter!
C'est vrai, c'est sûrement plus drôle que **le train-train quotidien**.
Et vous, vous passez vos vacances en Argentine? Vous avez des amis là-bas?
Oh non, je ne connais personne en Argentine. J'y vais pour un rendez-vous d'affaires.

Aufgrund der manchmal endlosen Anfahrtswege zum Arbeitsplatz wird dieser Alltagstrott in Paris mit dem Ausdruck *métro – boulot – dodo* (Metro fahren – schuften – schlafen) erfaßt.

RACONTER

ÉCOUTEZ

Oui ou non?

Les fêtes de fin d'année
1. Mme Sené fête Noël
a avec ses parents.
b avec des amis.
c avec son mari et ses enfants.
d seulement avec son mari.

2. Mme Sené
a s'affole un peu en pensant à Noël.
b aime les grandes fêtes.
c adore les repas en famille.

Jean-Luc se marie
3. Pour un mariage il faut
a mettre une cravate.
b s'amuser.
c offrir un cadeau.
d faire des folies.

Deux amis se retrouvent
4. Jacques ne devient pas ingénieur.
5. Hervé a pu tout réaliser, il va à Rome.

Claire est partie
6. La mère de Claire
a est contente parce que Claire est partie.
b a trouvé un appartement.
c voulait que sa fille reste chez elle.
d voulait que sa fille achète un appartement.

Parcourir le monde
8. Un des deux messieurs aime voyager parce que
a ça ne coûte pas cher.
b c'est une aventure.
c tout est organisé.
d il y a des gens sympa.

oui non

7. Quelle est la bonne adresse?
a 2, Place de l'Indépendance
21000 Dijon
tél. 65641106

b 4, Place de l'Indépendance
21000 Dijon
tél. 65641106

RACONTER
ERZÄHLEN

VOCABULAIRE

Les fêtes de fin d'année
Die Feiertage um die Jahreswende

Noël
Weihnachten
la voisine
die Nachbarin
la semaine
die Woche
dur, e
schwierig
le réveillon
Heiligabend
le frère
der Bruder
la belle-sœur
die Schwägerin
le neveu
der Neffe
la nièce
die Nichte
nombreux, se
zahlreich
la vingtaine
ungefähr zwanzig
s'affoler
sich verrückt machen
pendant
während
autant de
so viel(e)
le Nouvel An
Neujahr
le sud
der Süden
organiser
organisieren
seul, e
allein
retarder
aufhalten
souhaiter
wünschen
joyeux, se
fröhlich

Jean-Luc se marie
Jean-Luc heiratet

se marier
heiraten
le courrier
die Post(sendung)
la lettre
der Brief
écrire
schreiben
le mariage
die Hochzeit
le costume
der Anzug
la cravate
die Krawatte
offrir
schenken
pratique
praktisch

Deux amis se retrouvent
Zwei Freunde treffen sich wieder

se retrouver
sich wiedertreffen
revoir
wiedersehen
enfin
endlich
longtemps
lange
les lunettes (fpl)
die Brille
les études (fpl)
das Studium
le lycée
das Gymnasium
se souvenir
sich erinnern
se décider
sich entscheiden
la carrière
die Karriere
raisonnable
vernünftig
le concours
die Aufnahmeprüfung
l'école
die Schule
l'ingénieur
der Ingenieur

réussir
  Erfolg haben
devenir
  werden
le scientifique
  der (Natur-)
  Wissenschaftler
les math(ématique)s (fpl)
  (die) Mathe(matik)
la physique
  (die) Physik
indépendant,e
  unabhängig
gagner
  verdienen, gewinnen
la vie
  das Leben
dessiner
  zeichnen
continuer
  weitermachen
réaliser
  verwirklichen
le projet
  der Plan
le bac(calauréat) ◊
  das Abi(tur)
s'inscrire
  sich einschreiben
la fac(ulté) ◊
  die Uni(versität)
littéraire
  literarisch
apprendre
  lernen
la bourse
  das Stipendium
carrément ◊
  sogar

Claire est partie
  Claire ist wegge-
  gangen

déménager
  umziehen
se disputer
  sich streiten
laisser
  lassen
se rendre compte de
  sich über etwas
  klarwerden
vivre
  leben
le déménagement
  der Umzug
sacré,e ◊
  heilig, verdammt(e)
les économies
  die Ersparnisse

Wird *sacré,e* einem Hauptwort vorangestellt, dann verstärkt es:
une sacrée note – eine gesalzene Rechnung
une sacrée faim – ein Bärenhunger
Ein Kind als ein *sacré phénomène* zu bezeichnen, meint, der/die hat's faustdick hinter den Ohren.

Parcourir le monde
  Um die Welt fahren

parcourir
  durchgehen,
  -laufen, -reisen
le monde
  die Welt
ranger
  auf-, wegräumen
les affaires (fpl)
  die Sachen
jusque
  bis
remonter
  hochgehen, -fahren
le voyage organisé
  die Gruppenreise
plusieurs
  mehrere
l'arrêt (m)
  der Halt, die
  Haltestelle
chaque
  jede, jeder, jedes
nulle part
  nirgendwo
partout
  überall
l'aventure (f)
  das Abenteuer
quelque chose
  etwas
le train-train ◊
  der Trott, der Lauf
  der Dinge
quotidien, -ne
  alltäglich

Expressions:

et en plus
  und außerdem
Joyeux Noël!
  Fröhliche Weihnachten!
Bonne Année!
  Ein gutes neues Jahr!
donnez le bonjour à...
  grüßen Sie von mir
de même
  ebenfalls
il y a deux jours
  vor zwei Tagen
ça alors! ◊
  sag bloß!
en tout cas
  auf alle Fälle
de toute façon
  auf jeden Fall
ça fait longtemps
  es ist lange her
toi non plus
  du auch nicht
tu fais sérieux
  du siehst ernst (äußerlich) aus
qu'est-ce que tu deviens? ◊
  was machst du so?
  was wird aus dir?
l'art graphique (m)
  Design
gagner sa vie
  sein Brot, seinen Lebensunterhalt verdienen
Fac de Lettres Modernes (fpl) ◊
  Philosophischer Zweig der Uni (Sprachen, Philosophie...)
le littéraire
  der Geisteswissenschaftler, der Schöngeist
être au courant
  auf dem laufenden sein
rien de spécial
  nichts Besonderes
tu te rends compte!
  stell' dir vor!
sans rien dire
  heimlich (ohne was zu sagen)
faire des sacrées économies ◊
  unheimlich sparen
à tout de suite
  bis gleich
sans arrêt
  ohne Unterlaß
le rendez-vous d'affaires
  geschäftlicher Termin

Le littéraire (der Schöngeist) und *le scientifique* (der bodenständig Pragmatische) charakterisieren umgangssprachlich einen ganz bestimmten Menschenschlag:
C'est un vrai littéraire – das ist ein richtiger Träumer.
Tu es un vrai scientifique! – Warum bist du nur so praktisch und überaus vernünftig!

RACONTER

THÉORIE

L'imparfait
Das Imperfekt

Geläufiger, da nicht gar so steif in der deutschen Übersetzung, ist die zusammengesetzte Vergangenheit:
Du hast so gut gezeichnet! – Du hast jeden Abend gearbeitet.

Je **voulais** faire des études.   Ich **wollte** studieren.
Tu **dessinais** si bien!   Du **zeichnetest** so gut!
Ça me **plaisait.**   Das **gefiel** mir.
Tu **travaillais** les soirs.   Du **arbeitetest** abends.

	chercher	sortir	descendre
je	cherch**ais**	sort**ais**	descend**ais**
tu	cherch**ais**	sort**ais**	descend**ais**
il	cherch**ait**	sort**ait**	descend**ait**
nous	cherch**ions**	sort**ions**	descend**ions**
vous	cherch**iez**	sort**iez**	descend**iez**
ils	cherch**aient**	sort**aient**	descend**aient**

Unregelmäßigkeiten

1. Haben die Verben im Präsens eine unregelmäßige *nous*-Form, dann gilt das auch im Imperfekt:

	Präsens	Imperfekt
mang**er**	nous **mange**ons	je **mange**ais

zum Teil Verben auf -ir
fin**ir**   nous **finiss**ons   tu **finiss**ais
(ebenso: choisir, réfléchir, réussir)

unregelmäßige Verben

boire	nous **buv**ons	il **buv**ait
connaître	nous **connaiss**ons	elle **connaiss**ait
devoir	nous **dev**ons	on **dev**ait
dire	nous **dis**ons	nous **dis**ions
écrire	nous **écriv**ons	vous **écriv**iez
faire	nous **fais**ons	ils **fais**aient
lire	nous **lis**ons	je **lis**ais
prendre	nous **pren**ons	tu **pren**ais
pouvoir	nous **pouv**ons	il **pouv**ait
vouloir	nous **voul**ons	elle **voul**ait
voir	nous **voy**ons	on **voy**ait
recevoir	nous **recev**ons	nous **recev**ions
croire	nous **croy**ons	vous **croy**iez

Imparfait:
Stamm der 1. Person Plural + Imperfektendungen:
- ais
- ais
- ait
- ions
- iez
- aient

1. Konjugieren Sie bitte im *imparfait*

1. travailler en Suisse
2. prendre un apéro tous les soirs
3. être à la maison
4. faire des folies
5. avoir beaucoup de vacances.

2. Konjugieren Sie nach dem Beispiel

quand j'étais jeune   **maintenant**

1. acheter les habits aux puces — les acheter dans un grand magasin

Quand j'étais jeune, j'achetais les habits aux puces, maintenant je les achète dans un grand magasin

2. habiter en Europe — habiter en Afrique
3. manger toujours de la viande — préférer manger du poisson
4. aimer les fêtes — les détester
5. fumer beaucoup — ne plus fumer
6. aller tous les jours au café — aller nulle part
7. écrire des lettres — téléphoner
8. connaître tout le village — ne plus connaître personne
9. lire le journal — regarder la télé

3. Wie heißt's im *imparfait*

1. Quand j'............. jeune, j'........................ beaucoup voyager. (être, aimer) 2. Je .... toujours avec une amie. (partir) 3. Le plus souvent nous .... le train, mais quand nous n'................ plus d'argent, nous .... de l'auto-stop. (prendre, avoir, faire) 4. Le week-end, on .... des randonnées à pied, mais moi, je .... faire des excursions à vélo. (faire, préférer). 5. Souvent nous .... voir une copine dans le village à côté. (aller) 6. Quand nous .... chez elle, elle nous .... super contente. (arriver, attendre) 7. Alors, elle nous .... un café, on .... des crêpes et on .... une après-midi sympa ensemble. (préparer, manger, passer) 8. Quand on n'................ plus fatiguées, on ...., mais là, on ne .... plus. (être, rentrer, s'arrêter) 9. Souvent on ....tellement qu'on........................ très tard et on .... se dépêcher. (parler, repartir, devoir)

RACONTER

THÉORIE

2. Einziges wirklich unregelmäßiges Verb ist **être**

j'	étais	nous	étions
tu	étais	vous	étiez
il …	était	ils …	étaient

Passé composé oder *imparfait*?

Wie war das gleich, wann wird was gebraucht?

Hier **j'ai mangé** avec Claire.
Gestern habe ich mit Claire gegessen.

Das «passé composé» drückt aus, **was in der Vergangenheit geschehen ist.**

Quand il **était** jeune, il l'**aimait**.
Als er jung **war**, **liebte** er sie.

Mit dem Imperfekt können Sie ausdrücken:
1. wie etwas oder jemand in der Vergangenheit war (also eine Beschreibung machen oder einen Zustand angeben).

En vacances ils **faisaient** toujours du ski.
In den Ferien **sind** sie immer Ski **gefahren**.

2. daß etwas in der Vergangenheit regelmäßig geschah (also, daß etwas immer so war oder immer so passierte).

Si j'étais millionnaire, je t'offrirais des roses tous les jours.
Wenn ich Millionär wäre, würde ich dir jeden Tag Rosen schenken.

3. einen Wunsch, der leider noch nicht in Erfüllung gegangen ist. Im Nebensatz, der mit *si* (wenn) eingeleitet wird, steht hierbei immer das *imparfait*, im Hauptsatz jedoch das *conditionnel*.

Die Konstruktion ist ganz wichtig zum Träumen:
Si j'étais Président de la République …
Si je gagnais au loto …
Si je vivais au Japon …

4. Konjugieren Sie bitte nach dem Beispiel **PRATIQUE**

L'année dernière
1. fêter Noël en famille

Cette année
fêter Noël avec des copains

L'année dernière, nous avons fêté Noël en famille, cette année nous fêterons Noël avec des copains.

2. passer le Nouvel An à la maison — le passer en Australie
3. beaucoup travailler — ne plus travailler
4. faire des affaires — faire des économies
5. partir au Portugal — aller au Brésil
6. boire de la bière — boire de l'eau

5. *Passé composé* oder *imparfait*?

Setzen Sie bitte die Verben in Klammern in die richtige Zeit der Vergangenheit. Überlegen Sie jedesmal: kam's so oder war's so?

Jean-François raconte une bonne surprise:

1. Samedi dernier, nous … une bonne surprise. (avoir) 2. Nous … un week-end tranquille à la maison. (passer) 3. En fin d'après-midi, je … un peu, Sophie … et les enfants … la télé. (travailler, lire, regarder) 4. A sept heures le téléphone … (sonner) 5. Jérôme … (répondre) 6. Bien vite, il m'… : il ne … pas le monsieur au téléphone. (appeler, connaître) 7. En plus il … difficilement le français. (parler) 8. C'… Bob, mon cousin d'Amérique. (être) 9. Je … que j'… un cousin là-bas, mais je ne … pas Bob. (savoir, avoir, connaître) 10. Quelle surprise! Bob … d'arriver, il … à l'aéroport. (venir, être) 11. Il … en France pour un rendez-vous d'affaires et … rester trois jours à Paris. (être, devoir) 12. Il … nous voir. (vouloir) 13. Alors, bien sûr, on l'… (inviter) 14. Il … un taxi et il … vers huit heures. (prendre, arriver) 15. Il … des cadeaux aux enfants. (apporter) 16. Ils … contents. (être) 17. Sophie … un bon dîner et nous … une excellente soirée. (préparer, passer) 18. Bob nous … de l'Amérique, il nous … des photos de sa famille. (parler, montrer) 19. Mardi, il … à New-York. (rentrer) 20. Nous … à l'aéroport dire au revoir à Bob. (aller) 21. Il … tellement content de son séjour qu'il … toute la famille aux Etats-Unis. (être, inviter) 22. Bien sûr, nous … ! (accepter)

RACONTER

THÉORIE

Länder und Kontinente

*J'habite, je vais, je viens **en** Allemagne.* – Ich wohne, fahre, komme in/nach Deutschland.
aber:
*Je viens **de l'**Allemagne.* – Ich komme aus Deutschland.

weiblich

l'Allemagne	–	Deutschland
l'Angleterre	–	England
l'Autriche	–	Österreich
la Belgique	–	Belgien
l'Espagne	–	Spanien
la France	–	Frankreich
la Grèce	–	Griechenland
la Hollande	–	Holland
la Hongrie	–	Ungarn
l'Italie	–	Italien
la Suisse	–	Schweiz
la Suède	–	Schweden
l'Amérique	–	Amerika
l'Afrique	–	Afrika
l'Asie	–	Asien
l'Australie	–	Australien
l'Europe	–	Europa

*Tu habites, tu vas, tu viens **au** Brésil.* – Du wohnst, fährst, kommst in/nach Brasilien
aber:
*Tu viens **du** Brésil.* – Du kommst aus Brasilien.

männlich

le Brésil	–	Brasilien
le Canada	–	Kanada
le Danemark	–	Dänemark
le Japon	–	Japan
le Luxembourg	–	Luxemburg
le Portugal	–	Portugal
le Maroc	–	Marokko

Plural

les Pays-Bas	–	die Niederlande
les États-Unis	–	die Vereinigten Staaten

*Il habite, va, vient **aux** États-Unis.* – Er wohnt, fährt, kommt in den/die Vereinigten Staaten.
aber:
*Elle vient **des** États-Unis.* – Sie kommt aus den Vereinigten Staaten.

Im Französischen müssen **alle Länder mit Artikel** stehen, im Deutschen nur die in der Mehrzahl: die Niederlande, die Vereinigten Staaten.

PRATIQUE

6. Welche Stadt gehört zu welchem Land?

Vergessen Sie nicht die richtige Präposition.

1. Londres est
2. Rome est
3. Bruxelles est
4. Berlin est
5. Porto est
6. Madrid est
7. New-York est
8. Tokyo est
9. Athènes est
10. Montréal est
11. Casablanca est
12. Ankara est
13. Luxembourg est

a ...... Angleterre.
b *en*. Belgique.
c ...... Allemagne.
d ...... Espagne.
e ...... États-Unis.
f ...... Italie.
g ...... Portugal.
h ...... Canada.
i ...... Luxembourg.
j ...... Turquie.
k ...... Japon.
l ...... Grèce.
m ...... Maroc.

7. Meine Tante Melanie ist ein echte Reisetante

Wo war sie nicht schon überall!

Ma tante Mélanie connaît beaucoup de pays. Elle est allée bien sûr un peu partout ...*en*... F. *France*.... Quand elle était jeune, elle a passé deux ans .... GB .... Ensuite elle a voyagé .... D ...., ... B ...., ... NL .... et .... L .... Comme elle avait un ami à Genève, elle allait souvent .... CH .... Elle est allée en vacances .... I .... et .... E .... L'année dernière, elle a passé deux mois dans les pays du nord: .... S .... et .... DK .... Bientôt elle ira .... P .... et .... GR .... L'année prochaine, elle fera un grand voyage .... USA ....et .... CDN ....

RACONTER

THÉORIE

Dreimal unregelmäßiger Plural

J'ai horreur des cadeaux pratiques.	Ich hasse praktische Geschenke.
Je préfère les beaux cadeaux.	Ich mag lieber schöne Geschenke.

1. Substantive und Adjektive mit der Endung -eau im Singular bilden den Plural auf -eaux.

le bur**eau**	les bur**eaux**
le morc**eau**	les morc**eaux**
le cad**eau**	les cad**eaux**
l'**eau**	les **eaux**
le b**eau** morc**eau**	les b**eaux** morc**eaux**
le nouv**eau** bur**eau**	les nouv**eaux** bur**eaux**

O ist nicht immer O!
Das gesprochene **O** hat im Schriftbild viele Varianten:
bur**eau**, can**aux**, bistr**ot**, tr**op**, **au**ssi, vél**o**.
Finden Sie zu jedem Typ noch mehrere Beispiele!

J'aime lire des journ**aux**.	Ich mag Zeitung lesen.
A Venise il y a beaucoup de can**aux**.	In Venedig gibt es viele Kanäle.

2. Substantive und Adjektive mit der Endung -al im Singular bilden den Plural auf -aux.

le journ**al**	les journ**aux**
le can**al**	les can**aux**

J'ai six nièces et dix nev**eux**.	Ich habe sechs Nichten und zehn Neffen.

3. neveu bildet den Plural auf -x

8. Wie hieß der Plural gleich noch mal?

PRATIQUE

1. J'ai **une** petite sœur et **un** petit frère. (deux)

   .... *J'ai deux petites sœurs et deux petits frères.* ....

2. **Mon** copain est sympa et beau. (mes) 3. Je voudrais **un** grand morceau de camembert (plusieurs) 4. Ce n'est pas drôle d'avoir **un** neveu, il faut toujours faire **un** cadeau. (des) 5. Caroline déteste l'eau minérale. (les) 6. Il aime **son** nouvel appartement. (ses) 7. Luc adore lire **un** vieux journal. (des) 8. On a longé **un** beau canal en vélo. (beaucoup de)

9. Versteckte Wörter

In jeder Zeile (horizontal) finden Sie mindestens ein Wort, das etwas mit Einladen und Feiern zu tun hat. Ziehen Sie Ihre Kreise:

```
 1.  E L I N V I T E R I N O M A R I A G E T
 2.  P O F F R I R E S S O I R E E L U X A L
 3.  R E A N N I V E R S A I R E J O A M I S
 4.  I S O U H A I T E R O K C A D E A U X S
 5.  A L R E V E I L L O N A D D A N S E R I
 6.  U X I V E R R E T R M U S I Q U E L U A
 7.  T R R I G O L E R O U N O F F R I R L K
 8.  H I N V I T A T I O N Z U R P O T E L S
 9.  U C O G N A C I T A L S O R T I R V E T
10.  O P R E N D E Z O V O U S L I R E P A S
11.  N Z A S U R P R I S E L I S O U P E R E
12.  M A P E R I T I F D I S C O T H E Q U E
13.  E T I T A B L E T A M A N G E R L I R O
14.  I P E T I T S I F O U R S U R P L A R A
15.  Z O C R E M A I L L E R E T A F E T E D
16.  I L A V S E L M A R I E R O N A L B E T
17.  D E R E S T A U R A N T I T S Y M P A B
18.  D I N V I T E S S A L R A M U S E R L A
19.  B A P R E S E N T E R D I C O P A I N S
20.  A S E Z R E T R O U V E R U S F E T E R
```

RACONTER

THÉORIE

Verneinungen

Vous allez où?	Wo fahren Sie hin?
Nulle part!	**Nirgends!**
Je **ne** vais **nulle part**.	Ich fahre **nirgendwohin**.
Vous avez vu un monsieur avec un pull rouge?	Haben Sie einen Mann mit einem roten Pulli gesehen?
Non, je n'ai vu **personne**, vraiment **personne**.	Nein, ich habe **niemanden** gesehen, wirklich **niemanden**.

(ne...) nulle part	nirgends, nirgendwo
(ne...) personne	niemand

In Ausrufen kann **nulle part** bzw. **personne** alleine stehen, in ganzen Sätzen, d.h. in Sätzen mit einem Verb, muß immer **ne** vor dem konjugierten Verb stehen.

---

ne ... pas
nicht
ne ... plus
nicht mehr
ne ... rien
nichts
ne ... jamais
nie(mals)
ne ... personne
niemand
ne ... nulle part
nirgends

---

11. Kreuzworträtsel

1. Tu as réalisé tes ...?
2. Il y a du ... pour moi aujourd'hui?
3. Ma fille ne va pas à la fac, elle va encore au ... .
4. L'année prochaine nous irons ... Espagne.
5. Michel fait des ... pour être ingénieur.
6. A Londres il y a des ... musées.
7. On se raconte tout ce qu'on a fait ... l'année.
8. Vous ne savez pas que Carine se marie? Non, je ne suis pas au ... .
9. Avec les arts on ne gagne pas sa ... .
10. Vous allez où en vacances? ... part, je reste à la maison!

Lösung: Das wünschen wir zu den «fêtes de fin d'année»

10. Verneinung. Bitte übersetzen Sie!

PRATIQUE

1. Im Moment wohne ich nirgends. Ich habe keine Wohnung mehr. **2.** Ich gehe immer ganz alleine aus. Ich tanze mit niemandem und spreche mit niemandem. **3.** Ich komme von nirgendwo und gehe nirgendwohin. **4.** Wir reisen nie. Wir lieben den Alltagstrott. **5.** Nein, Mama, ich will nichts essen. Nein, Mama, ich habe keinen Hunger mehr... Mama, du weißt, daß ich zu dick bin! **6.** Mein Freund geht nicht mit mir ins Kino, er geht nicht mit mir ins Theater. Er ist immer faul und geht nie mit mir aus. **7.** Nein, wir kennen niemanden in Rennes. Wir sind gerade erst umgezogen. **8.** Nichts geht mehr! (Denken Sie an das Spielcasino oder an Roulette) **9.** Niemand mag mich! **10.** Wohin fahrt ihr in den Urlaub? Nirgends, wir bleiben zu Hause, wir haben kein Geld.

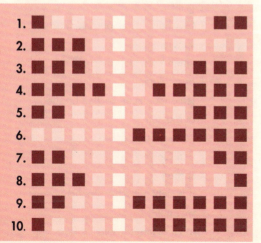

RACONTER

THÉORIE

Multifunktionales *faire*

Mit *faire* kann man im Französischen so ziemlich alles ausdrücken! Für den französischen Ausdruck mit *faire* steht im Deutschen meist ein Verb; im Französischen kann man ihn jedoch nur manchmal durch ein Verb ersetzen:

faire de la danse	danser
faire la cuisine	cuisiner
faire grève	streiken
faire la queue	Schlange stehen
faire les courses	einkaufen
faire une surprise à …	jemanden überraschen
faire du tennis	Tennis spielen
faire un footing	joggen
faire les magasins	(durch die Kaufhäuser) bummeln
faire plaisir à …	jemandem einen Gefallen tun
faire des études	studieren
faire la tête	sauer sein, vor sich hin muffeln
faire une soirée	eine Fete machen
faire un barbecue	grillen
faire des affaires	Geschäfte (Schnäppchen) machen
faire une promenade	spazierengehen
faire une proposition	einen Vorschlag machen
faire la grasse matinée	ausschlafen
faire rigoler quelqu'un	jemanden zum Lachen bringen
faire attention	aufpassen
faire ses valises	seine Koffer packen
faire le fou	den Clown spielen
faire des économies	sparen
ça fait joli/masculin …	das sieht hübsch/männlich … aus
que faire!	was nun!
il fait beau	es ist schönes Wetter

12. Was man mit *faire* alles sagen kann
Setzen Sie die richtige Redewendung ein

PRATIQUE

1. Paul fête son anniversaire, il .... une soirée avec les copains. 2. Il fait beau, nous allons .... dans la forêt. 3. .... les enfants, en traversant la rue! 4. Je suis super fatigué, demain je vais ...., je prendrai le petit déjeuner à midi. 5. J'ai acheté des merguez, on va .... sur la terrasse. 6. Tu n'es pas drôle: le cinéma ne te plaît pas, à la discothèque il y a trop de gens, tu n'aimes pas te promener. Qu'est-ce que tu veux faire, ...! 7. Je déteste les supermarchés, il faut toujours .... à la caisse. 8. Ma sœur est inscrite à la Fac de Lettres Modernes. Elle................................. d'allemand. 9. Je vais acheter des roses rouges pour .... à ma chérie! 10. Je ne vais plus à Paris, c'est toujours la galère, car le métro .... sans arrêt. Et après il faut .... à la station de taxi, car il y a trop de gens. 11. Pourquoi tu achètes toujours tes vêtements dans les petites boutiques du centre ville? Va aux puces, c'est moins cher, tu peux .... 12. Nous n'avons plus rien à manger à la maison! Viens, on va .... à l'hypermarché «Bon Prix». Ils font des soldes en ce moment, nous pourrons .... 13. Paul est fatigué, énervé, il en a marre de travailler, Paul ....

RACONTER

THÉORIE

Prononciation

Hören Sie die Sätze und Wörter von der Cassette und sprechen Sie nach. Achten Sie auf die verschluckten Laute:

la semaine – je cuisine – je cuisinerai
je cuisinerai toute la semaine

souhaiter – je te souhaite – je te souhaite un joyeux anniversaire
retarder – je ne veux pas
je ne veux pas vous retarder

demander – je vais
je vais lui demander

tout de suite – j'arrive
j'arrive tout de suite

tu te rends compte? - je n'ai pas le temps
tu te rends compte, je n'ai pas le temps de réfléchir

Hören Sie jetzt folgende Sätze! Zuerst kommt eine Frage, dann eine Aussage, dann ein Ausruf. Achten Sie auf die unterschiedlichen Satzmelodien:

Il y aura combien de personnes?
Il y aura une vingtaine de personnes.
Tu te rends compte, il y aura une vingtaine de personnes!

Vous partez en voyage organisé?
Oui, nous partons en voyage organisé.
Ah, vous partez en voyage organisé!

Tu es libre cet après-midi?
Désolé, je ne suis pas libre cet après-midi.
Oh, dommage, je ne suis pas libre cet après-midi!

Minidialogues

A: Comment vous vous habillez pour **aller au théâtre**?

B: Je mets **un costume chic** et **une cravate en couleurs**.

Stimmen Sie Ihre Garderobe auf den entsprechenden Anlaß ab!

A:

1. aller au théâtre
2. aller au travail
3. faire un tour de vélo
4. aller à une soirée chic chez Chirac
5. aller prendre un pot avec les copains
6. faire une randonnée dans les Alpes
7. faire les magasins avec une amie
8. jouer avec des enfants
9. partir en vacances

B:

1. jeans, pull, pantalon / délavé, vieux, large
2. costume, cravate / chic, en couleurs
3. chemisier, chemise / chic, vieille
4. jupe, ensemble / en coton, en soie
5. costume, robe / foncé, clair
6. cravate, habits / blanc, vert, bleu
7. jeans, pull / élégant, en couleurs
8. pyjama, tee-shirt / rouge, pratique
9. pantalon, pull / commode, large

PRATIQUE

**Racontez!
Erzählen Sie!**

Was können Sie nun über sich selbst sagen? Hier einige Ideen quer durch alle Lektionen: Wo wohnen Sie? Wo waren Sie schon im Urlaub? Wie? Flugzeug, Fahrrad oder ganz normal mit dem Auto. Was für Urlaub ist Ihnen lieber: Abenteuer oder Gruppenreise? Wie sieht Ihre Freizeit aus? Sportlich, kulturell, oder sind Sie eher ein Faulenzertyp? Was können Sie über Ihre Familie sagen? Mögen Sie große Familienfeste, und bei welchen Gelegenheiten treffen Sie sich in großer Runde? Was essen Sie gern? Kochen Sie gern oder gehen Sie lieber ins Restaurant? Gehen Sie gerne einkaufen? wo? und bummeln? mit wem? ...

Sie sehen, Ihre Sprachkenntnisse reichen nun fast für eine mittlere Seifenoper!

RACONTER

LECTURE

ARTICLE LU DANS «LES DÉPÊCHES»

Le mois dernier, nous avons demandé à nos lecteurs de plus de 80 ans de nous écrire pour nous parler du «bon vieux temps» et nous raconter comment était la vie quand ils étaient jeunes. Nous publions aujourd'hui un extrait de la lettre de Monsieur Delcourt (90 ans):

… **Quand** j'étais jeune, la vie était beaucoup plus calme. Il n'y avait pas autant de voitures. Les gens n'étaient pas stressés comme aujourd'hui, mais la vie n'était pas facile non plus. **Quand** j'étais petit, je faisais huit kilomètres à pied tous les jours pour aller à l'école. J'ai eu un vélo à douze ans seulement! En effet, nous n'avions pas beaucoup d'argent, mais nous étions contents. Aujourd'hui, les gens pensent seulement à gagner beaucoup d'argent, à acheter beaucoup de choses, trop de choses, mais il ne sont jamais vraiment contents. Aujourd'hui on ne sait plus s'amuser. **Quand** j'étais jeune, on faisait souvent des fêtes en famille. On aimait se retrouver ensemble pour les grandes fêtes, les anniversaires, les mariages, et Noël et on avait toujours plein de choses à se raconter. En plus on aimait bien manger et on buvait pas mal, c'est vrai, mais on rigolait énormément. Aujourd'hui, tous les bons plats ont disparu, car les femmes ont trop peur de grossir!

Et puis, il y avait les fêtes du village, où tout le monde dansait toute la nuit. C'est à une fête de village que j'ai rencontré ma femme, c'était la

---

quand, quand oder quand?

1. Quand est-ce que tu viens?
Wann kommst du?
→ Fragepronomen

2. Quand je travaillais chez Renault, je gagnais peu.
Als ich bei Renault arbeitete, verdiente ich wenig.
→ temporal: steht immer mit dem Imparfait

3. Quand il fait beau, je sors.
(Immer) wenn es schön ist, gehe ich aus
→ Gewohnheit
aber:
S'il fait beau, je sors.
(Nur) wenn es schön ist, gehe ich aus.
→ Bedingung

plus jolie de toutes, je vous l'assure! Elle avait une belle robe et surtout un chapeau fantastique! Aujourd'hui les femmes sont peut-être plus indépendantes; elles travaillent, elles voyagent et elles sortent seules, mais elles ont moins de charme. Elles s'habillent bizarrement, et elles pensent seulement à faire une carrière, la famille ne les intéresse plus beaucoup!

Je trouve que dans ma jeunesse, la vie était plus difficile, mais la vie de famille était plus agréable; autrefois on vivait tous ensemble, on s'aidait. Personne n'était seul. Aujourd'hui, c'est chacun pour soi. C'est bien triste!

---

le lecteur der Leser
l'extrait (m) der Auszug
pas mal nicht schlecht, hier: viel
avoir peur Angst haben
le chapeau der Hut
la jeunesse die Jugend
c'est chacun pour soi jeder (kämpft) für sich, Ellbogengesetz

---

Compris?

	oui	non
1. C'est une lettre d'un vieux monsieur.	☐	☐
2. Monsieur Delcourt raconte comment était la vie pendant sa jeunesse.	☐	☐
3. Il trouve qu' aujourd'hui la vie est plus calme.	☐	☐
4. Il trouve que dans sa jeunesse la vie était plus facile.	☐	☐
5. Monsieur Delcourt allait toujours à l'école en vélo.	☐	☐
6. Il trouve qu'aujourd'hui les gens sont contents, car ils gagnent beaucoup d'argent.	☐	☐
7. Quand Monsieur Delcourt était jeune, les gens organisaient beaucoup de fêtes de famille.	☐	☐
8. Monsieur Delcourt a connu sa femme au lycée.	☐	☐
9. Il préfère les jeans aux chapeaux.	☐	☐
10. Monsieur Delcourt trouve que c'est bien, qu'aujourd'hui chacun vit pour soi.	☐	☐

Et vous?

1. Vous préféreriez vivre il y a 90 ans ou maintenant? Pourquoi?
2. Vous êtes d'accord avec Monsieur Delcourt que les femmes sont indépendantes aujourd'hui. Finden Sie Argumente, um ihn vom Gegenteil zu überzeugen.

RACONTER

TEST 4

1. Wortschatz. Setzen Sie das richtige Wort aus der Liste in die Lücke ein

déteste - gagner - moins - déménagé - marchander - Grande École - vêtements - se retrouver - fac - essayer - train-train quotidien - moche - voyages organisés - affaires

1. J'ai envie de m'acheter des ....: un pull et une minijupe.
2. Ah non, 550 francs pour un pantalon c'est trop cher. Vous n'avez pas un .... cher.
3. J'aimerais .... le chemisier rouge. Bien sûr, les cabines sont là-bas.
4. Ah, le pull vert ne me plaît pas du tout, il est vraiment ....
5. Au marché aux puces on peut faire des ...., mais il faut ....
6. Moi, j'adore le rouge, mais je .... le jaune et le vert.
7. Pour Noël nous faisons une grande fête en famille. On aime .... tous ensemble.
8. On peut faire des études à la .... ou dans une ....
9. Je n'habite plus à Metz. J'ai .... en janvier.
10. Je m'ennuie. On fait tous les jours la même chose. Je déteste le ....
11. Les samedis et dimanches je travaille dans un restaurant pour .... un peu d'argent.
12. Les .... ne sont pas très intéressants. Je préfère voyager tout seul.

2. Leseverstehen

Die engen Freunde Jean-Claude und Jean-Michel gehen in die Stadt, Klamotten kaufen. Lesen Sie sich das Gespräch durch, und kreuzen Sie an, ob die folgenden Aussagen stimmen oder nicht.

Der Dialog zwischen Jean-Michel (J-M), Jean-Claude (J-C) und der «Vendeuse» (V), der Verkäuferin

V: *Bonjour, vous désirez?*
J-M: *On voudrait un joli pantalon pour monsieur.*

J-C: Oui, mais pas trop cher!
J-M: *Oh, arrête! Tu vas t'acheter un beau pantalon, là.*
J-C: Bon, si tu veux ...
V: *Quelle taille?*
J-C: Quelle taille? Du cinquante, je crois.
V: *Alors voilà, j'ai un joli pantalon rayé bleu et blanc. Il vous ...*
J-C: Ah non, pas rayé, c'est moche!
V: *Alors bleu uni?*
J-M: *Oh oui, il est chouette! Essaie-le, Jean-Claude.*
J-C: D'accord, je vais l'essayer. Jean-Mi, qu'est-ce que tu en penses?
J-M: *Non, il fait vieux. Essaie plutôt le rouge là, il fait sûrement plus jeune.*
J-C: Moi, je le préférerais en blanc.
J-M: *Alors essaie le blanc, si tu préfères.*
J-C: Qu'est-ce que tu en penses?
J-M: *Ah oui, il te va drôlement mieux que l'autre.*
J-C: Tu es sûr?
J-M: *Ecoute, t'es super, Jean-Claude.*
V: *Alors là, regardez. J'ai un pull chouette, il irait très bien avec le pantalon. Qu'est-ce que vous en pensez?*
J-M: *Ah oui, il faut absolument prendre.*

...

J-M: *Ça fait combien?*
J-C: Oh, Jean-Mi!
J-M: *Arrête, c'est mon cadeau d'anniversaire.*
J-C: Ah, qu'est-ce que tu es gentil! Merci, Jean-Mi ...

Stimmt das oder nicht?

1. Jean-Claude voudrait un pantalon cher.
2. Jean-Claude n'aime pas les pantalons rayés.
3. Jean-Claude essaie le pantalon bleu.
4. Jean-Michel n'aime pas le pantalon bleu.
5. Jean-Claude préfère le blanc.
5. Jean-Claude prend aussi un pull rouge.
7. Jean-Michel offre le pantalon et le pull à Jean-Claude pour son anniversaire.

3. Kreuzen Sie das richtige, fehlende Wort an

1. Valérie se trouve trop... .

  a gros
  b grosse
  c grosses

2. Elle devrait ... mieux.

  a s'appeler
  b s'arrêter
  c s'arranger

3. Est-ce que je pourrais ... le costume bleu?

  a ennuyer
  b essayer
  c entrer

4. Je préfère le chemisier ... soie.

  a en
  b à
  c dans

5. Je cherche un pull pour ... avec ma jupe rouge.

  a venir
  b marcher
  c aller

6. Aux marché aux puces, il y a toujours des ...

  a excursions
  b occasions
  c expositions

7. Je vais m'acheter une ... de chaussures.

  a paire
  b pièce
  c pointure

8. Pour le costume, vous faites quelle ...?

  a pointure
  b tranche
  c taille

9. Les jeans sont à ... aujourd'hui?

    a quoi
    b quand
    c combien

10. 150 francs les robes d'été: c'est trop cher. Aux puces, on trouvera sûrement ... cher!

    a moins
    b aussi
    c plus

11. Jean-Luc ... la semaine prochaine.

    a s'est marié
    b se mariait
    c va se marier

12. Nous n'habitons plus à Lyon: Nous ...

    a avons déménagé.
    b déménagions.
    c allons déménager.

13. Je ... disputé avec ma copine.

    a m'ai
    b me suis
    c m'aurai

14. Michel avait envie d'être indépendant: il ...

    a partait.
    b est parti.
    c parti.

15. Pour le mariage de Carole, la semaine dernière, nous ... presque 200 invités.

    a avons été
    b étions
    c sommes

4. Kreuzen Sie die richtige Antwort an

1. Chéri, il y a du courrier aujourd'hui?
   - a Oui, deux lettres pour toi.
   - b Je n'ai pas écrit.
   - c Il faut écire.

2. Mon chemisier te plaît?
   - a Oui, s'il te plaît.
   - b Oui, je le trouve très beau.
   - c Oui, il te plaît.

3. 75 francs pièce, 120 francs les deux.
   - a Alors, on a pris deux.
   - b Alors, on prend.
   - c Alors, on en prend deux.

4. Allô, je pourrais parler à Hervé?
   - a Je ne suis pas au courant.
   - b Désolé, Hervé n'habite plus ici.
   - c Oui, je vais parler à Hervé.

5. Tu es déjà allé en France?
   - a Non, pas encore.
   - b Oui, j'y vais la semaine prochaine.
   - c Non, je n'y vais jamais.

6. Où est-ce que vous habitez?
   - a Jamais.
   - b Rien.
   - c Nulle part.

7. Vous faites quoi pour le Nouvel An?
   - a Un beau cadeau.
   - b Une fête avec des copains.
   - c L'anniversaire de ma fille.

8. Qu'est-ce que tu mettras pour le mariage de Jean-Luc?
   a Je vais m'amuser.
   b Je vais écrire.
   c Je ne sais pas, je vais réfléchir.

9. Vous parlez français?
   a Non, mais j'ai commencé à l'apprendre.
   b Oui, je pars en France
   c Oui, je parle toujours.

10. Vous partez en voyage organisé?
    a Oui, j'ai organisé un voyage.
    b Non, je pars tout seul.
    c Non, je n'organise pas de voyages.

11. Tu es parti en vacances cette année?
    a Oui, j'allais en Grèce.
    b Oui, je serais en Grèce.
    c Oui, je suis allé en Grèce.

12. Vous avez des amis à Paris?
    a Non, je ne vais pas chez mes amis.
    b Non, je ne connais personne à Paris.
    c A mon avis, Paris est une belle ville.

13. Tu as acheté un appartement! Comment tu as fait?
    a Je n'ai pas d'argent.
    b Je ne gagne pas ma vie.
    c J'ai fait des économies.

14. Vous voyagez souvent?
    a Oui, sans arrêt.
    b Oui, plusieurs mois.
    c Oui, j'y vais.

15. Vous êtes resté longtemps en Amérique?
    a Oui, au moins.
    b Oui, trois mois.
    c Oui, c'est moi.

TEST 4

GLOSSAIRE

Deutsch – Französisch

Dieses Glossar ersetzt kein Wörterbuch. Sie finden hier aber alle Wörter in der Bedeutung, in der sie in diesem Buch vorkommen. Die Zahl **1–8** gibt immer an, in welchem Thème das französische Wort zum ersten Mal auftaucht. Das **L** verweist darauf, daß das entsprechende Wort zuerst in der Lecture vorkommt, das heißt, Sie brauchen es nicht in den Dialogen des Thème zu suchen. Die Klammer ◊ bedeutet, daß das Wort umgangssprachlich ist.

A

ab à partir de 4
abbiegen, drehen tourner 2
Abend (Verlauf) soirée (f) 3
Abend soir (m) 4
Abendessen dîner (m) 5
Abenteuer aventure (f) 8
aber mais 1
Abi(tur) le bac(calauréat) 8
Abteilung (Geschäft) rayon (m) 5
ach, sieh' an! tiens! 3
Adresse adresse (f) 1
allein seul,e 8
alles tout 5
alltäglich quotidien, -ienne 8
Alltagstrott train-train quotidien (m) 8

alt vieux, vieil, vieille 7
alles schiefgelaufen, im Arsch foutu! 2 L ◊
Ampel feu (m) 2
andere (r, s) autre 1
anders autrement 7
anderswo autre part 7
Anfang début (m) 6
anfangen commencer 2 L
Angelegenheiten affaires (fpl) 8
Angst peur (f) 8 L
anhalten s'arrêter 2
ankommen arriver 1
anmachen allumer 5
annehmen accepter 3
anprobieren essayer 7
Ansicht avis (m) 6
anstatt au lieu de 7
antworten répondre 4

Anzeige annonce (f) 4
Anzug costume (m) 8
Aperitif apéro ⟨⟩ (apéritif) (m) 4
Aprikose abricot (m) 5
April avril (m) 4
arbeiten travailler 4
Art genre (m) 6
Artikel article (m) 7 L
auch aussi 1
auf sur 2
auf-, wegräumen ranger 8
Aufenthalt séjour (m) 1
aufhalten retarder 8
aufhören zu arrêter de 5
Aufnahmeprüfung concours (m) 8
Aufzug ascenseur (m) 1
Augenblick instant (m) 1
August août (m) 4
aus Paris parisien, -ienne 6
ausgewaschen délavé,e 7
ausgezeichnet excellent,e 3
ausmachen éteindre 5
ausschalten éteindre 5
Aussehen air (m) 4
Aussicht vue (f) 4
aussteigen descendre 1
Ausstellung exposition (f) 6
außergewöhnlich spécial,e 6
Auto voiture (f) 1

B

Bäckerei boulangerie (f) 5
Badezimmer salle de bains (f) 1
Baguette baguette (f) 5
Bahnhof gare (f) 1
Balkon balcon (m) 4
Baumwolle coton (m) 7
Becher pot (m) 5
bedauern regretter 5
beenden terminer 3, finir 6
bei chez 3
beige beige 7
Beispiel exemple (m) 3
bereisen parcourir 8
Bescheid sagen prévenir 4
beschließen zu tun décider de 6L
besichtigen, anschauen visiter 4
besonders particulièrement 7
besser mieux 7
bestellen commander 3
Bestellung commande (f) 3
bewegen, etwas unternehmen bouger 6
Bier bière (f) 3 L
Bierlokal brasserie (f) 2
bis jusqu'à 3
bißchen un peu 3
bitte (siezend) s'il vous plaît 1

blau bleu, e 3
bleiben rester 5
blöd (zu -!) la barbe! 2
Bluse chemisier (m) 7
breit large 7
bretonisch breton, -ne 3 L
Brief lettre (f) 8
Brille lunettes (fpl) 8
Brot (dünn) ficelle (f) 5
Brot pain (m) 5
Brücke pont (m) 1 L
Bruder frère (m) 8
Buch livre (m) 6 L
Buchweizen sarrasin (m) 3 L
Büro bureau (m) 1
Bus bus (m) 5
Butter beurre (m) 3 L

C

Cidre, Apfelwein cidre (m) 3
Creperie crêperie (f) 3

D

da hinten là-bas 2
da puisque 2
danach ensuite 2
danke merci 1
danken remercier 1
dann puis 7
dann, also alors 1

DEUTSCH – FRANZÖSISCH

das heißt c'est-à-dire **7**
das ist nicht der Mühe wert ce n'est pas la peine **2**
daß que **5**
dennoch pourtant **2**
der Streik la grève **2L**
dick gros, grosse **7**
dick werden grossir **7**
Dienstag mardi (m) **4**
dies ceci **5**
Ding truc (m) **4**
direkt direct,e **2**
Discothek discothèque (f) **6**
diskutieren discuter **4**
doch donc **2**
Dorf village (m) **6**
dort là-bas **2**
dort y **4**
Drama drame (m) **3**
drei trois **1**
dunkel-, foncé,e **7**
dürfen pouvoir **1, 4**
Durst soif (f) **3**
Dusche douche (f) **1**
Dutzend douzaine (f) **5**

E

Ecke coin (m) **2**
Ehemann mari (m) **3**
Ehepaar couple(m) **6L**
eher plutôt **2**
Ei oeuf (m) **3**
es eilig haben être pressé, e **4**

einfach simple **2**
eingefettet graissé,e **3 L**
einige quelques **5**
einkaufen faire les courses **5**
Einkäufe courses (fpl) **5**
Einkaufswagen caddie (m) **5 L**
Einkaufszentrum hypermarché (m) **5 L**
einladen inviter **4**
Einladung invitation (f) **4**
einverstanden d'accord **1**
Einwohner habitant (m) **1L**
Eis glace (f) **3**
elegant élégant,e **7**
empfangen recevoir **7 L**
Ende fin (f) **4**
endlich enfin **8**
entlanggehen, -fahren longer **6**
entschuldigen excuser **1**
Entschuldigung pardon **1**
entwerten composter **5**
Erfolg haben réussir **8**
erhalten recevoir **7 L**
ernst(haft) sérieux, se **4**
erreichen joindre **4**
Ersparnisse économies (fpl) **8**
erste (r, s) premier, ière **2**
erzählen raconter **4**
es gibt il y a **1**
es kommt drauf an ça dépend **6**

es, das ça **1**
essen manger **3**
Etage étage (m) **1**
etwas quelque chose **8**

F

fahren aller **1**
Fahrkarte (Bus, Metro, Flugzeug) ticket (m) **2**
Fahrrad vélo (m) **6**
Familie famille (f) **6**
Farbe couleur (f) **7**
fehlen manquer **5**
Feiertag jour férié (m) **6**
Ferien vacances (fpl) **7**
Fernseher, Fernsehen télé(vision) (f) **5**
Fest, Fete fête (f) **6**
fetzig (Musik) rythmé, e **6**
Fisch poisson (m) **5**
Flasche bouteille (f) **3**
Fleisch viande (f) **5**
Flughafen aéroport (m) **2**
Flugzeug avion (m) **2**
fragen demander **2**
Franc francs (m) **1**
Frau (Anrede) Madame (f) **1**
Frau femme (f) **2**
Fräulein (Anrede) Mademoiselle **4 L**
frei libre **1**
Freund copain (m) ◊ **4**

Freundin copine (f) ◊ **4**
frisch frais, fraîche **3**
Friseur coiffeur (m) **4**
fröhlich joyeux,se **8**
Fruchtsaft jus de fruit (m) **5**
Frühstück petit déjeuner (m) **1**
funktionieren marcher **2**
für pour **1**
Fuß pied (m) **1**

G

Galerie galerie (f) **6**
Gang couloir (m) **1**
ganz tout **5**
ganz, gesamt complètement **3**
gar nicht pas du tout **6**
Gast invité,e (m/f) **5**
geben donner **5**
gebeten (es wird -) prière de **4**
Geburtstag anniversaire (m) **4**
gefallen plaire **3**
gegen vers **4**
gegenüber en face de **1**
Gegrilltes grillades (fpl) **6 L**
gehen aller **1**
Geld argent (m) **7**
Geldschein, Fahrschein (Zug) billet (m) **5**
gelegen situé,e **1 L**
Gelegenheit occasion (m) **7**
Gemüse légume (m) **5**
genau exactement **3**, exact,e **6**
genau juste **1**
genau tout à fait **4**
genervt énervé,e **3**
genug assez **6**
geöffnet ouvert,e **2**
geradeaus tout droit **2**
gerne volontiers **1**
gerne mögen adorer **5**
Geruch odeur (f) **5**
Geschäfte machen (finanziell) faire des affaires (f) **7**
geschlossen fermé,e **2**
Geschmack parfum (m) **3**
gestreift rayé,e **7**
gestreßt stressé,e **4**
Getränk boisson (f) **3**
Gewohnheit habitude (f) **7**
gezuckert sucré,e **3 L**
Glas verre (m) **3 L**
glauben croire **3**
gleich égal,e **5**
gleich tout de suite **3**
Glück chance (f) **4**
Gramm gramme (m) **5**
gräßlich moche ◊ **7**
Grillwurst (scharf) merguez (f) **6 L**
Größe (Kleider-) taille (f) **7**

grün vert, e **7**
Gruppenreise voyage organisé (m) **8**
gut (adj.) bon, bonne **1**
gut (adv.) bien **1**
guten Abend bonsoir **3**
guten Tag bonjour **1**
Gymnasium lycée (m) **8**

H

haben avoir **1**
Hafen port (m) **3**
Hähnchen poulet (m) **5**
halb demi,e **3**
hallo salut **4**
Halt arrêt (m) **8**
hart dur, e **8**
Haselnuß noisette (f) **3**
hassen avoir horreur de ◊ **5 L**
häßlich laid, e **7**
häßlich moche ◊ **7**
Haupt-, principal, e **5**
Haus maison (f)
Heiligabend Réveillon (m) **8**
heiraten se marier **8**
heißen s'appeler **6**
helfen aider **5**
Hemd chemise (f) **7**
herb brut **3**
hereinkommen entrer **4**
Herr Monsieur (m) **1**
herunterholen descendre **1**

DEUTSCH – FRANZÖSISCH

heute aujourd'hui 3
hier bitte voici 3
hier ici 1
hier ist voilà 1
hinaufgehen, -tragen monter 1
hinstellen, -legen poser 5
hinter derrière 1
hinzufügen ajouter 3 L
hochfahren remonter 8
Hochform sein (in -) être en pleine forme 4
Hochzeit mariage (m) 8
hören (zu-) écouter 3
Hose pantalon (m) 7
Hotel hôtel (m) 1
Hunger faim (f) 3
Hut chapeau (m) 8 L

I

ich (betont) moi 1
Idee idée (f) 2
im Augenblick actuellement 6
immer toujours 5
in (sein) branché, e ◊ 6
in à 1
in dans 1
in en 1
in Ordnung parfait 1
inbegriffen compris 1
indiskret indiscret, indiscrète 4
Information information (f) 1

Ingenieur ingénieur (m) 8
interessieren intéresser 6
Irrtum erreur (f) 7 L

J

ja oui 1
Jahreswende fin d'année (f) 8
jede (r, s) chaque 8
jetzt maintenant 4
Jogging footing (m) 6
Joghurt yaourt (m) 5
Journalist journaliste (m) 6L
Jugend jeunesse (f) 8 L
jung, jugendlich jeune 7
Junge garçon 3

K

Kabarett cabaret (m) 6
Kaffee café (m) 3
Kamin cheminée (f) 6 L
Kanal canal (m) 6
Karriere carrière (f) 8
Karte carte (f) 2
Käse fromage (m) 3
Kasse caisse (f) 5
Kathedrale, Dom cathédrale (f) 1
Katze chat (m) 6
kaufen acheter 5
keine aucun, e 2
keine Ahnung aucune idée 2

keinen Bock haben avoir la flemme ◊ 6
Kellner garçon 3
kennen connaître 1
Kilo kilo (m) 5
Kind enfant (m) 4
Kiosk bureau de tabac (m) 2
Kirche église (f) 1 L
Kirsche cerise (f) 5
klar kommen se débrouiller 2 ◊
Kleid robe (f) 7
Kleidungsstück habit (m) 7
Kleidungsstück vêtement (m) 7
klein petit,e 1
klingeln sonner 4
knabbern grignoter 6 L
Knete sous (mpl) ◊ 4
kochen cuisiner 3
kochen lassen cuire 3 L
koffeinfreier Kaffee déca(féiné) (m) 3
Koffer valise (f) 1
Kollege, Kollegin collègue (m/f) 5
Komiker comique (m) 6
kommen venir 2
komplett complet, -plète 3
kompliziert compliqué, e 7
Kompromis compromis (m) 6
Konditorei pâtisserie (f) 5

können pouvoir 1, 4
Kopfsalat laitue (f) 5
Korb panier (m) 5
kosten coûter 7
kostenlos gratuit,e 6
Kostüm ensemble (m) 7
kraus frisé, e 3
Krawatte cravate (f) 8
Krug pichet (m) 3
Küche cuisine (f) 3
Kunde client 7
Kundin cliente 7
Kunst art (m) 2
Kuß bisou (m) 4

L

Landstraße route (f) 6
lang long,longue L2
lange longtemps 8
langsam doucement 5
langweilig ennuyant,e 6
lassen laisser 8
laufen marcher 2
Leben vie (f) 8
leben vivre 8
lernen apprendre 8
lesen lire 4
Leser lecteur (m) 8L
letzte (r, s) dernier, ière 6
Leute monde (m) 3
lieben aimer 2, adorer 5
lieber mögen aimer mieux, préférer 7
lieblich (Wein) doux, douce 3

Lieferung livraison (f) 7 L
links à gauche 2
Liste liste (f) 5
Liter litre (m) 5
Luftzug courant d'air (m) 3
Lust envie (f) 3
Lust haben auf avoir envie de 3

M

machen faire 2
macht nichts! tant pis! 5 L ◊
Mädchen fille (f) 3
Mahlzeit repas (m) 4
Mama maman (f) 3
Mann homme (m) 7
männlich masculin, e 7
Markt marché (m) 5
Marmelade confiture (f) 3 L
Mathe(matik) math(ématique)s (fpl) 8
meckern râler 6
Meer mer (f) 4
Mehl farine (f) 3L
mehr plus 2
mehrere plusieurs 8
Menü menu (m) 3
Metro métro (m) 2
Milch lait (m) 3L
Milchgeschäft crémerie (f) 5
Minute minute (f) 2
mischen mélanger 3 L

Mist! zut! ◊ 2
mit avec 1
mit en 1
mitbringen amener 4
Mode mode (f) 7
Modell modèle (m) 7
modern moderne 2
modisch à la mode 7
mögen aimer 2
Moment moment (m) 4
Monat mois (m) 4
Mond lune (f) 4 L
Montag lundi 2
Morgen (Verlauf) matinée (f) 6
morgen demain 2
müde fatigué,e 3
Museum musée (m) 2
Musik musique (f) 6
müssen devoir 7
Mutter mère (f) 3

N

nach Hause gehen rentrer 5
nächste (r, s) prochain, e 3
Nacht nuit (f) 1
Nachtisch dessert (m) 3
nahe bei près de 1
natürlich naturel,lle 7
neben à côté de 1
Neffe neveu (m) 8
nehmen prendre 1
nein non 1

DEUTSCH – FRANZÖSISCH

nett gentil, le 1
nett sympa(thique) 2
neu nouveau, nouvelle 4
Neujahr Nouvel An (m) 8
nicht pas 1
nicht wahr n'est-ce pas? 5
nichts rien 3
nie(mals) jamais 4
nirgends nulle part 8
nirgendwo nulle part 8
noch encore 1
normal normal,e 4
notieren noter 5
notwendig nécessaire 3
Nummer numéro (m) 1
nur seulement 3

O

ob si 4
Obst fruit (m) 5
öde fade 7
offensichtlich évident,e 4
öffnen ouvrir 4
ohne sans 1
organisieren organiser 8
Ort endroit (m) 6
Ort lieu (m) 1 L
Outfit look (m) 7 ◊

P

Paar paire (f) 7
Packet paquet (m) 7 L
Papier papier (m) 5
Parfum parfum (m) 3
Person personne (f) 1
Pfanne poêle (f) 3 L
Pfund livre (f) 5
Physik physique (f) 8
picknicken pique-niquer 6
Pistazie pistache (f) 3
Plan plan (m) 2
Platz endroit (m) 6
Platz place (f) 1
Polizist agent de police (m) 2
Post poste (f) 2
Post(sendung) courrier (m) 8
praktisch pratique 8
Preis prix (m) 7
Problem problème (m) 5
profitieren profiter 7
Programm programme (m) 6
Pulli pull (m) 7
Punkt zwölf à midi pile 5 L

Q

Qualität qualité (f) 7

R

rauchen fumer 1
Rechnung addition (f) 3
Recht haben avoir raison 5
rechts à droite 2
Reihe tour (m) 5
Reise voyage (m) 1
reisen voyager 1
Restaurant restaurant (m) 3
riesig monstrueux,se 5 L
Rock jupe (f) 7
Rollschuh patin à roulettes (m) 6
rot rouge 3
Rückfahrt, -kehr retour (m) 6 L
rufen appeler 3
ruhig tranquillement 6

S

Sachen affaires (fpl) 8
sagen dire 2
Salat salade (f) 3
Salz sel (m) 3 L
salzig salé,e 3 L
salzige Crepe galette (f) 3

Samstag samedi (m) 4
schade dommage 2
Schalter guichet (m) 2
Schatz trésor (m) 6
Schätzchen chéri, e (m/f) 2
Scheibe tranche (f) 5
schenken offrir 8
schicken envoyer 7 L
schickimicki b.c.b.g. 6 ◊
Schinken jambon (m) 3
Schlange stehen faire la queue 5
schlimm grave 4
Schlüssel clé (f) 1
schnell vite 2
Schokolade chocolat (m) 3
schon déjà 1
Schöngeist littéraire (m) 8
schreiben écrire 8
Schuh chaussure (f) 7
Schuhgröße pointure (f) 7
Schule école (f) 8
Schwägerin belle-soeur (f) 8
schwer lourd, e 1
Schwester soeur (f) 6
schwierig difficile 3
schwierig dur, e 8
Schwimmbad piscine (f) 6
sechste sixième 1
sehen voir 4
sehr très 1
Seide soie (f) 7
sein être 1
Seite côté (m) 1
selbstverständlich évidemment 7
servieren servir 3 L
anziehen (sich) s'habiller 7
aufteilen (sich) se répartir 5
beeilen (sich) se dépêcher 2
beruhigen (sich) se calmer 2
beunruhigen (sich) s'inquiéter 3
bewußt werden (sich) se rendre compte 8
einschreiben (sich) s'inscrire 8
entscheiden (sich) se décider 8
erinnern (sich) se souvenir 8
irren (sich) se tromper 6
kümmern um (sich) s'occuper de 5
langweilen (sich) s'ennuyer 2
streiten (sich) se disputer 8
trennen (sich) se séparer 5 L
verrücktmachen (sich) s'affoler 8
wiedersehen, -treffen (sich) se retrouver 8
zurechtmachen (sich) s'arranger 7
sicher sûr, e , certain, e 2 6
sicherlich bien sûr 1
so sehr tellement 7
so viele, genauso viele autant de 8
sogar même 7
sollen devoir 7
Sonderangebot offre spéciale (f) 7
Sonne soleil (m) 6
sonst sinon 2
sparen faire des économies 8
Spaß machen rigoler 5
spät tard 4
später tout à l'heure 3
spazierengehen se promener 6
Spaziergang promenade (f) 6
Speckwürfel lardon (m) 3
Spiel (Sport) match (m) 5
spielen jouer 6
Spinat épinards (mpl) 3
sprechen parler 2
Stadt ville (f) 1
Stand (Markt) stand (m) 7

DEUTSCH – FRANZÖSISCH

Stimmung ambiance (f) 6
Stipendium bourse (f) 8
stören déranger 5
Straße rue (f) 1
streiken faire grève 2 L
Stück (von etwas) bout (m) 5, pièce (f) 7
studieren faire des études 8
Studium études (fpl) 8
Stunde heure (f) 3
Uhr(zeit) heure (f) 3
suchen chercher 1
Süden sud (m) 8
super génial,e ◊ 6
super, klasse super ◊ 4
süß doux, douce 3

T

Tag jour (m) 6
Tagesablauf journée (f) 6 L
Tanzfläche piste de danse (f) 6
Tasche, Tüte sac (m) 1
Tat (in der -) en effet 1
Taxi taxi (m) 1
Taxistand station de taxis (f) 1
Teig pâte (f) 3 L
Telefon téléphone (m) 2
Telefonkarte télécarte (f) 2
Telefonzelle cabine (téléphonique) (f) 2
telefonieren téléphoner 2
Tennis tennis (m) 6
Termin rendez-vous (m) 4
Terrasse terrasse (f) 3
Terrine pâté (m) 5L
teuer cher, chère 1
Textauszug extrait (m) 8 L
Theater théâtre (m) 6
Theaterstück pièce (f) de théâtre 6
tierisch sacré,e ◊ 8
Tisch table (f) 3
Tochter fille (f) 3
toll chouette ◊ 1
Tomate tomate (f) 5
Touristeninfo bureau d'information (m) 1
traditionel traditionnel,lle 3
träumen être dans la lune 4 L ◊
treffen rencontrer 6
trinken boire 3
Trinkgeld pourboire (m) 3
trotzdem quand même 4
trouver trouver 2
tschüs salut 4
Tussi nana (f) ◊ 2
tut mir leid désolé,e 2

U

überall partout 8
überlegen réfléchir 5, 6 L
Überraschung surprise (f) 4
übertreiben exagérer 7
übervoll archi-plein ◊ 5 L
überzeugen convaincre 6
übrigbleiben rester 5
Ufer bord (m) 6
Umkleidekabine cabine (f) 7
umsteigen changer 2
umziehen déménager 8
Umzug déménagement (m) 8
unabhängig indépendant,e 8
und et 1
ungefähr à peu près 4
unglaublich incroyable 8
Uni (auf d. - gehen) aller à la fac 8 ◊
unmöglich impossible 4

V

Vanille vanille (f) 3
Verabredung rendez-vous (m) 4
verabscheuen détester 3

verbringen passer **3**
verdienen gagner **8**
Verkehr circulation (f) **6**
vermeiden éviter **6**
vernünftig raisonnable **8**
verpassen rater **2**
Verrücktheit folie (f) **7**
verrückt fou,fol, folle **6**
versichern assurer **4**
versuchen essayer **6**
verwirklichen réaliser **8**
viel, viele beaucoup **3**
vielleicht peut-être **3**
Viertel quart (m) **4**
voll plein,e **4**
vor allem surtout **5**
vor devant **2**
vorbereiten préparer **4**
vorhaben prévoir **6**
Vorhaben projet (m) **8**
Vorschlag proposition (f) **6**
vorstellen présenter **4**
vorziehen préférer **3**

W

wählen choisir **3**
wahr, wahrhaftig vrai,e **3**
während pendant **8**
Wald forêt (f) **6**
Wanderung randonnée (f) **6**
wann quand **4**
warten attendre **2**

warten attendre **3**
warum pourquoi **3**
was quoi **2**
was! hein! ◊ **1**
Wasser eau (f) **3L**
Weihnachten Noël (m) **8**
Wein vin (m) **3**
weiß blanc, blanche **7**
weit loin **1**
weitermachen continuer **8**
Weizen froment (m) **3 L**
Welt monde (m) **8**
wenigstens au moins **5**
wenn möglich si possible **1**
werden devenir **8**
wie comme **3**
wie immer comme d'habitude **7**
wie? comment? **4**
wieder anmachen rallumer **5**
Wiedersehen (auf -) au revoir **1**
wiedersehen revoir **8**
wieviel combien **1**
wirklich vraiment **3**
wissen savoir **3**
Wissenschaftler scientifique (m) **8**
witzig rigolo, rigolote ◊ **6**
wo où **1**
woanders ailleurs **5**
Wochenende weekend (m) **3**
wohnen habiter **1**

Wohnung appartement (m) **4**
Wohnzimmer salle de séjour (f) **4**
wollen vouloir **4**
wünschen désirer **3**
wünschen souhaiter **8**
Wurst saucisson (m) **5 L**

Z

zahlreich nombreux, se **8**
Zehnerfahrkarte carnet (m) **2**
zeichnen dessiner **8**
Zeit temps (m) **4**
Zeitung journal (m) **6**
Zentrum centre (m) **1**
Ziegenkäse chèvre (m) **5**
Zimmer chambre (f) **1**
Zimmer pièce (f) **4**
zu Fuß à pied **1**
zu sehr trop **1**
zuerst d'abord **5**
Zufall hasard (m) **4**
Zug train (m) **1**
zu Hause à la maison **4**
zusammen ensemble **7**
zwanzig (circa -) vingtaine (f) **8**
zwei deux **1**
zwischen entre **4**

DEUTSCH – FRANZÖSISCH

GLOSSAIRE

Français – Allemand

A

à 1 in
à côté de 1 neben
à droite 2 rechts
à gauche 2 links
à la maison 4 zu Hause
à la mode 7 modisch
à midi pile 5 L um Punkt zwölf
à partir de ... 4 ab...
à peu près 4 ungefähr
à pied 1 zu Fuß
abricot (m) 5 Aprikose
accepter 3 annehmen
acheter 5 kaufen
actuellement 6 im Augenblick
addition (f) 3 Rechnung
adorer 5 lieben, sehr gerne mögen
adresse (f) 1 Adresse
aéroport (m) 2 Flughafen
affaires (fpl) 8 Sachen, Angelegenheiten
affoler (s'-) 8 sich verrücktmachen
agent de police (m) 2 Polizist
aider 5 helfen
ailleurs 5 woanders
aimer 2 lieben, mögen
aimer mieux 7 lieber mögen
air (m) 4 Aussehen
ajouter 3 L hinzufügen
aller 1 gehen, fahren
allumer 5 anmachen
alors 1 dann, also
ambiance (f) 6 Stimmung
amener 4 mitbringen
anniversaire (m) 4 Geburtstag
annonce (f) 4 Anzeige
août (m) 4 August
apéro ◊ (apéritif) (m) 4 Aperitif
appartement (m) 4 Wohnung
appeler (s'-) 6 heißen
appeler 3 rufen
apprendre 8 lernen
archi-plein ◊ 5 L übervoll
argent (m) 7 Geld
arranger (s'-) 7 sich einigen
arrêt (m) 8 Halt(estelle)
arrêter (s'-) 2 anhalten
arrêter de 5 aufhören zu

arriver 1 ankommen
art (m) 2 Kunst
article (m) 7 L Artikel
ascenseur (m) 1 Aufzug
assez 6 genug
assurer 4 versichern
attendre 2 warten
au lieu de 7 anstatt
au moins 5 wenigstens
au revoir 1 auf Wiedersehen
aucun,e 2 keine
aucune idée 2 keine Ahnung
aujourd'hui 3 heute
aussi 1 auch
autant de 8 so viele, genauso viele
autre 1 andere (r,s)
autre part 7 anderswo
autrement 7 anders
avec 1 mit
aventure (f) 8 Abenteuer
avion (m) 2 Flugzeug
avis (m) 6 Ansicht
avoir 1 haben
avoir envie de 3 Lust haben auf
avoir horreur de ◊ 5 L hassen
avoir la flemme ◊ 6 keinen Bock haben
avoir raison 5 Recht haben
avril (m) 4 April

B

bac(calauréat) (m) 8 Abi(tur)
b.c.b.g. (bon chic bon genre) 6 schickimicki
baguette (f) 5 Baguette
balcon (m) 4 Balkon
beaucoup 3 viel, viele
beige 7 beige
belle-soeur (f) 8 Schwägerin
beurre (m) 3L Butter
bien 1 gut (adv.)
bien sûr 1 sicherlich
bière (f) 3L Bier
billet (m) 5 Geldschein, Zug-Fahrschein
bisou (m) 4 Kuß
blanc, blanche 7 weiß
bleu,e 3 blau
boire 3 trinken
boisson (f) 3 Getränk
bon, bonne 1 gut
bonjour 1 guten Tag
bonsoir 3 guten Abend
bord (m) 6 Ufer
bouger 6 bewegen, etwas unternehmen
boulangerie (f) 5 Bäckerei
bourse (f) 8 Stipendium
bout (m) 5 Stück (von etwas)
bouteille (f) 3 Flasche
branché,e ◊ 6 in (sein)
brasserie (f) 2 Bierlokal
breton,ne 3 L bretonisch
brut 3 herb
bureau (m) 1 Büro
bureau d'information (m) 1 Touristeninfo
bureau de tabac (m) 2 Kiosk
bus (m) 5 Bus

C

c'est-à-dire 7 das heißt
ça 1 es, das
ça dépend 6 es kommt drauf an
cabaret (m) 6 Kabarett
cabine (f) 7 Umkleidekabine
cabine (téléphonique) (f) 2 Telefonzelle
caddie (m) 5 L Einkaufswagen
café (m) 3 Kaffee
caisse (f) 5 Kasse
calmer (se) 2 sich beruhigen
canal (m) 6 Kanal
carnet (m) 2 Zehnerfahrkarte
carrément ◊ 8 sogar, durchaus
carrière (f) 8 Karriere
carte (f) 2 Karte
cathédrale (f) 1 Kathedrale, Dom

FRANZÖSISCH – DEUTSCH

ce n'est pas la peine 2 das ist nicht der Mühe wert
ceci 5 dies hier
centre (m) 1 Zentrum
cerise (f) 5 Kirsche
certain,e 6 sicher
chambre (f) 1 Zimmer
chance (f) 4 Glück
changer 2 umsteigen
chapeau (m) 8 L Hut
chaque 8 jede (r,s)
chat (m) 6 Katze
chaussure (f) 7 Schuh
cheminée (f) 6 L Kamin
chemise (f) 7 Hemd
chemisier (m) 7 Bluse
cher, chère 1 teuer
chercher 1 suchen
chéri,e (m/f) 2 Schatz, Schätzchen
chèvre (m) 5 hier: Ziegenkäse
chez 3 bei
chocolat (m) 3 Schokolade
choisir 3 wählen
chouette ◊ 1 toll
cidre (m) 3 Cidre, Apfelwein
circulation (f) 6 Verkehr
clé (f) 1 Schlüssel
client, cliente (m/f) 7 Kunde, Kundin
coiffeur (m) 4 Friseur
coin (m) 2 Ecke

collègue (m/f) 5 Kollege, Kollegin
combien 1 wieviel
comique (m) 6 Komiker
commande (f) 3 Bestellung
commander 3 bestellen
comme 3 wie
comme d'habitude 7 wie immer
commencer 2 L anfangen
comment 4 wie
complet, complète 3 komplett, mit allem
complètement 3 ganz, gesamt, vollständig
compliqué,e 7 kompliziert
composter 5 entwerten
compris 1 inbegriffen
compromis (m) 6 Kompromiss
concours (m) 8 Aufnahmeprüfung
confiture (f) 3 L Marmelade
connaître 1 kennen
continuer 8 weitermachen
convaincre 6 überzeugen
copain (m) ◊ 4 Freund
copine (f) ◊ 4 Freundin
costume (m) 8 Anzug
côté (m) 1 Seite
coton (m) 7 Baumwolle
couleur (f) 7 Farbe

couloir (m) 1 Gang
couple (m) 6 L Ehepaar
courant d'air (m) 3 Luftzug
courrier (m) 8 Post(sendung)
courses (fpl) 5 Einkäufe
coûter 7 kosten
cravate (f) 8 Krawatte
crème fraîche (f) 5 dicke Sahne
crémerie (f) 5 Milchgeschäft
crêperie (f) 3 Creperie
croire 3 glauben
cuire 3 L kochen lassen
cuisine (f) 3 Küche
cuisiner 3 kochen

D

d'abord 5 zuerst
d'accord 1 einverstanden
dans 1 in
débrouiller (se) 2 ◊ klarkommen
début (m) 6 Anfang
déca(féiné) (m) 3 koffeinfreier Kaffee
décider (se) 8 sich entscheiden
décider de 6 L beschließen, etwas zu tun
déjà 1 schon
délavé,e 7 ausgewaschen

demain 2 morgen
demander 2 fragen
déménagement (m) 8 Umzug
déménager 8 umziehen
demi,e 3 halb
dépêcher (se) 2 sich beeilen
déranger 5 stören
dernier, ière 6 letzte (r,s)
derrière 1 hinter
descendre 1 aussteigen, herunterbringen
désirer 3 wünschen
désolé,e 2 tut mir leid
dessert (m) 3 Nachtisch
dessiner 8 zeichnen
détester 3 verabscheuen
deux 1 zwei
devant 2 vor
devenir 8 werden
devoir 7 sollen, müssen
difficile 3 schwierig
dîner (m) 5 Abendessen
dire 2 sagen
direct,e 2 direkt
discothèque (f) 6 Discothek
discuter 4 diskutieren
disputer (se) 8 sich streiten
dommage 2 schade
donc 2 doch
donner 5 geben
doucement 5 langsam
douche (f) 1 Dusche
doux, douce 3 süß, lieblich
douzaine (f) 5 Dutzend
drame (m) 3 Drama
dur,e 8 hart, schwierig

E

eau (f) 3 L Wasser
école (f) 8 Schule
économies (fpl) 8 Ersparnisse
écouter 3 hören (zuhören)
écrire 8 schreiben
égal,e 5 gleich
église (f) 1 L Kirche
élégant,e 7 elegant
en 1 in
en effet 1 in der Tat
en face de 1 gegenüber
encore 1 noch
endroit (m) 6 Ort, Platz
énervé,e 3 genervt
enfant (m) 4 Kind
enfin 8 endlich
ennuyant,e 6 langweilig
ennuyer (s'-) 2 sich langweilen
ensemble (m) 7 Kostüm
ensemble 7 zusammen
ensuite 2 dann, danach
entre 4 zwischen
entrer 4 hereinkommen
envie (f) 3 Lust

envoyer 7 L schicken
épinards (mpl) 3 Spinat
erreur (f) 7 L Irrtum
essayer 6 versuchen
essayer 7 anprobieren
et 1 und
étage (m) 1 Etage
éteindre 5 ausmachen, -schalten
être 1 sein
être dans la lune 4 L vor sich hin träumen
être en pleine forme 4 in Hochform sein
être pressé,e 4 es eilig haben
études (fpl) 8 Studium
évidemment 7 selbstverständlich
évident,e 4 offensichtlich
éviter 6 vermeiden
exact,e 6 genau
exactement 3 genau
exagérer 7 übertreiben
excellent,e 3 ausgezeichnet
excuser 1 entschuldigen
exemple (m) 3 Beispiel
exposition (f) 6 Austellung
extrait (m) 8 L Textauszug

F

Fac(ulté) 8 Uni, Fakultät
fade 7 öde
faim (f) 3 Hunger
faire 2 machen
faire des économies 8 sparen
faire des études 8 studieren
faire grève 2 L streiken
faire la queue 5 Schlange stehen
faire une affaire (f) 7 Glückskauf machen
famille (f) 6 Familie
farine (f) 3 L Mehl
fatigué,e 3 müde
femme (f) 2 Frau
fermé,e 2 geschlossen
fête (f) 6 Fest, Fete
feu (m) 2 Ampel
ficelle (f) 5 Faden, dünnes Brot
fille (f) 3 Mädchen, Tochter
fin (f) 4 Ende
fin d'année (f) 8 Jahreswende
finir 6 beenden
folie (f) 7 Verrücktheit
foncé, e 7 dunkel-,
footing (m) ◊ 6 Jogging
forêt (f) 6 Wald
fou, fol, folle 6 verrückt
foutu! ◊ 2 L kaputt, alles verpatzt
frais, fraîche 3 frisch
franc (m) 1 Franc
frère (m) 8 Bruder
frisé,e 3 kraus
fromage (m) 3 Käse
froment (m) 3 L Weizen
fruit (m) 5 Obst
fumer 1 rauchen

G

gagner 8 verdienen
galerie (f) 6 Galerie
galette (f) 3 salzige Crepe
garçon (m) 3 Junge, Kellner
gare (f) 1 Bahnhof
génial,e ◊ 6 super
genre (m) 6 Gattung, Art
gentil, le 1 nett
glace (f) 3 Eis
graissé,e 3 L eingefettet
gramme (m) 5 Gramm
gratuit,e 6 kostenlos
grave 4 schlimm
grève (f) 2 L der Streik
grignoter 6L knabbern, Kleinigkeit essen
grillades (fpl) 6 L Gegrilltes
gros, grosse 7 dick
grossir 7 dick werden
guichet (m) 2 Schalter

H

habiller (s'-) 7 sich anziehen
habit (m) 7 Kleidungsstück
habitant (m) 1L Einwohner
habiter 1 wohnen
habitude (f) 7 Gewohnheit
hasard (m) 4 Zufall
hein! ◊ 1 was!
heure (f) 3 Stunde, Uhr(zeit)
homme (m) 7 Mann
hôtel (m) 1 Hotel
hypermarché (m) 5 L Einkaufszentrum

I

ici 1 hier
idée (f) 2 Idee
il y a 1 es gibt
impossible 4 unmöglich
indépendant,e 8 unabhängig
indiscret, indiscrète 4 indiskret
information (f) 1 Information
ingénieur (m) 8 Ingenieur
inquiéter (s'-) 3 sich beunruhigen

inscrire (s'-) 8 sich einschreiben
instant (m) 1. Augenblick
intéresser 6 interessieren
invitation (f) 4 Einladung
invité,e (m/f) 5 Gast
inviter 4 einladen

J

jamais 4 nie(mals)
jambon (m) 3 Schinken
jeune 7 jung, jugendlich
jeunesse (f) 8 L Jugend
joindre 4 erreichen
jouer 6 spielen
jour (m) 6 Tag
jour férié (m) 6 Feiertag
journal (m) 6 Zeitung
journaliste (m) 6 L Journalist
journéé (f) 6 L Tagesablauf
joyeux,se 8 fröhlich
jupe (f) 7 Rock
jus de fruit (m) 5 Fruchtsaft
jusqu'à 3 bis
jusque 8 bis
juste 1 genau

K

kilo (m) 5 Kilo

L

la barbe! ◊ 2 so ein Mist! zu blöd!
là-bas 2 dort, da hinten
laid,e 7 häßlich
laisser 8 (zu-) lassen
lait (m) 3 L Milch
laitue (f) 5 Kopfsalat
lardon (m) 3 Speckwürfel
large 7 groß, breit
lecteur (m) 8 L Leser
légume (m) 5 Gemüse
lettre (f) 8 Brief
libre 1 frei
lieu (m) 1 L Ort
lire 4 lesen
liste (f) 5 Liste
litre (m) 5 Liter
littéraire 8 Geisteswissenschaftler
livraison (f) 7 L Lieferung
livre (f) 5 Pfund
livre (m) 6L Buch
loin 1 weit
long,longue 2 L lang
longer 6 entlanggehen, -fahren
longtemps 8 lange
look (m) ◊ 7 Outfit
lourd,e 1 schwer

lundi 2 Montag
lune (f) 4L Mond
lunettes (fpl) 8 Brille
lycée (m) 8 Gymnasium

M

Madame (f) 1 Frau (Anrede)
Mademoiselle 4 L Fräulein (Anrede)
maintenant 4 jetzt
mais 1 aber
maison (f) Haus
maman (f) 3 Mama
manger 3 essen
manquer 5 fehlen
marché (m) 5 Markt
marcher 2 laufen, funktionieren
mardi (m) 4 Dienstag
mari (m) 3 Ehemann
mariage (m) 8 Hochzeit
marier (se) 8 heiraten
masculin, e 7 männlich
match (m) 5 Spiel (Sport)
math(ématique)s (fpl) 8 Mathe(matik)
matinée (f) 6 Morgen (Verlauf)
mélanger 3 L mischen
même 7 sogar
menu (m) 3 Menü, Essen

FRANZÖSISCH – DEUTSCH

mer (f) 4 Meer
merci 1 danke
mère (f) 3 Mutter
merguez (f) 6 L Grillwurst (scharf)
métro (m) 2 Metro
mieux 7 besser
minute (f) 2 Minute
moche ◊7 häßlich, gräßlich
mode (f) 7 Mode
modèle (m) 7 Modell
moderne 2 modern
moi 1 ich (betont)
mois (m) 4 Monat
moment (m) 4 Moment
monde (m) 3 Leute
monde (m) 8 Welt
Monsieur (m) 1 Herr
monstrueux, se 5 L riesig
monter 1 hinaufgehen, -tragen
musée (m) 2 Museum
musique (f) 6 Musik

N

n'est-ce pas? 5 nicht wahr?
nana (f) ◊ 2 Frau, Tussi
naturel,le 7 natürlich
nécessaire 3 notwendig
neveu (m) 8 Neffe
Noël (m/f) 8 Weihnachten
noisette (f) 3 Haselnuß
nombreux, se 8 zahlreich
non 1 nein
normal,e 4 normal
noter 5 notieren
nouveau, nouvel, nouvelle 4 neu
Nouvel An (m) 8 Neujahr
nuit (f) 1 Nacht
nulle part 8 nirgendwo, nirgends
numéro (m) 1 Nummer

O

occasion (m) 7 Gelegenheit
occuper de (s'-) 5 sich kümmern um
odeur (f) 5 Geruch
oeuf (m) 3 Ei
offre spéciale (f) 7 Sonderangebot
offrir 8 schenken
organiser 8 organisieren
où 1 wo
oui 1 ja
ouvert,e 2 geöffnet
ouvrir 4 öffnen

P

pain (m) 5 Brot
paire (f) 7 Paar
panier (m) 5 Korb
pantalon (m) 7 Hose
papier (m) 5 Papier
paquet (m) 7 L Packet
parcourir 8 befahren, durchlaufen
pardon 1 Entschuldigung
parfait 1 in Ordnung
parfum (m) 3 Geschmack, Parfum
parisien, ienne 6 aus Paris
parler 2 sprechen
particulièrement 7 besonders
partout 8 überall
pas 1 nicht
pas du tout 6 gar nicht
passer 3 verbringen
pâte (f) 3L Teig
pâté (m) 5L Terrine
patin à roulettes (m) 6 Rollschuh
pâtisserie (f) 5 Konditorei
pendant 8 während
personne (f) 1 Person
petit déjeuner (m) 1 Frühstück
petit,e 1 klein
peur (f) 8L Angst
peut-être 3 vielleicht

physique (f) 8 Physik
pichet (m) 3 Krug
pièce (f) 4 Zimmer, Stück
pièce (f) de théâtre 6 Theaterstück
pièce (f) 7 Stück (von etwas)
pied (m) 1 Fuß
pique-niquer 6 picknicken
piscine (f) 6 Schwimmbad
pistache (f) 3 Pistazie
piste de danse (f) 6 Tanzfläche
place (f) 1 Platz
plaire 3 gefallen
plan (m) 2 Plan
plein,e 4 voll
plus 2 mehr
plusieurs 8 mehrere
plutôt 2 eher
poêle (f) 3L Pfanne
pointure (f) 7 Schuhgröße
poisson (m) 5 Fisch
pont (m) 1L Brücke
port (m) 3 Hafen
poser 5 hinstellen, -legen
poste (f) 2 Post
pot (m) 5 Becher
poulet (m) 5 Hähnchen
pour 1 für
pourboire (m) 3 Trinkgeld

pourquoi 3 warum
pourtant 2 dennoch
pouvoir 1 können, dürfen
pratique 8 praktisch
préférer 3 vorziehen
premier, ière 2 erste (r,s)
prendre 1 nehmen
préparer 4 vorbereiten
près de 1 nahe bei
présenter 4 vorstellen
prévenir 4 Bescheid sagen
prévoir 6 vorhaben
prière de 4 es wird gebeten
principal,e 5 Haupt-,
prix (m) 7 Preis
problème (m) 5 Problem
prochain,e 3 nächste (r,s)
profiter 7 profitieren
programme (m) 6 Programm
projet (m) 8 Vorhaben
promenade (f) 6 Spaziergang
promener (se) 6 spazierengehen
proposition (f) 6 Vorschlag
puis 7 dann
puisque 2 da
pull (m) 7 Pulli

Q

qualité (f) 7 Qualität
quand 4 wann, wenn
quand même 7 immerhin
quand même 4 trotzdem
quart (m) 4 Viertel
que 5 daß
quelque chose 8 etwas
quelques 5 einige
quoi 2 was
quotidien, ienne 8 alltäglich

R

raconter 4 erzählen
raisonnable 8 vernünftig
râler ◊ 6 meckern
rallumer 5 wieder anmachen
randonnée (f) 6 Wanderung
ranger 8 auf-, wegräumen
rater 2 verpassen
rayé,e 7 gestreift
rayon (m) 5 Abteilung (Geschäft)
réaliser 8 verwirklichen
recevoir 7 L empfangen, erhalten
réfléchir 5 überlegen

regretter 5 bedauern
remercier 1 danken
remonter 8 hochfahren, -gehen
rencontrer 6 treffen
rendez-vous (m) 4 Verabredung, Termin
rendre compte (se) 8 sich bewußt werden
rentrer 5 nach Hause gehen
répartir (se) 5 sich etwas aufteilen
repas (m) 4 Mahlzeit
répondre 4 antworten
restaurant(m) 3 Restaurant
rester 5 bleiben, übrigbleiben
retarder 8 aufhalten
retour (m) 6 L Rückkehr, Rückfahrt
retrouver (se) 8 sich wiedersehen, -treffen
réussir 8 Erfolg haben
Réveillon (m) 8 Heiligabend
revoir 8 wiedersehen
rien 3 nichts
rigoler ◊ 5 Spaß machen
rigolo, rigolote ◊ 6 witzig
robe (f) 7 Kleid
rouge 3 rot
route (f) 6 Landstraße
rue (f) 1 Straße
rythmé,e 6 fetzig (Musik)

S

s'il vous plaît 1 bitte (siezen)
sac (m) 1 Tasche, Tüte
sacré,e ◊ 8 tierisch
salade (f) 3 Salat
salé,e 3L salzig
salle de bains (f) 1 Badezimmer
salle de séjour (f) 4 Wohnzimmer
salut 4◊ hallo, tschüs
samedi (m) 4 Samstag
sans 1 ohne
sarrasin (m) 3 L Buchweizen
saucisson (m) 5 L luftgetrocknete Wurst
savoir 3 wissen
scientifique (m) 8 (Natur)Wissenschaftler
séjour (m) 1 Aufenthalt
sel (m) 3 L Salz
séparer 5 L (se) sich trennen
sérieux, se 4 ernst(haft)
servir 3 L servieren
seul,e 8 allein
seulement 3 nur
si 4 ob, wenn
si possible 1 wenn möglich
simple 2 einfach
sinon 2 sonst
situé,e 1 L gelegen
sixième 1 sechste
soeur (f) 6 Schwester
soie (f) 7 Seide
soif (f) 3 Durst
soir (m) 4 Abend
soirée (f) 3 Abend (Verlauf)
soleil (m) 6 Sonne
sonner 4 klingeln
souhaiter 8 wünschen
sous (mpl) ◊ 4 Knete
souvenir (se) 8 sich erinnern
spécial,e 6 außergewöhnlich
stand (m) 7 Stand (Markt)
station de taxis (f) 1 Taxistand
stressé,e 4 gestreßt
sucré,e 3 L süß, gezuckert
sud (m) 8 Süden
super ◊ 4 super, klasse
sur 2 auf
sûr, e 2 sicher
surprise (f) 4 Überraschung
surtout 5 vor allem
sympa(thique) 2 nett

T

table (f) 3 Tisch
taille (f) 7 Größe (Kleider-)
tant pis! ◊ **5** L macht nichts!
tard 4 spät
taxi (m) 1 Taxi
télé(vision) (f) 5 Fernseher, Fernsehen
télécarte (f) 2 Telefonkarte
téléphone (m) 2 Telefon
téléphoner 2 telefonieren
tellement 7 so sehr
temps (m) 4 Zeit
tennis (m) 6 Tennis
terminer 3 beenden
terrasse (f) 3 Terrasse
théâtre (m) 6 Theater
ticket (m) 2 Fahrkarte (Bus, Metro, Flugzeug)
tiens! 3 ach, sieh' an!
tomate (f) 5 Tomate
toujours 5 immer
tour (m) 5 Reihe
tourner 2 abbiegen, drehen
tout 5 alle, alles, ganz
tout à fait 4 genau
tout à l'heure 3 später
tout de suite 3 gleich
tout droit 2 geradeaus
traditionnel,lle 3 traditionel
train (m) 1 Zug
train-train quotidien ◊ **(m) 8** Alltagstrott
tranche (f) 5 Scheibe
tranquillement 6 ruhig
travailler 4 arbeiten
très 1 sehr
trésor (m) 6 Schatz
trois 1 drei
tromper (se) 6 sich irren
trop 1 zu sehr
trouver 2 trouver
truc (m) 4 Ding

U

un peu 3 ein bißchen

V

valise (f) 1 Koffer
vacances (fpl) 7 Ferien
vanille (f) 3 Vanille
vélo (m) 6 Fahrrad
venir 2 kommen
verre (m) 3L Glas
vers 4 gegen
vert,e 7 grün
vêtement (m) 7 Kleidungsstück
viande (f) 5 Fleisch
vie (f) 8 Leben
vieux, vieille 7 alt
village (m) 6 Dorf
ville (f) 1 Stadt
vin (m) 3 Wein
vingtaine (f) 8 ca. zwanzig
visiter 4 besichtigen, anschauen
vite 2 schnell
vivre 8 leben
voici 3 hier bitte
voilà 1 hier ist
voir 4 sehen
voiture (f) 1 Auto
volontiers 1 gerne
vouloir 4 wollen
voyage (m) 1 Reise
voyage organisé (m) 8 Gruppenreise
voyager 1 reisen
vrai,e 3 wahr, wahrhaftig
vraiment 3 wirklich
vue (f) 4 Aussicht

W

week-end (m) 3 Wochenende

Y

y 4 dort
yaourt (m) 5 Joghurt

Z

zut! ◊ **2** Mist!

SOLUTIONS

THÈME 1

Écoutez

Dans le train: a oui **b** non **c** non **d** non **e** oui **f** oui. **Au bureau d'information:** Richtig wäre: Hotel hinter dem Dom; Hotel neben dem Bahnhof; Taxistand gegenüber vom Informationsbüro. **A l'hôtel: a** non **b** oui **c** non **d** non **e** oui **f** oui.

Pratique

1. le, la, l'? 1. la **2.** la **3.** le **4.** la **5.** le **6.** la **7.** la **8.** le **9.** l' **10.** la **11.** le **12.** le **13.** le **14.** le **15.** l' **16.** le **17.** la **18.** la, **19.** la **20.** la **21.** l' **22.** la **23.** la **24.** le **25.** l' **26.** la **27.** l'.

2. un, une? 1. une **2.** une **3.** un **4.** un **5.** une **6.** un **7.** un **8.** une **9.** un **10.** une **11.** une **12.** une **13.** une **14.** un **15.** un **16.** un **17.** un **18.** une **19.** un **20.** un **21.** une **22.** une **23.** un **24.** une **25.** une **26.** un **27.** un.

3. Konjugieren Sie: J'arrive à Paris, tu arrives, il arrive, nous arrivons, vous arrivez, ils arrivent. – Je voyage en voiture, tu voyages, il voyage, nous voyageons (!), vous voyagez, ils voyagent. – J'habite à Paris, tu habites, il habite, nous habitons, vous habitez, ils habitent. – Je cherche la rue de la Gare, tu cherches, il cherche, nous cherchons, vous cherchez, ils cherchent. – Je descends à Lyon, tu descends, il descend, nous descendons, vous descendez, ils descendent. – Je prends un taxi, tu prends, il prend, nous prenons, vous prenez, ils prennent. – J'ai une chambre libre, tu as, il a, nous avons, vous avez, ils ont. – Je suis au centre ville, tu es, il est, nous sommes, vous êtes, ils sont.

4. Setzen Sie bitte die richtige Endung ein 1. ez, ons **2.** es **3.** e **4.** ons **5.** e **6.** ez **7.** e **8.** ez **9.** eons, **10.** ent **11.** e **12.** ient **13.** ions **14.** es **15.** e **16.** ez **17.** ons **18.** ez **19.** e **20.** es. **21.** ent.

5. Antworten Sie auf die Fragen 1. Oui, je cherche une chambre. **2.** Oui, je vais à Paris. **3.** Oui, ils cherchent un hôtel. **4.** Nous sommes quatre personnes. **5.** Non, ils ont une chambre au premier étage. **6.** Oui, je connais le musée du Louvre. **7.** Oui, nous descendons à la station *Concorde*.

6. Bilden Sie Sätze 1. Tu prends le train. 2. Nous habitons près de Paris. 3. L'hôtel est derrière la gare. 4. Vous allez à Bordeaux en voiture. 5. J'ai l'adresse de l'hôtel. 6. Ils cherchent un hôtel pour trois personnes pour une nuit. 7. Je descends à Chantilly, c'est près de Paris.

7. Fragen Sie bitte Ihren Nachbarn 1. Vous allez à Lyon? 2. Vous avez encore une chambre libre? 3. Vous êtes déjà ici? 4. Vous aimez voyager? 5. Vous cherchez l'ascenseur? 6. Vous montez dans la chambre? 7. Vous allez à la cathédrale? 8. Vous connaissez bien la ville? 9. Vous descendez à Menton? 10. Vous habitez à Paris? 11. Vous prenez un taxi?

8. Fragen Sie jetzt Ihren Freund 1. Tu vas à Lyon? 2. Tu as encore une chambre libre? 3. Tu es déjà ici? 4. Tu aimes voyager? 5. Tu cherches l'ascenseur? 6. Tu montes dans la chambre? 7. Tu vas à la cathédrale? 8. Tu connais bien la ville? 9. Tu descends à Menton? 10. Tu habites à Paris? 11. Tu prends un taxi?

9. Fragen Sie jetzt Pierre und Nicole 1. Vous allez à Lyon? 2. Vous avez encore une chambre libre? 3. Vous êtes déjà ici? 4. Vous aimez voyager? 5. Vous cherchez l'ascenseur? 6. Vous montez dans la chambre? 7. Vous allez à la cathédrale? 8. Vous connaissez bien la ville? 9. Vous descendez à Menton? 10. Vous habitez à Paris? 11. Vous prenez un taxi?

10. Bitte, ordnen Sie die Personen zu 1. d 2. a/d 3. e 4. h 5. c/g 6. a/d 7. b/f 8. g.

11. Welche Endung, bitte? 1. L'hôtel est cher. Les hôtels sont chers. 2. La place est libre. Les places sont libres. 3. La chambre est très petite. Les chambres sont très petites 4. La salle de bains est libre. Les salles de bains sont libres. 5. Le sac est trop lourd. Les sacs sont trop lourds 6. Le restaurant du centre ville est trop cher. Les restaurants du centre ville sont trop chers. 7. L'Hôtel de la Gare est parfait. Les Hôtels de la Gare sont parfaits. 8. La ville est chouette. Les villes sont chouettes. 9. La chambre est au sixième. Les chambres sont au sixième. 10. La clé est dans l'ascenseur. Les clés sont dans l'ascenseur.

12. Hören Sie sich die Sätze an, und setzen Sie die fehlenden Zahlen ein 1. dix-sept 2. neuf cent trente et un 3. cinq cent 4. quarante-cinq 5. deux cent

SOLUTIONS

soixante **6.** cent vingt **7.** trois cents **8.** soixante mille **9.** trois cent cinquante **10.** mille six cents.

13. Hören Sie sich die Sätze an, und setzen Sie die Zahlen ein 1. vingt-deux **2.** neuf cent trente et un **3.** six cent cinquante-quatre **4.** mille deux cent quarante-sept **5.** trois cent quatre **6.** huit cent cinquante-deux **7.** mille cent soixante-sept.

14. Ihre Telefonnummer, bitte? 1. un, quatre, six, zéro, trois, huit. **2.** quatorze, soixante, trente-huit. **3.** trois, un, deux, deux, six. **4.** trente-et-un, vingt-deux, six. **5.** neuf, trois, trois, quatre, un. **6.** neuf, trente-trois, quarante-et-un. **7.** sept, un, six, un , neuf, un. **8.** soixante-et-onze, soixante-et-un, quatre-vingt-onze. **9.** huit, cinq, deux, six, neuf, cinq. **10.** quatre-vingt-cinq, vingt-six, quatre-vingt-quinze. **11.** un, sept, zéro, neuf, quatre, deux. **12.** dix-sept, zéro neuf, quarante-deux.

15. Wortsalat 1. La cathédrale est au centre ville. **2.** Nous habitons près de Biarritz. **3.** La station de taxis est à côté de la gare. **4.** La douche est dans la salle de bains. **5.** Les touristes descendent à Paris. **6.** Madame Durand fume dans le couloir. **7.** Vous cherchez un petit hôtel loin de la ville.

16. Bitte übersetzen Sie 1. La gare est derrière l'église. **2.** La station de taxis est à côté de la cathédrale. **3.** Il habite ici? **4.** Non, il habite à Bordeaux. **5.** Versailles est loin de Paris? **6.** Non, Versailles est à vingt-deux kilomètres de Paris. **7.** Elle habite encore en France? **8.** Où est Caroline? **9.** Elle est dans la salle de bains. **10.** L'ascenseur est en face. **11.** Ici, c'est l'Hôtel du Brabant. **12.** La chambre est sans salle de bains, mais avec douche. **13.** En face de la gare, il y a cinq hôtels. **14.** 720 francs pour une chambre, c'est trop cher!

17. Finden Sie die richtigen Telefonnummern 1. Bleu Marine-Hotel*** Restaurant: zéro trois quatre-vingt-sept soixante-six quatre-vingt-un onze **2.** Grand Hotel de Metz: zéro trois quatre-vingt-sept trente-six seize trente-trois **3.** Service Après-Vente Auchan: zéro trois quatre-vingt-sept cinquante-et-un dix-sept vingt-sept **4.** Evasion: zéro trois quatre-vingt-sept zéro deux soixante-dix-neuf-soixante et une **5.** Comfort Inn Primvère: zéro trois quatre-vingt-sept trente trente zéro trois

Compris? **1.** b **2.** c **3.** b **4.** a.

THÈME 2

Écoutez

A. 1. Dans la rue: Szene B. **2. Fermé le lundi:** Bild A. **B. Téléphoner:** 3. **Au guichet de métro:** 4. **Taxi:** 7c **Train ou avion:** 8b.

Pratique

1. Konjugieren Sie bitte: 1. Je fais les valises, tu fais, il fait, nous faisons, vous faites, ils font. **2.** J'attends le train, tu attends, il attend, nous attendons, vous attendez, ils attendent. **3.** Je prends l'avion, tu prends, il prend, nous prenons, vous prenez, ils prennent. **4.** Je viens à pied, tu viens, il vient, nous venons, vous venez, ils viennent. **5.** Je peux voyager, tu peux, il peut, nous pouvons, vous pouvez, ils peuvent. **6.** Je prends le métro pour aller à New York, tu prends, il prend, nous prenons, vous prenez, ils prennent. **7.** Je fais le petit déjeuner pour le Président de la République, tu fais, il fait, nous faisons, vous faites, ils font. **8.** J'attends l'avion avec Steffi Graf, tu attends, il attend, nous attendons, vous attendez, ils attendent. **9.** Je viens en taxi avec Gérard Départdieu, tu viens, il vient, nous venons, vous venez, ils viennent.

2. Setzen Sie die Verben in Klammern in die richtige Form 1. allez **2.** descendons **3.** ratent **4.** prenez **5.** descendent **6.** changeons **7.** dit **8.** voyageons **9.** pouvez **10.** font **11.** peuvent.

3. Sagen Sie's umgangssprachlich 1. On voyage **2.** On prend **3.** On va **4.** On attend **5.** On fait **6.** On vient **7.** On connaît **8.** On peut **9.** On a **10.** On est **11.** On habite.

4. Sagen Sie Ihrem Freund, was er tun soll 1. fais **2.** fais **3.** trouve **4.** monte **5.** attends **6.** tourne **7.** prends **8.** viens **9.** va **10.** sois.

5. Sagen Sie Ihren Kindern, was sie tun sollen 1. faites **2.** allez **3.** prenez **4.** soyez **5.** marchez **6.** faites **7.** venez **8.** dites **9.** attendez **10.** montez **11.** tournez **12.** téléphonez.

6. Sagen Sie den Herrschaften, was sie tun sollen 1. faites **2.** changez **3.** téléphonez **4.** faites **5.** venez **6.** demandez **7.** parlez **8.** descendez **9.** allez **10.** cherchez **11.** parlez **12.** soyez.

SOLUTIONS

8. Ergänzen Sie bitte die Sätze 1. te 2. toi 3. m' 4. vous 5. vous 6. vous 7. s' 8. vous 9. nous 10. toi.

9. Expressions 1. Je vais à pied à la gare. 2. Pardon, vous pouvez me dire où est l'Opéra? 3. Il y a un bistrot sympa au centre ville. 4. La station de taxis est à gauche de la poste. 5. Dépêchez-vous, le train arrive! 6. Nous sommes en voiture. 7. Prenez donc le bus pour aller à l'aéroport! 8. Ce n'est pas la peine. 9. Tu peux faire les valises, chéri? 10. Au centre ville, je m'ennuie. 11. Le bureau d'information est près du restaurant «La petite France».

10. Stellen Sie die gleichen Fragen mit «est-ce que» 1. Est-ce que tu fumes? 2. Est-ce que c'est loin pour aller au centre ville? 3. Est-ce que tu aimes voyager? 4. Est-ce que le bus s'arrête à la Gare de l'Est? 5. Est-ce que vous avez encore une chambre pour trois personnes? 6. Est-ce que tu habites près de Lyon? 7. Est-ce que c'est direct pour aller à l'aéroport? 8. Bordeaux, est-ce que vous connaissez? 9. Est-ce que vous allez aussi à Brest? 10. Est-ce qu'on prend le métro ici? 11. Est-ce que vous attendez un taxi?

11. Fragen Sie kürzer 1. Vous fumez? 2. C'est loin, l'Opéra? 3. Vous connaissez la ville? 4. Ils sont là-bas? 5. Nous avons une télécarte? 6. Vous pouvez téléphoner à l'hôtel? 7. Elle est charmante, Caroline? 8. Tu peux t'arrêter ici? 9. Vous avez encore des valises? 10. Vous venez aussi? 11. Ils peuvent se dépêcher?

12. Lesen Sie die Antworten und stellen Sie die Fragen dazu 1. Est-ce que vous connaissez (tu connais) Paris? 2. Est-ce que vous allez (tu vas) à pied? 3. Est-ce que vous descendez (tu descends) à Marseille? 4. Est-ce que Claudine arrive à Roissy? 5. Est-ce que le train s'arrête à Lyon? 6. Est-ce que le téléphone marche? 7. Est-ce que Jean est très gentil? 8. Est-ce que vous aimez (tu aimes) voyager? 9. Est-ce que vous cherchez (tu cherches) la clé? 10. Est-ce que l'hôtel est avec ascenseur? 11. Est-ce que le petit déjeuner est compris? 12. Est-ce que le musée est ouvert le lundi?

13. Verneinen Sie 1. Le musée n'est pas ouvert. 2. Nous ne prenons pas l'avion. 3. L'aéroport n'est pas loin. 4. La voiture ne marche pas bien. 5. L'agent de police n'est pas sympa. **6.** Le taxi ne s'arrête pas. **7.** La valise n'est pas lourde. **8.** Le guichet n'est pas ouvert. **9.** Daniel ne fume pas trop. **10.** Gérard et Marianne ne connaissent pas Bordeaux. **11.** Je ne rate pas l'avion.

14. Rätsel 1. libre **2.** aéroport **3.** tournez **4.** valise **5.** autobus **6.** Orly **7.** gare **8.** changeons **9.** idée. Lösung: **Bon voyage**

15. Beantworten Sie die Fragen nach dem Beispiel 1. Non, le taxi n'attend pas devant l'hôtel, il attend devant la gare. **2.** Non, Catherine ne prend pas le bus, elle prend la voiture. **3.** Non, les touristes ne descendent pas à la station Opéra, ils descendent à la station Bastille. **4.** Non, on ne tourne pas à gauche, on tourne à droite. **5.** Non, le musée n'est pas près de l'aéroport, il est près de l'église. **6.** Non, nous ne changeons pas à la Gare de l'Est, nous changeons à la Gare du Nord. **7.** Non, il ne monte pas les valises, il monte les sacs. **8.** Non, elles ne vont pas à Nice, elles vont à Menton. **9.** Non, pour l'aéroport, ce n'est pas direct, vous changez à la Bastille. **10.** Non, l'hôtel n'est pas chouette, il est cher. **11.** Non, nous ne pouvons pas aller au musée, nous pouvons aller à la cathédrale.

16. Fügen Sie à, à la, à l', au ein 1. Je vais à l'hôtel. **2.** Je vais au restaurant. **3.** Je vais à la brasserie. **4.** Je vais à l'étage. **5.** Je vais à la gare. **6.** Je vais à l'église. **7.** Je vais au bureau. **8.** Je vais à la cathédrale. **9.** Je vais au centre ville. **10.** Je vais au guichet. **11.** Je vais à l'aéroport. **12.** Je vais au musée. **13.** Je vais à la poste. **14.** Je vais à la station de taxis. **15.** Je vais à la cabine téléphonique.

17. Fügen Sie du, de la, de l' ein 1. L'adresse du restaurant. **2.** L'adresse de l'aéroport. **3.** Le coin de la rue. **4.** Le centre de la place. **5.** La clé de la salle de bains. **6.** Le centre du plan. **7.** Le coin du sac. **8.** L'hôtel du pont. **9.** La douche de l'hôtel. **10.** Le centre de la cathédrale. **11.** Le carnet de tickets. **12.** La brasserie du centre. **13.** La curiosité de la région. **14.** Le couloir de l'avion.

18. Was gehört zusammen? 1. c **2.** e **3.** a **4.** d **5.** b **6.** f.

Compris? 1. oui **2.** non **3.** non **4.** oui **5.** non **6.** oui **7.** non **8.** oui **9.** non **10.** non.

SOLUTIONS

THÈME 3

Écoutez

A: 1. a 2. b 3. a. **B:** 1. non 2. non 3. oui 4. non 5. non 6. oui 7. oui 8. non 9. oui 10. non 11. non 12. non 13. oui 14. non 15. non 16. oui 17. oui 18. non

Pratique

1. Konjugieren Sie im Futur: 1. Je serai à Paris demain, tu seras, il/elle/on sera, nous serons, vous serez, ils seront. **2.** Je voyagerai en avion, tu voyageras, il/elle/on voyagera, nous voyagerons, vous voyagerez, ils voyageront. **3.** J'aurai faim et soif, tu auras, il/elle/on aura, nous aurons, vous aurez, ils auront. **4.** Je viendrai le week-end prochain, tu viendras, il/elle/on viendra, nous viendrons, vous viendrez, ils viendront. **5.** Je préparerai le petit déjeuner dans la cuisine, tu prépareras, il/elle/on préparera, nous préparerons, vous préparerez, ils prépareront. **6.** Je ferai une excursion en voiture dans les Alpes, tu feras, il/elle/on fera, nous ferons, vous ferez, ils feront.

2. Was wird morgen sein? 1. Demain, nous mangerons au restaurant. **2.** Demain, Sylvie aimera Jacques. **3.** Demain, Pierre fumera des Camel. **4.** Demain, vous détesterez les crêpes. **5.** Demain, on téléphonera à Monsieur Petit. **6.** Demain, tu boiras du vin rouge. **7.** Demain, nous aurons de la glace au café. **8.** Demain, je me débrouillerai seule à Tokyo. **9.** Demain, les trains seront en grève. **10.** Demain, elles demanderont à une autre dame. **11.** Demain, la voiture ne marchera pas. **12.** Demain, nous tournerons à droite. **13.** Demain, vous attendrez Corinne à la gare. **14.** Demain, le musée Rodin sera fermé. **15.** Demain, ils accepteront les télécartes.

3. Setzen Sie die Verben in Klammern in die Lücken 1. arrivera **2.** prendrons **3.** changerez **4.** tourneras, prendras **5.** pourrai **6.** serai **7.** voyagerons **8.** s'arrêtera **9.** aurons **10.** sera

4. Welches Verb paßt in welche Lücke? Konjugieren Sie im Futur!
1. prendra, descendra **2.** commanderas **3.** sera **4.** viendront **5.** ferez **6.** iront **7.** boirai **8.** demanderons **9.** marchera **10.** cuisinerai, mangerons.

5. Setzen Sie die Verben in die richtige Form 1. préfères 2. préfère 3. préférez 4. préférons 5. préfère 6. préfèrent 7. préfèrent 8. m'inquiète 9. nous inquiétons 10. s'inquiètent 11. s'appelle 12. vous appelez 13. m'appelle 14. appelle 15. t'inquiète 16. appelle 17. choisissent 18. choisis 19. choisissez

6. Vervollständigen Sie die Sätze mit dem Teilungsartikel! 1. des, du 2. des 3. des 4. du 5. du 6. du 7. de l' 8. du 9. du 10. de la 11. de la.

7. Wortsalat 1. Frédéric est vraiment très difficile. 2. Il déteste cuisiner, mais il aime beaucoup manger. 3. Il préfère aller au restaurant. 4. Mais, attendre le menu, la barbe! 5. Il n'aime pas les crêperies et les restaurants chics. 6. Il déteste aussi les brasseries. 7. Manger en terrasse, un drame, il y a des courants d'air! 8. Le week-end, il se débrouille pour manger chez ses parents. 9. Zut! aujourd'hui, le self-service au coin de la rue est fermé. 10. Frédéric est énervé, il a très faim.

8. Formen Sie die Adjektive in Adverbien um 1. librement 2. directement 3. difficilement 4. simplement 5. vraiment 6. traditionnellement 7. complètement 8. nécessairement 9. prochainement 10. seulement 11. parfaitement.

9. Wie sagen Sie's auf französisch? 1. Mon mari arrivera sûrement bientôt. 2. Les Tartivel voyagent tranquillement. Ils ne sont pas stressés. 3. Le garçon ne vient pas prendre les commandes. 4. Catherine viendra bientôt. 5. Je n'ai pas envie d'aller au restaurant. 6. Nous prenons seulement un ticket/un ticket seulement. 7. Ça fait déjà trois heures que nous attendons les boissons et en plus, il y a des courants d'air ici. Venez, on s'en va! 8. Tu veux vraiment téléphoner? 9. Je veux une glace. Qu'est-ce que vous avez comme parfums? 10. Je prends simplement une eau minérale. 11. Marie est énervée et fatiguée et en plus, elle n'a pas faim.

10. Fragen Sie anders und antworten Sie 1. Qu'est-ce que tu prends comme dessert? Je prends des fraises. 2. Qu'est-ce que vous fumez? Je fume des Gauloises. 3. Qu'est-ce que vous avez comme chambres libres? Nous avons des chambres avec douche. 4. Qu'est-ce qu'il a comme voiture? Il a une Porsche. 5. Qu'est-ce qu'il y a comme curiosités ici? Il y a des églises et des musées. 6. Qu'est-ce qu'on peut faire dans la région? On peut faire des excursions. 7. Qu'est-ce qu'il y a comme tables libres? Il y a des tables en terrasse seulement. 8. Qu'est-ce que vous avez comme menu aujourd'hui? Nous avons des épinards et des oeufs. 9. Qu'est-ce que c'est comme cabines téléphoniques ici? C'est des cabines à carte. 10. Qu'est-ce que tu veux comme cidre? Je veux du brut. 11. Qu'est-ce qu'elles préfèrent comme galettes? Elles préfèrent les galettes complètes. 12. Qu'est-ce que c'est, les crêpes Suzettes? C'est des crêpes flambées

SOLUTIONS

au cognac. **13.** Qu'est-ce que vous prenez comme boisson? Je prends/nous prenons de l'eau minérale. **14.** Qu'est-ce que vous désirez comme valise? Nous désirons/je désire des petites valises. **15.** Qu'est-ce que vous habitez comme ville? Nous habitons/j'habite une ville très pittoresque. **16.** Qu'est-ce que vous ferez comme voyage? Nous ferons/je ferai un voyage sur la Côte d'Azur.

11. Qu'est-ce que c'est? 1. du cidre **2.** du déca **3.** aux épinards **4.** de l'eau minérale **5.** des courants d'air **6.** du brut **7.** du fromage **8.** des cartes.

Compris? 1. oui **2.** non **3.** oui **4.** non **5.** oui **6.** non **7.** non **8.** oui **9.** non **10.** non **11.** non **12.** non.

THÈME 4

Écoutez

A. 1. a **2.** b **3.** c **4.** b **5.** c. **B. Les erreurs: 1. 2. 4. 6.**

Pratique

1. Was werden Sie gleich tun? 1. vais inviter **2.** va rater **3.** va arriver **4.** vais chercher **5.** allez prendre **6.** vais aller **7.** va venir **8.** va pouvoir **9.** allez prévenir **10.** vais terminer **11.** allons venir **12.** vont pendre **13.** vais raconter **14.** vais vous présenter **15.** va prendre **16.** vais prévenir **17.** vont s'inquiéter **18.** allons vous répondre **19.** va aller **20.** vais inviter **21.** allez venir.

2. Verschnaufpause! Suchen Sie die Formen von *aller* und *venir*, die Sie zur Bildung des *futur proche* und des *passé récent* brauchen!

```
S   N   E   I   V   V   E   T
N   Z   E   L   L   A   N   N
O   E   N   V   V   E   Z   O
L   N   S   E   N   U   V   V
L   E   U   N   T   I   V   E
A   V   E   O   E   A   E   Z
Z   I   A   N   I   L   L   A
V   E   T   S   N   E   I   V
```

horizontal: VIENS (1. Zeile von rechts nach links) ALLEZ (2. Zeile von rechts nach links) VIENS (letzte Zeile von rechts nach links)
vertikal: ALLONS (1. Spalte von unten nach oben) VENEZ (2. Spalte von unten nach oben) VENONS (4. Spalte von oben nach unten) VA (ganz oben drittletzte Spalte abwärts) VONT (letzte Spalte von unten nach oben)
diagonal: VIENNENT (in der Hälfte links unten nach rechts oben) VIENT (rechts Mitte nach links unten) VAIS (rechts Mitte nach links unten) VAS (links unten nach rechts Mitte ganz unten)

3. Eine vollgepackte Woche: Mardi, 11 avril à 9 heures, elle va téléphoner à Nicole, à 11 heures elle va visiter l'appartement, à 20 heures 30, elle va passer chez Nicolas. **Mercredi,** 12 avril à midi, elle va déjeuner au restaurant avec sa mère, à 16 heures, elle va inviter Sylvie pour son annversaire. **Jeudi,** 13 avril, à 14 heures, elle va téléphoner à la crêperie , à 20 heures, elle va prendre Alice à la gare, à 21 heures, elle va sortir avec les copains. **Vendredi,** 14 avril à 10 heures, elle va appeler l'Hôtel du Brabant, à 17 heures, elle va aller voir ses parents. **Samedi,** 15 avril à 9 heures, elle va aller chercher Jean à la gare, à 15 heures, elle va aller au musée, à 20 heures elle va dîner avec Jean. **Dimanche,** 16 avril, elle va rester à la maison.

4. Und jetzt... im Futur! Mardi: téléphonera, visitera, passera. **Mercredi**: déjeunera, invitera. **Jeudi**: téléphonera, prendra, sortira. **Vendredi**: appellera, ira voir. **Samedi**: ira chercher, ira, dînera. **Dimanche**: restera.

5. Sie haben eben etwas gemacht 1. viens de **2.** vient de **3.** vient de **4.** viens d' **5.** venons de **6.** viens de **7.** venez de **8.** vient de **9.** vient de **10.** viens de **11.** vient de **12.** venons de **13.** vient de **14.** viens de.

6. Catherine erzählt von sich 1. ma **2.** mon **3.** mes **4.** mon **5.** ma **6.** mes **7.** ma **8.** mes, mes

7. Catherine spricht mit ihrer Freundin 1. ta **2.** ton **3.** ta **4.** tes **5.** ta **6.** ton **7.** tes **8.** ton

8. Catherine und ihre Freundin sprechen von ihrem Chef 1. sa **2.** son **3.** sa **4.** son **5.** son **6.** ses **7.** sa **8.** son

SOLUTIONS

9a. Verschnaufpause 2

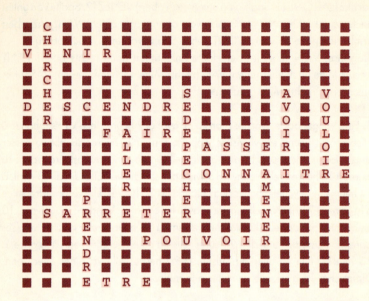

9b. Füllen Sie die Lücke 1. Je viens de **descendre** du train. **2.** Est-ce que vous **connaissez** Paricia Kaas? **3.** Je vais **chercher** un hôtel près du stade de France. **4. Dépêche**-toi! **5.** Est-ce que tu **veux** des crêpes? **6.** Je **passerai** tout à l'heure. (Futur) **7.** Nous venons de **nous arrêter** à Montpellier. **8.** Je vais **prendre** deux carnets. **9.** Nous **viendrons** samedi soir. **10.** Est-ce que je peux **amener** des copains? **11.** Elles **viennent** d'aller au supermarché. **12.** Vous allez **avoir** un nouvel appart? **13.** Tu **peux** visiter le musée d'Art Moderne. **14. Fais**-moi un déca, s'il te plaît. **15.** Ce n'**est** pas grave

10. Setzen Sie nochmals Possessivpronomen ein 1. notre **2.** leur **3.** vos **4.** votre **5.** leurs **6.** notre **7.** votre **8.** nos **9.** leur

11. Wortsalat BONJOUR MICHEL MERCI POUR TON INVITATION JE TRAVAILLE SAMEDI SOIR DESOLE BON ANNIVERSAIRE ET BONNE SOIREE SALUT NICOLAS

13. Übersetzen Sie 1. Le taxi vient de s'arrêter à la gare. Sabine descend. Elle va prendre le train à Paris. **2.** Marcel et Michelle viennent d'attendre un taxi. Maintenant, un taxi s'arrête devant l'hôtel. En taxi, ils vont aller vite à l'aéroport. **3.** Je viens de marcher pendant des heures. Maintenant je suis fatigué(e). Je vais prendre ma voiture.

14. Trainieren Sie ein paar wichtige Redewendungen 1. O.k., ça marche. Vous pouvez venir vers huit heures. **2.** Tu m'en veux, mon chéri (ma chérie)? **3.** Je suis désolé(e), mais vendredi soir, je ne peux (pourrai) pas venir. **4.** A trois heures, j'ai un rendez-vous chez le coiffeur. **5.** Moi, c'est la pleine forme. **6.** Ce n'est pas facile de trouver un taxi à Paris. **7.** Je t'assure, nous avons un appartement super! **8.** Demain, je vais faire une petite soirée avec les copains. **9.** Tu ne peux vraiment pas venir? **10.** Je peux/est-ce que je peux emmener ma copine?

Compris? 1. a **2.** c **3.** b **4.** a **5.** c.

Thème 5

Écoutez

Faire les courses: 1. oui **2.** oui **3.** non **4.** oui **5.** oui.
Christian va au marché: 6. oui **7.** oui **8.** non. **Christian achète du pain: 9.** non **10.** non **11.** non **12.** oui. **Carole va à la crémerie: 13.** du jambon, un poulet, de la glace. **Carole au supermarché: 14**c. **Carole rentre à la maison: 15.** non **16.** non.

Pratique

1. Konjugieren Sie im Conditionnel 1. J'aimerais, tu aimerais, il aimerait, nous aimerions, vous aimeriez, ils aimeraient aller à Paris. **2.** Je voudrais, tu voudrais, il voudrait, nous voudrions, vous voudriez, ils voudraient du pain de campagne. **3.** J'irais, tu irais, il irait, nous irions, vous iriez, ils iraient dîner au restaurant. **4.** Je demanderais, tu demanderais, il demanderait, nous demanderions, vous demanderiez, ils demanderaient des sous. **5.** Je composterais, tu composterais, il composterait, nous composterions, vous composteriez, ils composteraient les billets à la gare. **6.** Je ne dérangerais pas, tu ne dérangerais pas, il ne dérangerait pas, nous ne dérangerions pas, vous ne dérangeriez pas, ils ne dérangeraient pas les collègues.

2. Wie formulieren Sie ... höflicher?
1. voudrais **2.** voudrais **3.** voudrait **4.** pourriez **5.** pourrais **6.** voudrais **7.** voudrions **8.** pourriez **9.** pourriez **10.** pourrais.

3. Kommandieren oder verführen!
2. S'il-vous-plaît Monsieur, vous pourriez descendre la valise!
3. Tu pourrais venir demain soir, mon amour!
4. Pardon Madame, vous pourriez me dire où est le musée s'il-vous-plaît.
5. Je voudrais une glace s'il-te-plaît, maman!
6. Tu pourrais commander une bouteille de champagne, mon trésor.

4. Wie heißt's im Conditionnel?
1. pourrais **2.** pourrait **3.** pourrions **4.** voudrais **5.** voudrions **6.** voudrait **7.** voudrais **8.** aimerais **9.** pourrais **10.** pourrais **11.** pourriez **12.** voudrais **13.** voudrions **14.** aimerait **15.** voudrais **16.** aimerions.

5. Sagen Sie, was Sie tun würden, wenn Sie jede Menge Geld hätten
1. Je voyagerais toujours. **2.** J'achèterais une maison à Acapulco. **3.** J'irais en Chine. **4.** J'inviterais beaucoup d'amis. **5.** Je ne cuisinerais plus. **6.** J'habiterais à l'hôtel. **7.** Je m'achèterais un avion.

6a. Ersetzen Sie das Subjekt durch ein Personalpronomen
1. Elles prennent le métro. **2.** Il s'arrête devant le musée. **3.** Ils vont à Vienne. **4.** Elle ne peut pas venir.

6b. Ersetzen Sie das direkte Objekt durch ein Personalpronomen
1. Je la prends. **2.** Nous les cherchons. **3.** Tu le visites avec ton cousin. **4.** Vous les appelez.

6c. Ersetzen Sie das indirekte Objekt durch ein Personalpronomen
1. Tu leur achètes une glace. **2.** Vous lui expliquez le problème. **3.** Pauline lui répond par téléphone. **4.** Le chef leur présente Monsieur Noir.

7. Es ist klar, wer gemeint ist 2. ils **3.** elle **4.** elles **5.** l' **6.** l' **7.** lui **8.** leur **9.** lui **10.** nous.

8. Hier fehlt das richtige Personalpronomen! 1. toi **2.** m' **3.** te, t' **4.** me **5.** les **6.** moi **7.** vous **8.** me **9.** t' **10.** me **11.** m' **12.** vous **13.** t' **14.** m' **15.** vous.

9. Wie geht's weiter? 1. c **2.** a **3.** d **4.** g **5.** b **6.** h **7.** e **8.** f

10. Übersetzen Sie bitte die Antworten der Kurzdialoge 1. Non, il ne s'arrête plus devant le Louvre, il s'arrête devant le Palais Royal. **2.** Non merci, je ne fume plus, ... et tu sais, il ne faut pas fumer ici. **3.** C'est difficile, il n'aime vraiment rien. **4.** Non, je ne peux pas aujourd'hui. Non, je ne veux pas aller au restaurant avec toi, et s'il te plaît, Jérôme, ne me téléphone plus. **5.** Tu ne cuisineras pas? Dommage, j'ai vraiment faim. **6.** Je ne suis pas nerveuse, mais je veux aller au restaurant avec Charles et ma voiture ne marche plus. **7.** Je sais, mais je ne trouve pas mes clés. **8.** Non merci, je ne veux plus rien. Non merci, je ne veux vraiment plus rien. **9.** Non, je n'ai pas envie d'attendre.

11. Was kann man wo kaufen? A. 1. la **2.** la (falsch) **3.** la **4.** les. **B. 1.** la **2.** l' (le) **3.** la (falsch) **4.** la. **C. 1.** la **2.** le **3.** le (falsch) **4.** le. **D. 1.** la **2.** le **3.** le **4.** la **5.** le (falsch) **6.** le. **E. 1.** le **2.** le **3.** le **4.** l' (la) **5.** la (falsch) **6.** le. **F. 1.** le **2.** l' (le) **3.** la (falsch) **4.** le **5.** le **6.** la.

12. Ihr Einkaufszettel ist durcheinandergeraten a 9 – b 7 – c 4 – d 5 – e 2 – f 3 – g 8 – i 1

13 a. Bilden Sie Sätze! Verben konjugieren und Lücken füllen:
1. J'achète un kilo de tomates. **2.** Tu aimes la glace. **3.** Paul boit du cidre. **4.** Marie prend des légumes au marché. **5.** Nous mangeons de la salade. **6.** Vous détestez le chocolat. **7.** Mes amis aiment la viande, mais moi je préfère le fromage. **8.** Les touristes boivent une bouteille de vin rouge.

14. Regal leer 2. je n'ai plus, je ne prends rien **3.** nous n'avons plus, je n'aime pas **4.** je n'ai pas de glaces, je n'ai que, je ne veux rien, je n'aime pas.

15. Schnelle Entscheidungen sind gefragt 1. Il faut absolument appeler Sandrine. **2.** Il faut absolument faire les courses. **3.** Il faut prendre l'avion.

4. Il faut changer à «Châtelet-Les Halles». **5.** Il faut avoir une télécarte. **6.** Il faut absolument téléphoner ce soir. **7.** Il faut acheter la farine de sarrasin. **8.** Il faut se dépêcher. **9.** Il faut prendre le métro. **10.** Il faut manger. **11.** Il faut attendre **12.** Il faut monter à pied. **13.** Il faut demander au bureau d'information. **14.** Bof, les grandes villes, il faut vraiment aimer. **15.** Bien sûr! Il faut dire, tu arrives toujours en retard.

16. Kochen angesagt: La galette de sarrasin: Il faut prendre 500 grammes de farine de sarrasin. Il faut ajouter 4 oeufs et du sel. Il faut mélanger avec un peu d'eau. Il faut mettre un peu de pâte dans une poêle graissée et il faut cuire des deux côtés. **Les crêpes bretonnes:** Il faut prendre 500 grammes de farine de froment. Il faut ajouter 3 oeufs, 20 grammes de beurre, 3 grammes de sel, un verre de bière et un verre de lait. Il faut mélanger et ajouter 125 grammes de beurre fondu. Il faut attendre une demi-heure et il faut cuire les crêpes comme la galette de sarrasin.

17. Wie sagen Sie's auf französisch? 1. Je n'ai pas faim. Je ne veux rien manger. **2.** Je regrette, mais je n'ai pas de glace à l'abricot. **3.** Je déteste les épinards. **4.** Qu'est-ce qu'on pourrait manger ce soir? Je n'ai pas d'idées. **5.** Je ne veux pas de sac, j'ai un panier. **6.** Je voudrais une livre de fraises, un kilo de cerises et …, ah, c'est tout/ ça sera tout. **7.** Faire les courses, c'est vraiment la barbe, je préfère aller au restaurant. **8.** Le téléphone sonne sans arrêt. **9.** Le camembert est en promotion. Oui, mais il est trop/très fait! Donnez-moi plutôt un morceau de Comté.

18. Mehr Chaos als Ordnung: curiosité, appartement, petit déjeuner, excursion, Mademoiselle, salle de bains, volontiers, se débrouiller, cabine téléphonique, saucisson, courants d'air, bouteille, travailler, aujourd'hui, pâtisserie, s'inquiéter, nécessaire, coup de fil, après demain, jus d'orange, tout à l'heure.

Compris? 1. oui **2.** non **3.** non **4.** oui **5.** non **6.** non **7.** oui **8.** non **9.** non.

THÈME 6

Écoutez

Aller au théâtre: 1. non 2. non 3. oui 4. oui 5. non. **Un dimanche en famille:** 6. oui 7. non 8. oui. **Aller danser:** 9. oui 10. non 11. non. **Dans un bureau d'information à Paris:** 12. oui 13. non 14. oui. **Prendre l'air:** 15. oui 16. non 17. non.

Pratique

1. Konjugieren Sie im *passé composé* 2. je suis venu(e), tu es venu(e), il est venu, elle est venue, nous sommes venu(e)s, vous êtes venu(e)s, ils sont venus, elles sont venues en voiture. **3.** J'ai dansé, tu as dansé, il/elle a dansé, nous avons dansé, vous avez dansé, ils/elles ont dansé toute la nuit à la discothèque. **4.** J'ai eu, tu as eu, il/elle a eu, nous avons eu, vous avez eu, ils/elles ont eu des invités branchés. **5.** Je me suis habillé(e), tu t'es habillé(e), il s'est habillé, elle s'est habillée, nous nous sommes habillé(e)s, vous vous êtes habillé(e)s, ils se sont habillés, elles se sont habillées aux puces. **6.** J'ai pris, tu as pris, il/elle a pris, nous avons pris, vous avez pris, ils/elles ont pris le train à Lyon. **7.** J'ai traversé, tu as traversé, il/elle a traversé, nous avons traversé, vous avez traversé, ils/elles ont traversé la France en vélo. **8.** Je suis sorti(e), tu es sorti(e), il est sorti, elle est sortie, nous sommes sorti(e)s, vous êtes sorti(e)s, ils sont sortis, elles sont sorties de la maison à six heures. **9.** J'ai été, tu as été, il/elle a été, nous avons été, vous avez été, ils/elles ont été énervé(e)s toute la journée.

2. Er oder sie – einer oder viele? 1. Sabine est allée a la gare. **2.** sommes partis **3.** est monté **4.** as fait **5.** a attendu **6.** avez pris **7.** se sont inquiétés **8.** n'a pas voulu **9.** n'a pas eu **10.** n'avons pas pu **11.** est arrivée **12.** a invité **13.** me suis débrouillée **14.** se sont occupées **15.** avons vendu **16.** me suis trompée **17.** sont rentrés **18.** se sont séparés **19.** sont sorties **20.** ont rencontré **21.** a été **22.** a bu **23.** m'a plu.

3. Oh, mon Dieu! 1. j'ai mangé **2.** a été **3.** est venue, ai attendu, est arrivé **4.** avons pris, a piqué **5.** sommes allés **6.** a visité, s'est trompée, suis partie **7.** a eu, est rentrée **8.** ai passé, ai appelé, me suis reposée, ai regardé **9.** ai fait **10.** ai pu **11.** as passé, as fait.

SOLUTIONS

4. Bilden Sie das *participe passé*, und setzen Sie den Satz in die jeweils nächste Person 1. bu/Tu as bu un café avec Corinne **2.** venu/Elle est venue pour travailler **3.** voulu/J'ai voulu inviter tout mes amis. **4.** pris/Vous avez pris l'avion pour passer vos vacances en Italie **5.** vu/Hier, ils ont vu un film rigolo au cinéma. **6.** connu/Il a connu sa femme dans le train **7.** arrivé(e)s/Vous êtes arrivé(e)(s) en retard. **8.** partis/Elles sont parties à 6 heures **9.** fait/Tu as fait les courses avec ton mari. **10.** vendu/Ils ont vendu leur voiture. **11.** montée/ Nous sommes monté(e)s à pieds au 6ᵉ étage **12.** rentré/Elle est rentrée à la maison.

5. Unterstreichen Sie dann die jeweils richtige Person 1. a acheté **2.** sont sortis **3.** as prise **4.** est venue **5.** sont arrivés **6.** as invités

6. Finden Sie zu jedem Satzanfang die richtige Fortsetzung 1. c **2.** e **3.** a **4.** b **5.** d.

9. Formen Sie bitte die Sätze nach dem folgenden Modell um 1. Si tu es libre dimanche, nous irons au théâtre. **2.** S'il fait beau demain, nous pourrons aller à la piscine. **3.** Si tu prends l'avion, tu arriveras plus vite à Munich. **4.** Si tes collègues viennent dîner dimanche, je cuisinerai et toi, tu iras au marché. **5.** Si vous aimez danser, on vous invitera samedi soir. **6.** Si c'est moins cher, je prendrai un carnet. **7.** Si tu es fatigué, je sortirai avec une amie. **8.** Si ton père n'est pas d'accord, tu ne pourras pas aller au Japon avec nous. **9.** Si le musée est fermé lundi, on ira voir l'exposition mardi. **10.** Si vous vous dépêchez, nous arriverons tôt au cinéma et nous aurons des bonnes places.

10. Übersetzen Sie die eingeklammerten Satzteile 1. tu seras à huit heures en Allemagne **2.** nous ne mangerons rien **3.** je partirai **4.** je te quitterai **5.** je partirai/j'irai en vacances avec Charles **6.** tu rateras un bon film à la télé.

11. Übersetzen Sie die eingeklammerten Satzteile, und reagieren Sie auf den Vorschlag 1. on ira/nous irons au ciné demain. Non, je préfère inviter des amis. **2.** on pourrait pique-niquer au bord du canal. Non, je n'aime pas pique-niquer. Je préfère manger au restaurant. **3.** nous pourrions aller danser demain soir. Ça marche. C'est une très bonne idée. **4.** je t'inviterai dans une crêperie sympa. Non, je n'ai pas envie. Je n'aime pas les crêpes. **5.** on ira/

nous irons ce soir à la fête au centre ville. Oui, d'accord. **6.** on se rencontrera/nous nous rencontrerons à 19:00 heures devant le théâtre. Non, à 19:00 heures j'ai prévu autre chose. Je peux venir à 21:00 heures.

12. Finden Sie das *participe passé* und das *participe présent* 1. mangé, mangeant **2.** été, étant **3.** dansé, dansant **4.** fait, faisant **5.** aimé, aimant **6.** descendu, descendant **7.** sorti, sortant **8.** pris, prenant **9.** vu, voyant **10.** allé, allant **11.** pensé, pensant **12.** plu, plaisant **13.** arrivé, arrivant **14.** connu, connaissant.

13. Setzen Sie die entsprechende *gérondif*-Form ein: 1. en attendant **2.** en allant **3.** en voyant **4.** en faisant **5.** en descendant **6.** en regardant **7.** en commençant **8.** en sortant **9.** en arrivant **10.** en s'excusant **11.** en traversant **12.** en mangeant **13.** en faisant.

14. *Tout, tous, toute* oder *toutes*? 1. tous **2.** toute **3.** tout **4.** tous **5.** tout **6.** tout **7.** tous **8.** tout, tout, tout **9.** tous, toutes **10.** toute **11.** tous **12.** toutes **13.** toutes **14.** tous.

15. *Bien* oder *bon, bonne* oder *bonnes*? 1. bon **2.** bien **3.** bon, bien **4.** bien **5.** bonne **6.** bien **7.** bon **8.** bien, bon **9.** bien **10.** bonnes **11.** bien **12.** bien **13.** bien, bonne **14.** bons **15.** bien.

16. Versuchen Sie, die Fragen zu beantworten
A. 1. Quai de la Gare **2.** 18 Jahre/ans **3.** bis zum/jusqu'au 17 mai **4.** 24 francs
B. 1. montags, dienstags und feiertags (*lundi, mardi et jours fériés*) **2.** Kinder unter 8 Jahren und Behinderte (*handicapés*); mittwochs zwischen 17 u. 20 Uhr für alle Eintritt frei; **C. 1.** Eintritt frei/*entrée libre* **D. 1.** um 17 Uhr **2.** unter 18 Jahren kostenlos, zw. 18 u. 25 Ermäßigung **3.** Einheitspreis 20 F **E. 1.** jeden Tag bis 1 Uhr morgens (*tlj accueil jusq 1h matin*) **2.** steht ausdrücklich *à volonté* dabei, dann kann man davon essen soviel man möchte **3.** *formules* steht für ein kleines, einfaches Menu, meist mit Getränken

Compris? 1. non **2.** oui **3.** non **4.** non **5.** non, **6.** oui.

SOLUTIONS

THÈME 7

Écoutez

Un nouveau look: 1. oui **2.** oui **Au rayon «vêtements pour femmes»: 3.** non **4a.** non **4b.** oui **4c.** non **Au rayon «chaussures»: 5.** non **6a.** non **6b.** non **6c.** oui **Les soldes: 7.** non **8a.** non **8b.** oui **8c.** non **8d.** oui **9.** non. **Au marché aux puces: 10.** oui **11a.** non **11b.** oui **Deux chemises pour 70 francs: 12a.** non **12b.** non **12c.** oui. **Deux jeans pour 160 francs 13a.** oui **13b.** non.

Pratique

1. Was gehört zusammen? 1. b/i/l **2.** a/e/f/g/h **3.** c/d/m/o/p **4.** a/e/f/g/h **5.** a/e/f/g/h **6.** c/d/m/o/p **7.** a/e/f/g/h **8.** j/n **9.** b/i/l **10.** b/i/l **11.** j/n **12.** a/e/f/g/h **13.** k **14.** c/d/m/o/p **15.** c/d/m/o/p **16.** b/i/j/l/n.

2. Scharf nachdenken 1. gratuite **2.** grands, petite **3.** traditionnelle, originale **4.** bon, bonne, bonne **5.** folle, bleue **6.** larges, laids, chouettes, petites, élégantes, belle, blanche **7.** drôles, sympas, bonne **8.** grandes, difficiles, bizarres, belles.

3. Komplett und korrekt 1. e **2.** a **3.** f **4.** b **5.** g **6.** i **7.** j **8.** c **9.** d **10.** h.

4. Übersetzen Sie! Aufgepaßt! Wo steht das Adjektiv? 1. un bel hôtel **2.** une robe blanche **3.** une voiture moche **4.** un client difficile **5.** une grosse tranche de jambon **6.** une nouvelle voiture noire **7.** une bonne salade verte **8.** une femme élégante **9.** un restaurant tradionnel **10.** une petite ville **11.** une idée bizarre **12.** une vieille robe rouge **13.** un petit restaurant très cher **14.** un apéritif gratuit

5. Teurer, größer oder genauso schön 1. Le rouge est aussi joli que le vert. **2.** Un kilo de pommes est aussi cher qu'un kilo de fraises. **3.** Un petit café est moins cher en France qu'en Allemagne. **4.** Habiter au bord de la mer est plus agréable qu'habiter en ville. **5.** Alexandre fait plus jeune que son frère. **6.** Dans les Grands Magasins il y a moins d'offres spéciales qu'aux puces. **7.** Faire les courses au marché est plus sympa qu'aller au supermarché. **8.** En train, Jean arrive moins vite à Athènes qu'en avion. **9.** Voyager est plus drôle que travailler. **10.** Charlotte mange beaucoup moins que son copain. **11.** Mon père est aussi grand que mon frère. **12.** Cécile est plus élégante que ses amies.

13. La robe bleue est plus à la mode que la robe verte. **14.** Le français est moins difficile que l'allemand! **15.** Cuisiner est aussi ennuyant que travailler.

6. Wie sagen Sie's auf französisch?
1. Le pantalon est beaucoup trop grand. **2.** L'ensemble ne me plaît pas du tout, la couleur est moche. **3.** Il me faut un gros pull et des grosses chaussures, car je veux faire une randonnée dans les Alpes. **4.** 790 francs pour une paire de chaussures. C'est beaucoup trop cher. Je vais essayer de trouver des chaussures moins chères. **5.** Non, merci beaucoup, je ne prends pas le chemisier. Il est beaucoup trop large, trop cher et en plus, pas très à la mode. **6.** Qu'est-ce que je suis grosse! Il ne faut plus manger de mousse au chocolat. **7.** Qu'est-ce qu'on mange ce soir? Du poisson, comme d'habitude. **8.** 250 francs pour deux places au théâtre! Qu'est ce que tu veux, sortir, c'est cher. **9.** La «RATP» qu'est-ce que c'est? **10.** On pourrait aller au cinéma demain. Qu'est-ce que tu en penses? **11.** Je trouve André plus moche que son frère. **12.** J'ai envie de faire des folies. **13.** Quels magasins tu préfères, les petits ou les grands? **14.** Qu'est-ce que tu veux acheter aux puces? **15.** Qu'est-ce que la robe rouge est belle!/Qu'est-ce qu'elle est belle, la robe rouge! **16.** Viens, on va chez «Machère», ils ont beaucoup d'offres spéciales en ce moment. **17.** Quelle ville tu préfères, Rome ou Paris?

7. Fragen Sie mit allen drei Fragetypen nach dem fett gedruckten Satzteil
1. Caroline prend combien de glaces? Combien de glaces est-ce qu'elle prend? Combien de glaces prend-elle? **2.** L'hôtel Le Chat Noir est où? Où est-ce que l'hôtel Le Chat Noir est? Où est l'hôtel Le Chat Noir? **3.** Vous mangez quoi? Qu'est-ce que vous mangez? Que mangez-vous? **4.** Le nouveau copain de Sylvie s'appelle comment? Comment est-ce qu'il s'appelle? Comment s'appelle-t-il? **5.** Monsieur Lenoir travaille où? Où est-ce qu'il travaille? Où travaille-t-il? **6.** Elise et sa sœur font quoi? Qu'est-ce qu'elles font? Que font-elles? **7.** Tu achètes quoi? Qu'est-ce que tu achètes? Qu'achètes-tu? / Tu achètes un kilo de tomates pourquoi? Pourquoi est-ce que tu achètes un kilo de tomates? Pourquoi achètes-tu un kilo de tomates? **8.** Tu vas en Espagne comment? Comment est-ce que tu vas en Espagne? Comment vas-tu en Espagne? **9.** Mme Comte cherche quoi? Qu'est-ce qu'elle cherche? Que cherche-t-elle? **10.** Pauline déteste les supermarchés pourquoi? Pourquoi est-ce qu'elle déteste les supermarchés? Pourquoi déteste-elle les supermarchés.

SOLUTIONS

8. Stellen Sie Fragen mit *quel*! Benutzen Sie abwechselnd die drei Fragetypen 1. Tu préfères quels vêtements? 2. A quel aéroport est-ce que vous arrivez? 3. Les enfants, quels crêpes détestent-ils? 4. Vous connaissez très bien quel musée? 5. Quel bus va au centre?

10. Sagen Sie's kürzer 1. Je la prends. 2. Vous en avez. 3. Corinne les achète. 4. Valérie ne les aime pas. 5. Vous les aimez? 6. Vous en voulez? 7. Tu en prendras? 8. Je ne le prendrai plus. 9. Vous la connaissez? 10. Vous l'aimez? 11. Prenez-le à la Bastille. 12. Achetez-les au marché. 13. Essaie-les. 14. Je l'ai vu samedi. 15. Je n'en ai plus. 16. Je les trouve super. 17. Vous les trouvez sympas?

11. Ersetzen Sie 1. Elle le leur montre. 2. Tu me l'explique. 3. Il les lui achète. 4. Tu la lui présente. 5. Vous la lui donnez. 6. Nous la leur donnons. 7. Il vous l'explique. 8. Je le leur montre.

12. «au», «en» oder «y»? 1. en, en, en 2. en, au, y, y, en 3. au, y 4. en, au, y 5. en, en, au, y, y 6. en, en 7. en, en, en, en 8. y, en, y, y.

13. Le monde à l'envers 1. Ne mange pas, alors! 2. Ne viens pas ici, Carole! 3. Ne te dépêche pas, Martine! 4. N'ouvre pas, s'il te plaît! 5. Ne payez pas à la caisse! 6. Ne m'écoute pas! 7. ... ne prenez pas la première rue à gauche! 8. Ne te débrouille pas! 9. Ne descends pas à la boulangerie, Alain! 10. Ne m'attends pas! 11. N'entrez pas! 12. Ne montez pas! 13. Ne me donnez pas de glace à la vanille et pas de déca! 14. Ne rentre pas tout de suite à la maison. 15. N'allez pas à la boulangerie. 16. Ne te couche pas! 17. Ne t'habille pas vite!

14. Devinette couleurs – Farbenrätsel
1. bleu, blanc, rouge 2. verts 3. jaunes 4. noir et blanc 5. rouges 6. rose, bleu clair

15. Kreuzworträtsel 1. rouge 2. folies 3. foncé 4. paire 5. chemisier 6. ensemble 7. occasions 8. puces 9. qualité 10. coton 11. pointure 12. pantalon 13. soldes 14. soie 15. stand. **Lösung**: offres spéciales.

Compris? 1a. non 1b. oui 1c. non. 2a. non 2b. non 2c. oui 2d. non 2e. oui. 3a. non 3b. oui 3c. non 3d. oui 3e. non.

THÈME 8

Écoutez

Les fêtes de fin d'année: 1a. non **1b.** non **1c.** oui **1d.** non. **2a.** oui **2b.** non **2c.** non. **Jean-Luc se marie: 3a.** oui **3b.** non **3c.** oui **3d.** non. **Deux amis se retrouvent: 4.** non **5.** oui **Claire est partie: 6a.** non **6b.** non **6c.** oui **6d.** non. **7a.** oui **7b.** non. **Parcourir le monde: 8a.** non **8b.** oui **8c.** non **8d.** oui.

Pratique

1. Konjugieren Sie bitte im «imparfait» 1. Je travaillais, tu travaillais, il/elle/on travaillait, nous travaillions, vous travailliez, ils/elles travaillaient en Suisse. **2.** Je prenais, tu prenais, il/elle/on prenait, nous prenions, vous preniez, ils/elles prenaient un apéro tous les soirs. **3.** J'étais, tu étais, il/elle/on était, nous étions, vous étiez, ils/elles étaient à la maison. **4.** Je faisais, tu faisais, il/elle/on faisait, nous faisions, vous faisiez, ils/elles faisaient des folies. **5.** J'avais, tu avais, il/elle/on avait, nous avions, vous aviez, ils/elles avaient beaucoup de vacances.

2. Konjugieren Sie bitte nach dem Beispiel 1. Quand j'étais jeune, j'achetais les habits aux puces, maintenant je les achète dans un grand magasin. **2.** Quand j'étais jeune, j'habitais en Europe, maintenant j'habite en Afrique. **3.** Quand j'étais jeune, je mangeais toujours de la viande, maintenant je préfère manger du poisson. **4.** Quand j'étais jeune, j'aimais les fêtes, maintenant je les déteste. **5.** Quand j'étais jeune, je fumais beaucoup, maintenant je ne fume plus. **6.** Quand j'étais jeune, j'allais tous les jours au café, maintenant je ne vais nulle part. **7.** Quand j'étais jeune, j'écrivais des lettres, maintenant je téléphone. **8.** Quand j'étais jeune, je connaissais tout le village, maintenant je ne connais plus personne. **9.** Quand j'étais jeune, je lisais le journal, maintenant je regarde la télé.

3. Wie heißt's im «imparfait»? 1. étais, aimais **2.** partais **3.** prenions, avions, faisions **4.** faisait, préférais **5.** allions **6.** arrivions, attendait **7.** préparait, mangeait, passait **8.** était, rentrait, s'arrêtait **9.** parlait, repartait, devait.

4. Konjugieren Sie bitte nach dem Beispiel 1. L'année dernière, nous avons fêté Noël en famille, cette année, nous fêterons Noël avec des copains.

2. L'année dernière, nous avons passé le Nouvel An à la maison, cette année, nous le passerons en Australie. **3.** L'année dernière, nous avons beaucoup travaillé, cette année, nous ne travaillerons plus. **4.** L'année dernière, nous avons fait des affaires, cette année, nous ferons des économies. **5.** L'année dernière, nous sommes partis au Portugal, cette année, nous irons au Brésil. **6.** L'année dernière, nous avons bu de la bière, cette année, nous boirons de l'eau.

5. «Passé composé» oder «imparfait»? 1. avons eu **2.** passions **3.** travaillais, lisait, regardaient **4.** a sonné **5.** a répondu **6.** m'a appelé, connaissait **7.** parlait **8.** était. **9.** savais, avais, connaissais **10.** venait, était **11.** était, devait **12.** voulait **13.** a invité **14.** a pris, est arrivé **15.** a apporté **16.** étaient **17.** a préparé, avons passé **18.** a parlé, a montré **19.** est rentré **20.** sommes allés **21.** était, a invité **22.** avons accepté.

6. Welche Stadt gehört zu welchem Land? 1. Londres est en Angleterre. **2.** Rome est en Italie. **3.** Bruxelles est en Belgique. **4.** Berlin est en Allemagne. **5.** Porto est au Portugal. **6.** Madrid est en Espagne. **7.** New York est aux Etats-Unis. **8.** Tokyo est au Japon. **9.** Athènes est en Grèce. **10.** Montréal est au Canada. **11.** Casablanca est au Maroc. **12.** Ankara est en Turquie. **13.** Luxembourg est au Luxembourg.

7. Meine Tante Melanie En France – en Angleterre – en Allemagne, en Belgique, aux Pay-Bas/en Hollande, au Luxembourg, en Suisse – en Italie, en Espagne – en Suède, au Danemark – au Portugal, en Grèce – aux Etats-Unis et au Canada.

8. Wie hieß der Plural? 1. J'ai deux petites soeurs et deux petits frères. **2.** Mes copains sont sympas et beaux. **3.** Je voudrais plusieurs grands morceaux de camembert. **4.** Ce n'est pas drôle d'avoir des neveux, il faut toujours faire des cadeaux. **5.** Caroline déteste les eaux minérales. **6.** Il aime ses nouveaux appartements. **7.** Luc adore lire des vieux journaux. **8.** On a longé beaucoup de beaux canaux en vélo.

9. Versteckte Wörter. 1. INVITER, MARIAGE **2.** OFFRIR, SOIREE **3.** ANNIVERSAIRE, AMIS **4.** SOUHAITER, CADEAUX **5.** REVEILLON, DANSER **6.** VERRE, MUSIQUE **7.** RIGOLER, OFFRIR **8.** INVITATION, POT **9.** COGNAC, SORTIR **10.** RENDEZ-VOUS, REPAS **11.** SURPRISE, SOUPER **12.** APERITIF, DISCOTHEQUE **13.** TABLE, MANGER **14.** PETITS FOURS **15.**

CREMAILLERE, FETE **16.** SE MARIER **17.** RESTAURANT, SYMPA **18.** INVITES, AMUSER **19.** PRESENTER, COPAINS **20.** SE RETROUVER, FETER.

10. Verneinung. Bitte übersetzen Sie! 1. En ce moment, je n'habite nulle part. Je n'ai plus d'appartement. **2.** Je sors toujours tout(e) seul(e). Je ne danse avec personne et je ne parle à personne. **3.** Je ne viens de nulle part et je vais nulle part. **4.** Nous ne voyageons jamais. Nous aimons le train-train quotidien. **5.** Non, maman, je ne veux rien manger. Non, maman, je n'ai plus faim … maman, tu sais que je suis trop gros(se). **6.** Mon ami ne va pas au cinéma avec moi, il ne va pas au théâtre avec moi. Il a toujours la flemme, il ne sort jamais avec moi. **7.** Non, nous ne connaissons personne à Rennes. Nous venons de déménager. **8.** Rien ne va plus! **9.** Personne ne m'aime. **10.** Où vous allez/où est-ce que vous allez en vacances! Nulle part, nous restons à la maison, nous n'avons pas d'argent.

11. Kreuzworträtsel 1. projets **2.** courrier **3.** lycée **4.** en **5.** études **6.** beaux **7.** pendant **8.** courant **9.** vie **10.** nulle. Lösung: **Joyeux Noël**

12. Was man mit «faire» alles sagen kann 1. fait une soirée **2.** faire une promenade/randonnée **3.** Faites attention **4.** faire la grasse matinée **5.** faire un barbecue **6.** fait une proposition **7.** faire la queue 8. fait des études **9.** faire plaisir **10.** fait grève, faire la queue **11.** faire des économies **12.** faire les courses, faire des affaires **13.** fait la tête.

Compris? 1. oui **2.** oui **3.** non **4.** non **5.** non **6.** non **7.** oui **8.** non **9.** non **10.** non

SOLUTIONS

Test 1

1. Bilden Sie Sätze 1. La valise est dans le couloir. 2. Le taxi va à l'aéroport. 3. Le bureau de tabac est en face. 4. La cathédrale est sur la droite. 5. Tu as un plan de métro. 6. J'aime beaucoup voyager en train 7. Elle n'est pas de la région. 8. La poste est de l'autre côté de la rue. 9. J'ai une chambre avec salle de bains, mais sans WC. 10. Il habite au centre ville. 11. Monsieur, vous êtes en voiture. 12. Non, je suis à pied. 13. Bon séjour à Paris! 14. C'est une petite ville près de Marseille. 15. Le musée est loin d'ici?

2. Wie geht's weiter? 1 l; 2 e; 3 a; 4 f; 5 j; 6 c; 7 b; 8 h; 9 d; 10 k; 11 g; 12 i.

3. Kreuzen Sie an, was paßt 1. c 2. b 3. a 4. b 5. a 6. a 7. b 8. c 9. c 10. b.

4. Welches Wort fehlt? 1. a 2. b 3. b 4. b 5. b 6. c 7. b 8. b 9. c 10. b.

5. Zu welcher Frage gehörte die Antwort? 1. a 2. c 3. a 4. c 5. a 6. a 7. b 8. b 9. a 10. b.

Test 2

1. Finden Sie das fehlende Wort 1. est, aime, cuisine 2. pouvez, galettes 3. mangeons, restaurant 4. êtes, sommes, personnes 5. boissons, prenons 6. a, faim, prend 7. prennent, un petit café 8. fais, soirée 9. arrivent, heures 10. suis, peux, venir 11. nouvel, regardons, annonces 12. as, rendez-vous.

2. Kreuzen Sie die jeweils passende Antwort an 1. b 2. c 3. a 4. a 5. c 6. c 7. a 8. c 9. b 10. c.

3. Welches Wort fehlt? 1. c 2. b 3. a 4. a 5. b 6. c 7. c 8. c 9. c 10. b.

4. Venir de oder aller? 1. viens d' 2. va 3. venons de 4. viennent de, ils vont 5. viens de 6. vient de 7. allons 8. allons, allez 9. venez d'.

5. Setzen Sie folgende Sätze ins Futur 1. fêtera 2. invitera 3. voyagerons

4. prendrez **5.** changerez **6.** habiterai **7.** descendront **8.** trouveras **9.** visiteront **10.** préparera **11.** viendront **12.** arrivera **13.** accepterons **14.** répondra **15.** s'inquiètera.

6. Leseverstehen: **1.** oui **2.** non **3.** oui **4.** non **5.** oui **6.** oui **7.** non **8.** non (42 56 72 15).

Test 3

1. Bilden Sie Sätze 1. Au marché j'achète des fruits, du fromage et de la salade. **2.** Mes copains viennent dîner demain soir à dix-neuf heures trente. **3.** Il faut faire les courses, nous n'avons plus de beurre. **4.** A la crémerie ils achètent une douzaine d'œufs et un pot de crème fraîche. **5.** Carole a beaucoup de sacs et dans le bus il y a beaucoup de monde. **6.** Christian et Carole font une liste pour se repartir les courses. **7.** Je n'ai pas envie d'aller au théâtre je préfère le cinéma. **8.** Le numéro que vous avez demandé n'est plus en service actuellement. **9.** Tu veux faire une promenade ou aller à la piscine? **10.** J'adore pique-niquer au soleil. **11.** Le dimanche je joue au football avec mes copains. **12.** Nous pouvons nous rencontrer à vingt heures devant le théâtre.

2. Leseverstehen 1. oui **2.** non, **3.** oui **4.** oui **5.** non **6.** non **7.** non **8.** oui **9.** oui **10.** oui.

3. Kreuzen Sie das fehlende, korrekte Wort an! 1. b **2.** c **3.** a **4.** b **5.** b **6.** c **7.** c **8.** b **9.** a **10.** b **11.** c **12.** b **13.** c **14.** a **15.** b.

4. Kreuzen Sie die richtige Antwort an 1. a **2.** b **3.** c **4.** a **5.** b **6.** c **7.** a **8.** b **9.** a **10.** c.

Test 4

1. Wortschatz. Setzen Sie das richtige Wort aus der Liste in die Lücke ein
1. vêtements **2.** moins **3.** essayer **4.** moche **5.** affaires, marchander **6.** déteste **7.** se retrouver **8.** fac, Grande Ecole **9.** déménagé **10.** train-train quotidien **11.** gagner **12.** voyages organisés.

SOLUTIONS

2. Leseverstehen 1. oui **2.** oui **3.** oui **4.** non **5.** oui **6.** oui **7.** oui.

3. Kreuzen Sie das richtige, fehlende Wort an 1. b **2.** c **3.** b, **4.** a **5.** c **6.** b **7.** a **8.** c **9.** c **10.** a **11.** c **12.** a **13.** b **14.** b **15.** b.

4. Kreuzen Sie die richtige Antwort an 1. a **2.** b **3.** c **4.** b **5.** a **6.** c **7.** b **8.** c **9.** a **10.** b **11.** c **12.** b **13.** c **14.** a. **15.** b

Fotonachweis

Frederic Brun/Petra Preßmar 14/15, 39, 40/41, 64, 72/73, 96, 98/99, 120, 198/199
Bernhard Schurian 4/5, 128/129, 160/161, 230/231

INDEX

Wo Sie die Grammatik erklärt finden

Die Zahl bezieht sich auf das Thème, in dem das entsprechende grammatikalische Problem behandelt wird.

à + Artikel **2**
- im Plural **3**
Adjektive **1, 7**
- Ausnahmen **7**
Adverbien **3**
aller **1**
amener **4**
articles partitifs
- du / de la / des **3**
Artikel
- bestimmt **1**
- unbestimmt **1**
attendre **2**
avoir **1**
Bedingungssatz **6**
bien **6**
bon **6**
conditionnel **5**
connaître **1**
couleurs **7**
Datum **4**
de + Artikel **2**
descendre **1**
en **7**
en oder au? **8**
être **1**
faire **2**, (multifunktional) **8**
Farben **7**
Fragen **1**
- mit est-ce que **2**

futur **3**
futur proche **4**
Gefallen / Mißfallen **7**
Gerundium **6**
il faut **5**
imparfait **8**
Imperativ **2**
- Verben auf -er **2**
- Negativform **7**
Komparativ **7**
Kontinente **8**
l'article défini **1**
l'article indéfini **1**
Länder **8**
le / la / les **7**
Mehrzahl **1**
Mengenangaben **5**
Monate **4**
on / nous **2**
Ortsbestimmung **1**
parlons d'amour **3**
participe passé **6**
passé composé **6**
passé composé oder imparfait? **8**
passé récent **4**
Personalpronomen **5**
- unverbunden **5**
- verbunden **7**
- Satzstellung **7**

pluriel
- substantives **1**
- adjectives **1**
- irréguliers **8**
Possessivpronomen **4**
pouvoir **2**
prendre **1, 2**
pronoms personnels **5**
qu'est-ce que? **3, 7**
quel, quelle? **7**
Reflexive Verben **2**
Teilungsartikel **3**
tout, toute **6**
venir **2**
Verben
- auf -er **1**
- Stammänderung **3**
Vergangenheit
(unmittelbar) **4**
Verneinung
- ne ... pas **2**
- ne ... plus **3**
- ne ... rien **3**
- ne ... personne **8**
- ne ... nulle part **8**
vouloir **4**
Wochentage **4**
Zahlen **1**
Zukunft **3**
- (unmittelbar) **4**

SOLUTIONS

Französisch

Französisch lernen: alltagsnah und von Anfang an. Für das Lernen allein oder in der Gruppe.

Robert Kleinschroth
Sprachen lernen *Der Schlüssel zur richtigen Technik*
(rororo 60842)

Claire Bretécher /
Isabelle Jue /
Nicole Zimmermannn
Le Français avec les Frustrés
Ein Comic-Sprachhelfer
(rororo 18423)

Béatrice Couzereau
Auf ein Sprichwort! In a byword! En un proverbe! *333 Sprichwörter in drei Sprachen*
(rororo 60274)

Armelle Damblemont /
Petra Preßmar
Multilingua Französisch *von Anfang an*
(Buch: rororo 60477 /
Buch mit Audio-CD:
rororo 60436 /
Toncassette: rororo 60478)

Isabelle Jue /
Nicole Zimmermann
Français Deux *Französisch reden und verstehen. Ein Aufbaukurs*
(Buch: rororo 19311 /
Toncassette: rororo 19312)
Französisch in letzter Minute
(Buch: rororo 60911 /
Buch mit Audio-CD:
rororo 60912 /
Toncassette: rororo 60913)

Robert Kleinschroth
La Conversation en s'amusant
Sprechsituationen mit Witz gemeistert
(rororo 18873)

Robert Kleinschroth /
Dieter Maupel
La Grammaire en s'amusant
Wichtige Regeln zum Anlachen
(rororo 18714)

Marie-Thérèse Pignolo /
Hans-Georg Heuber
Ne mâche pas tes mots *Nimm kein Blatt vor den Mund! Französische Redewendungen und ihre deutschen Pendants*
(rororo 17472)

Weitere Informationen in der **Rowohlt Revue**, kostenlos im Buchhandel, und im **Internet: www.rororo.de**

rororo sprachen

Englisch

Robert Kleinschroth
Sprachen lernen *Der Schlüssel zur richtgen Technik*
(rororo 60842)

Gunther Bischoff
Speak you English? *Programmierte Übung zum Verlernen typisch deutscher Englischfehler*
(rororo 16857)
Better Times *Ein leichtes Programm zum richtigen Gebrauch der englischen Zeiten*
(rororo 17987)

René Bosewitz / Robert Kleinschroth
Joke by Joke to Conversation *Sprechsituationen mit Witz gemeistert*
(rororo 18797)
Joke Your Way Through English Grammar *Wichtige Regeln zum Anlachen*
(rororo 18527)

Hartmut Breitkreuz
False Friends *Stolpersteine des deutsch-englischen Wortschatzes*
(rororo 18492)

Hartmut Breitkreuz / René Bosewitz
Do up your Phrasals *500 Wendungen wichtiger Verben*
(rororo 18344)
Getting on Top of Idiomatic Verbs *Tausend Wendungen im Kontext*
(rororo 18523)

Iain Galbraith / Paul Krieger
Englisch in letzter Minute *Ein Sprachführer für Kurzentschlossene*
(Buch: rororo 60908 / Buch mit Audio-CD: rororo 60909 / Toncassette: rororo 60910)

Hans-Georg Heuber
Talk one's head off. Ein Loch in den Bauch reden *Englische Redewendungen und ihre deutschen «opposite numbers»*
(rororo 17653)

Weitere Informationen in der **Rowohlt Revue**, kostenlos im Buchhandel, und im **Internet: www.rororo.de**

rororo sprachen

Business English

Geschäftsbesuche, Briefe, Telefonate, Mitarbeitergespräche, Verhandlungen und Meetings verlangen ein klares sprachliches Konzept. Die Serie **Business English** von **René Bosewitz** und **Robert Kleinschroth** hilft praxisnah und übersichtlich in allen beruflichen Standardsituationen: mit griffigen Dialogen und informativen Texten, mit didaktisch ausgereiften Übungen und nicht zuletzt mit viel Witz.

Go for a business English trip around companies with
Manage in English *Business English rund um die Firma*
(rororo 60137)

Look into the departments of a company with
Better than the Boss *Business English fürs Büro*
(rororo 60138)

Discover the manager in you with
Test Your Management Skills *Business English für Durchstarter*
(rororo 60260)

You will never be caught speechless with
How to Phone Effectively *Business English am Telefon*
(Buch: rororo 60139 /
Buch mit Audio-CD: rororo 60146 /
Toncassette: rororo 60147)

A handy guide to the better letter
Drop them a Line *Business English im Schriftverkehr*
(rororo 60261)

Sharpen your tongue for the meeting with
Get through at Meetings *Business English für Konferenzen und Präsentationen*
(Buch: rororo 60262 /
Buch mit Audio-CD: rororo 60265 /
Toncassette: rororo 60266)

Weitere Informationen in der **Rowohlt Revue**, kostenlos in Ihrer Buchhandlung, oder im **Internet: www.rororo.de**

rororo sprachen

Business English

Meet the international business world with
Let's Go International *Business English rund um die Welt*
(Buch: rororo 60267 /
Buch mit Audio-CD: rororo 60504 /
Toncassette: 60266)

Words, words, words – pick and choose the right one with Bryan Hemming
Business English from A to Z
Wörter und Wendungen für alle Situationen
(rororo 60269)

Know where you're in business English with
Check Your Language Level
Business English auf dem Prüfstand
(rororo 60268)

The world of technology for the businessman
The Way Things Work
Technisches Englisch für Business und Alltag
(rororo 60369)

Know what to say and how to say it
Small Talk for Big Business
Business Conversation für bessere Kontakte
(rororo 60439)

Understand the business news with
How to Read the Business Press
Business English für die aktuelle Information
(rororo 60506)

The lighter side of Business English
Business by Jokes *Gewitztes für die Welt der Geschäfte*
(rororo 60721)

Help yourself to sell in English
Sell like Hell *Business English für Verkaufsgespräche*
(rororo 60722)

The right phrase for all situations
Master Your Business Phrases
Sprachmodule für den Geschäftsalltag
(rororo 60725)

English phrases for the whole company
Get to Grips with Company English *Wortschatztraining on the Job*
(rororo 60845)

Don't panic, win your audience
Spice up Your Speeches
Rhetorik für alle Geschäftsanlässe
(Buch: rororo 60804 /
Buch mit Audio-CD: rororo 60843 /
Toncassette: rororo 60844)

rororo sprachen

Italienisch und Spanisch

Italienisch und spanisch lernen: alltagsnah und von Anfang an. Für das Lernen allein oder in der Gruppe.

Robert Kleinschroth
Sprachen lernen *Der Schlüssel zur richtigen Technik*
(rororo 60842)

Senzaparole
Partire per l'Italia
Italienischkurs für Anfänger
(rororo 18795)

Jutta J. Eckes /
Franco A. M. Belgiorno
Multilingua Italienisch *von Anfang an*
(Buch: rororo 60479,
Buch mit Audio-CD: rororo 60438 /
Toncassette: rororo 60480)

Jutta J. Eckes /
Daniela Concialdi
Italiano Due *Italienisch reden und verstehen. Ein Aufbaukurs*
(Buch: rororo 19517 /
Toncassette: rororo 19518)

Frida Bordon /
Guiseppe Siciliano
Italienisch in letzter Minute
(Buch: rororo 60914 /
Buch mit Audio-CD: rororo 60915 /
Toncassette: rororo 60916)

Christof Kehr /
Ana Rodríguez Lebrón
Multilingua Spanisch *von Anfang an*
(Buch: rororo 60475 /
Buch mit Audio-CD: rororo 60437 /
Toncassette: rororo 60476)

Spanisch in letzter Minute
(Buch: rororo 60917 /
Buch mit Audio-CD: rororo 60918 /
Toncassette: rororo 60919)
Dichos y Frases *Der Schlüssel zu den spanischen Redewendungen*
(rororo 19373)

Weitere Informationen in der **Rowohlt Revue**, kostenlos im Buchhandel, und im **Internet:** www.rororo.de

rororo sprachen

Überflieger

Die **Überflieger** sind der Einstieg für alle, denen ein ganzes Lehrbuch zu langwierig und ein Sprachführer zu floskelhaft ist. Mit der ausgefeilten Methode der "Überflieger" können Sie schon in wenigen Tagen die notwendigen Grundkenntnisse erwerben, um sich in einem fremden Land zu verständigen. Praktische Tips zu Kultur und Alltag helfen bei der Orientierung.

Uwe Kreisel /
Pamela Ann Tabbert
American Slang in letzter Minute
(Buch: rororo 19623 /
Buch mit Toncassette:
rororo 19624 /
Toncassette: rororo 19705)

Iain Galbraith / Paul Krieger
Englisch in letzter Minute
(Buch: rororo 60908 /
Buch mit Audio-CD:
rororo 60909 /
Toncassette: rororo 60910)

Isabelle Jue /
Nicole Zimmermann
Französisch in letzter Minute
(Buch: rororo 60911 /
Buch mit Audio-CD:
rororo 60912 /
Toncassette: rororo 60913)

Efi Anthopoulou
Griechisch in letzter Minute
(Buch: rororo 19917 /
Buch mit Toncassette:
rororo 19919 /
Toncassette: rororo 19918)

Frida Bordon /
Giuseppe Siciliano
Italienisch in letzter Minute
(Buch: rororo 60914 /
Buch mit Audio-CD:
rororo 60915 /
Toncassette: rororo 60916)

Elisabeth Völpel
Portugiesisch in letzter Minute
(Buch: rororo 19686 /
Buch mit Toncassette:
rororo 19687 /
Toncassette: rororo 19736)

Christof Kehr
Spanisch in letzter Minute
(Buch: rororo 60917 /
Buch mit Audio-CD:
rororo 60918 /
Toncassette: rororo 60919)

Karl-Heinz Scheffler
Türkisch in letzter Minute
(Buch: rororo 19688 /
Buch mit Toncassette:
rororo 19689 /
Toncassette: rororo 19735)

Weitere Informationen in der **Rowohlt Revue**, kostenlos im Buchhandel, und im **Internet:** www.rororo.de

rororo sprachen

Auf gut Deutsch

Hertha Beuschel-Menze / Frohmut Menze
Die neue Rechtschreibung
Wörter und Regeln leicht gelernt
(rororo sachbuch 60788)

So schreibt man das jetzt! *Die neue Rechtschreibung*
(rororo sachbuch 60172)
Ab dem Jahr 2002 gelten in Deutschland, Österreich und der Schweiz vereinfachte Normen für Rechtschreibung und Interpunktion. Zwei erfahrene Deutschlehrer haben die neuen Regeln ins Jedermanndeutsch übertragen und sich auf die bedeutsamen Änderungen konzentriert.

Horst Fröhler
Das ändert sich: alle Wörter mit neuer Rechtschreibung
Alphabetisch aufgeführt und nach Gruppen geordnet
(rororo sachbuch 60384)

A. M. Textor
Sag es treffender *Ein Handbuch mit 25 000 sinnverwandten Wörtern und Ausdrücken für den täglichen Gebrauch. In neuer Rechtschreibung.*
(rororo handbuch 60862)
Auf Deutsch *Das Fremdwörterlexikon*
Über 20 000 Fremdwörter aus allen Lebensgebieten. In neuer Rechtschreibung.
(rororo handbuch 60863)
Zwei Standardwerke in vollständig überarbeiteter und erweiterter Neuauflage.
Sag es treffender / Auf Deutsch
2 Bände, eingeschweißt Sonderausgabe
In neuer Rechtschreibung
(60696)

rororo sachbuch

Wolf Schneider
Deutsch fürs Leben *Was die Schule zu lehren vergaß*
(rororo sachbuch 19695)
Ein Deutschkurs, insbesondere für Schreiber, aber auch für Leser und alle, für die das Lernen nach der Schule nicht aufhört. Wolf Schneider erhielt 1994 den Medienpreis für Sprachkultur.

Wolf Schneider / Paul-Josef Raue
Handbuch des Journalismus
(rororo sachbuch 60434)
Wie werde ich Journalist? Die Autoren helfen mit diesem Handbuch bei allen Fragen zur Aus- und Fortbildung von Journalisten.

Weitere Informationen in der **Rowohlt Revue**, kostenlos im Buchhandel, oder im **Internet: www.rororo.de**

Die neue Rechtschreibung

Hertha Beuschel-Menze / Frohmut Menze
Die neue Rechtschreibung
Wörter und Regeln leicht gelernt
(rororo sachbuch 60788)
Dieses Handbuch übersetzt die wichtigsten neuen und alten Regeln für Rechtschreibung und Zeichensetzung in leicht fassliche Form. Es enthält das amtliche Wörterverzeichnis sowie ein Variantenverzeichnis: Wörter mit neuer Schreibweise und solche mit Wahlmöglichkeit sind zur schnellen Orientierung rot gedruckt. Ratschläge zur Lerntechnik zeigen, wie Sie sich am einfachsten und sichersten Regeln oder Wörter merken können.

Hertha Beuschel-Menze / Frohmut Menze
So schreibt man das jetzt! *Die neue Rechtschreibung*
(rororo sachbuch 60172)
Dieses Handbuch für den Arbeitsplatz und zu Hause orientiert schnell und sicher: Es enthält das amtliche Wörterverzeichnis zur neuen Rechtschreibung, dazu die wichtigste Regel über den Gebrauch von s / ss / ß.

Horst Fröhler
Das ändert sich: alle Wörter mit neuer Rechtschreibung
Alphabetisch aufgeführt und nach Gruppen geordnet
(rororo sachbuch 60384)

Ernst Brandl / Catharina von Fürstenberg
Einfach umlernen – so schnell sitzt die neue Rechtschreibung
(rororo sachbuch 60866)
Die neue Rechtschreibung ist da. Aber keine Sorge, Sie stehen keineswegs vor der Aufgabe, ein komplettes Regelwerk neu lernen zu müssen. Wenn Sie die alten Rechtschreibregeln korrekt anwenden können, ist das Umlernen ein Leichtes für Sie.

Schülern der 7. bis 10. Klasse empfehlen wir zum Umlernen den Titel aus unserer Reihe **klipp & klar Lerntrainer:**
Deutsch, 7. bis 10. Klasse
Die neue Rechtschreibung – so klappt's sicher. Leicht verstehen, schnell umlernen
(rororo sachbuch 60626)

Weitere Informationen in der **Rowohlt Revue**, kostenlos im Buchhandel, und im **Internet:** www.rororo.de

rororo sachbuch